D1920713

Über dieses Buch

Frühestens 1997, spätestens aber 1999 wird nach dem Beschluß der Staats- und Regierungschefs vom Dezember 1991 in Maastricht die Europäische Währungsunion in Kraft treten. Die nationalen Währungen sollen abgeschafft und durch den Ecu ersetzt werden. Für die Bundesrepublik Deutschland geht damit eine Ära zu Ende, in der die D-Mark zu einer der stabilsten Währungen der Welt heranwuchs. Diese erfolgreiche und von einem breiten nationalen Konsens getragene Arbeit der Deutschen Bundesbank wird künftig durch eine Geld- und Währungspolitik ersetzt, in der mindestens sechs Regierungen ihre jeweiligen wirtschafts-, finanz- und währungspolitischen Interessen aufeinander abstimmen müssen. Die ökonomisch einzig logische Konsequenz der Einheitswährung, eine ebenso einheitliche europäische Finanz-, Wirtschafts- und Sozialpolitik, scheitert jedoch an den nach wie vor bestehenden Eigenständigkeiten.

Insofern ist die Europäische Währungsunion ein gewagtes Experiment mit höchst ungewissem Ausgang.

Der Autor

Konrad Handschuch, geboren 1955, Journalismus-Studium in München, Studium der Volkswirtschaftslehre in Hamburg. Seit 1985 schreibt er für die ›Wirtschaftswoche‹, zunächst als Redakteur, seit 1991 als Korrespondent in Bonn. Schwerpunkte: nationale und internationale Wirtschafts- und Finanzpolitik sowie internationale Währungsfragen.

Fischer Wirtschaft

Herausgegeben von
Prof. Dr. Dr. h.c. Bert Rürup

Konrad Handschuch

D-Mark ade!

Das Maastrichter Experiment

Fischer
Taschenbuch
Verlag

Lektorat: Anke Rasch

Originalausgabe
Veröffentlicht im Fischer Taschenbuch Verlag GmbH,
Frankfurt am Main, Februar 1994

© 1994 Fischer Taschenbuch Verlag GmbH, Frankfurt am Main
Umschlaggestaltung: Buchholz/Hinsch/Hensinger
Satz: Fotosatz Otto Gutfreund GmbH, Darmstadt
Druck und Bindung: Clausen & Bosse, Leck
Printed in Germany
ISBN 3-596-11611-2

Gedruckt auf chlor- und säurefreiem Papier

Inhaltsverzeichnis

Vorwort

Maastricht – ein Glaubenskrieg

Die Diskussion über den Maastrichter Vertrag teilt Europa in zwei Lager. Selten werden dabei rein sachliche Argumente ausgetauscht – oft verliert sich der Disput über die Politische Union, insbesondere aber über die Europäische Währungsunion, in Emotionen. Wer Bedenken ins Feld führt, sieht sich von den Befürwortern schnell als Verräter an der europäischen Idee disqualifiziert. Wer dagegen für die einheitliche europäische Währung eintritt, gilt in den Augen der Kritiker häufig als gnadenloser Opportunist.

Die Frage, warum das so ist, läßt sich leicht beantworten. Mehrere Faktoren kommen zusammen: Der enge Zeitplan für die europäische Währungsunion, der in dem Maastrichter Vertrag vereinbart worden ist, eilt sowohl den Gefühlen der Menschen als auch den ökonomischen Realitäten in Europa weit voraus. Die Europäische Währungsunion ist außerdem eine Antwort auf eine ziemlich unbedeutende Frage: Nicht die Währungspolitik beunruhigt die europäischen Gemüter in erster Linie, sondern die neue Welle der Gewalt. Das Verschwinden der Ost-West-Konfrontation hat den Europäern nicht die erhoffte Friedensdividende beschert, sondern uralte regionale Konflikte wieder aufbrechen lassen. Chaos, Krieg und Anarchie in den östlich von uns gelegenen Ländern der zerfallenen Sowjetunion oder ihres früheren Einflußbereiches sowie das leise Sterben und der Hunger auf dem anscheinend von Gott und der Welt vergessenen afrikanischen Kontinent – und der womöglich daraus resultierende Ansturm auf die Festung der Reichen in Europa –, das sind die Themen, die beunruhigen.

Doch während im Osten die Welt in Flammen steht, im Süden bereits die Lunte brennt, beschäftigt sich die Zwölfergemeinschaft vorwiegend mit sich selbst. Die zwölf Nationen, die künftig einmal das vereinte Europa bilden wollen, konzentrieren ihre Kräfte darauf, sich selbst mit einem gewaltigen Kraftakt politisch und ökonomisch für die europäische Währungsunion fitzumachen – und wenden sich so vom Rest der Welt noch weiter ab.

Aber auch innerhalb Europas gibt es dringendere Probleme, als die Vereinheitlichung der Währungspolitik. Das letzte Jahrzehnt dieses Jahrhunderts beginnt mit einem enormen Anstieg der Arbeitslosigkeit – nicht nur in den Krisen- und Randgebieten Europas, auch in den industriellen Herzen, in Großbritannien, in Frankreich und in Deutschland. Vielen Bürgern der Zwölfergemeinschaft fällt es zwar leicht, sich beispielsweise als Brite, Däne, Franzose oder Deutscher und als Europäer zu fühlen, doch es ist ihnen geradezu unmöglich, auf die nationale Identität ganz zu verzichten und sich nur noch als Europäer zu fühlen. Doch in der Währungspolitik wird den Bürgern Europas dieses Zugeständnis abverlangt. Der enorme Entscheidungsdruck und die Vergewaltigung von Bedenken und Ängsten um die nationale Identität, die dabei entstehen, führen häufig zu einer ziemlich verkrampften, zumindest aber äußerst polarisierten Diskussion. Das haben die Erfahrungen in den Ländern, die mit einem Referendum über Maastricht zu entscheiden hatten, besonders deutlich gezeigt.

Dieses Buch geht davon aus, daß die europäische Währungsunion kommt – ob man das nun befürwortet oder nicht. Dafür gibt es im wesentlichen zwei Gründe:

1. Die Währungsunion kommt, weil wichtige politische Gründe dafür sprechen. Über die Währungsunion soll die Politische Union erreicht werden, auf die schon der erste deutsche Bundeskanzler Konrad Adenauer und sein Gegenpart, der französische Staatspräsident Charles de Gaulle, hingearbeitet haben und die nun Bundeskanzler Helmut Kohl und Frankreichs Staatspräsident François Mitterrand möglichst vollenden wollen. Die wiedergewonnene Einheit Deutschlands hat dieses politische Moment zusätzlich bekräftigt und beschleunigt. Die Bändigung der politisch und ökono-

misch gestärkten Potenz Deutschlands durch vertiefte europäische Entscheidungsprozesse war der Preis, den Deutschland zahlen mußte, um die Zustimmung der europäischen Partnerländer – vor allem aber Frankreichs – zur deutschen Einheit zu bekommen.

2. Die Währungsunion kommt, weil wichtige ökonomische Gründe dafür sprechen. Eine europäische Währung ist die logische Fortsetzung des europäischen Binnenmarktes. Beides folgt dem weltweiten Trend zur Vergrößerung der Märkte – wie in Nordamerika, Südamerika und in Asien. Nur ein möglichst großer und einheitlicher Binnenmarkt schafft die Voraussetzung dafür, daß die europäischen Unternehmen eine ausreichend große Basis dafür haben, auch auf dem Weltmarkt erfolgreich zu sein. Auch in diesem Sinn ist die Abschaffung der Währungsgrenzen auf mittlere Frist ein logischer Schritt.

In der deutschen Diskussion über die Europäische Währungsunion gibt es gegen diese Erkenntnisse noch immer massive Vorbehalte. Der Streit dreht sich dabei vor allem um die Befürchtung, mit der Europäischen Währungsunion gehe die Phase der Stabilität in Deutschland unwiederbringlich zu Ende. Der Gegenbehauptung, der künftige ECU als Europawährung werde mindestens so stabil wie die deutsche Mark, wird zu Recht nicht geglaubt. Zwar wird Europa auch mit einer Einheitswährung nicht in Inflation versinken, doch es wäre auch töricht zu glauben, der Ecu wäre automatisch so stabil wie die D-Mark.

In Wahrheit ist der Ecu eine völlig neue Währung, die sich ihre innere Stabilität, ihren äußeren Wert und ihren internationalen Ruf als Anlage- und Reservewährung erst noch mühsam erarbeiten muß. Aber fast noch wichtiger ist: Auch die Menschen in Europa werden sich an eine neue Währung gewöhnen müssen.

Bonn – Bad-Godesberg, im Mai 1993

1. Kapitel: Von Rom nach Maastricht

»Die Europäische Union ist die einzige Versicherung gegen eine Wiederholung der Geschichte.« *Franz Vranitzky, 1993*

Vision Europa – Auferstanden aus Ruinen

Wer nach den Anfängen der politischen und wirtschaftlichen Integrationsbemühungen in Europa sucht, die zur Gründung der Europäischen Gemeinschaft führte, muß in den Geschichtsbüchern zumindest bis zu den zwanziger Jahren dieses Jahrhunderts zurückblättern. Unter dem Eindruck des Ersten Weltkrieges, der in Europa ein gehöriges Maß an Verwüstung hinterließ, entwickelte der österreichische Graf Richard Coudenhove-Kalergi eine »Pan-Europa-Bewegung«. In einem Stufenplan, den er 1923 vorlegte, beschrieb er bereits seine Idee von den »Vereinigten Staaten von Europa«. Schon die Pan-Europäer sahen neben der Integration der einzelnen demokratischen Institutionen auch den Aufbau einer Wirtschaftsunion vor. Allerdings wuchs der Pan-Europa-Bewegung noch keine politische Bedeutung zu. Vor allem wegen ihrer restaurativen Elemente – Europa sollte nach dem Motto »gemeinsam sind wir stark« seine einstige Vormachtstellung in der Welt zurückerhalten – verlor sich diese Bewegung im Lauf der Zeit.

Sechs Jahre später, 1929, griffen der französische Außenminister Aristide Briand und sein deutscher Amtskollege Gustav Stresemann auf den Europagedanken zurück. Im Rahmen des von 1919 bis 1946 existierenden Völkerbundes – einer Vorläuferorganisation der Vereinten Nationen – planten sie, einen »Europäischen Rat« zu schaffen. Gleichzeitig sollte eine konföderale europäische Ordnung für die Aussöhnung der ehemaligen Erbfeinde Frankreich und Deutschland sorgen. Doch dieser Gedanke kam zu spät. Die Ende der zwanziger Jahre beginnende Weltwirtschaftskrise, die in Massenarbeitslosigkeit und Hyperinflation endete, entzog dieser Vision ihre reale Basis.

Der aufziehende Nationalismus bereitete dann – vor allem in Deutschland – allen Ideen zur Aussöhnung und europäischen Integration ein brutales Ende. Erst nach dem Zweiten Weltkrieg, der Europa erneut und so gründlich wie nie zuvor in Schutt und Asche legte, konnten die europäischen Visionen wieder aufleben.

Winston Churchill, der britische Premierminister, griff diesen Gedanken 1946 in seiner berühmten »Züricher Rede« mit den Worten auf: »Wir müssen so etwas wie die Vereinigten Staaten von Europa schaffen.« Frankreich und Deutschland, so Churchills Vision, sollten dabei den Anfang machen. Großbritannien, besser: das britische Commonwealth of Nations, sowie die Vereinigten Staaten von Amerika und die Sowjetunion sollten dann die Rolle von »Freunden und Förderern des neuen Europas« spielen.[1]

Die britische Zurückhaltung gegenüber der europäischen Integration hat also Tradition. Von Churchill über die als Verhandlungspartnerin im Europäischen Rat gefürchtete Regierungschefin Margaret Thatcher bis hin zu John Major zieht sich wie ein roter Faden die zögerliche und halbherzige Rolle, mit der sich die Briten selbst in die europäische Einigung einfügen.

Gleichzeitig mit dem Wiederaufbau einer Währung und der Wirtschaft im Nachkriegsdeutschland begann jedoch auch schon in Deutschland die Suche nach der neuen Rolle der geschlagenen Nation in Europa. Gefragt war nach zwei Weltkriegen ein neuer Ordnungsrahmen, in dem die europäischen Länder untereinander ihre Beziehungen neu – und vor allem dauerhaft friedlich – regeln können. Die Schrecken des Ersten und Zweiten Weltkrieges sollten sich nicht wiederholen. Die Grundidee war: Je mehr die Völker Europas gemeinsam haben, desto höher wird die Hürde für erneute politische, militärische oder ökonomische Konflikte.

Als die politischen Wirren der Nachkriegszeit in den Hintergrund der Tagespolitik traten, kristallisierte sich die Vision einer »Europäischen Union« heraus. Wenn es in dieser neu zu schaffenden europäi-

1 Europa-Dokumente zur Frage der Europäischen Einigung, München 1962, S. 133

schen Gemeinschaft erst einmal eine gemeinsame Sicherheits- und Außenpolitik sowie eine außerordentlich enge Verflechtung des wirtschaftlichen und gesellschaftlichen Lebens gibt – so die vor allem von Konrad Adenauer und Charles de Gaulle propagierte Idee –, ist es den europäischen Ländern praktisch nicht mehr möglich, wie schon zweimal in diesem Jahrhundert, militärisch aufeinander loszugehen. So gesehen lag die Wurzel für die Europapolitik in der praktischen Umsetzung europäischer Friedenspolitik.

So bestechend dieser Gedanke ist, so naiv wäre es auch, zu glauben, die Idee der europäischen Integration sei nur von diesen hehren idealistischen oder gar altruistischen Visionen getragen. Der alte Streit zwischen Frankreich und Deutschland um die Vormacht in Europa war – und ist – damit natürlich keineswegs aus der Welt geschafft. Er wurde mit der Idee der Europäischen Union vielmehr nur auf eine andere Ebene gehoben. Es wurden neue Spielregeln geschaffen, die eine erneute Eskalation der Auseinandersetzung, vor allem mit militärischen Mitteln, in der Tat ziemlich unmöglich machen.

Daß der erste deutsche Nachkriegskanzler Konrad Adenauer und der französische Staatspräsident de Gaulle gemeinsam die Grundlagen für das neue Europa legten, hielt sie nicht davon ab, in ihren Ländern die Basis für ein möglichst starkes Gewicht ihrer Nation in diesem Europa zu schaffen. Frankreich versuchte die Vormacht in Europa durch militärische Stärke zu erreichen und bastelte fleißig an der – den Deutschen zunächst untersagten – militärischen Aufrüstung. Die Wirtschaftswunderkinder sicherten sich ihrerseits – nicht zuletzt weil sie kein Geld für die Rüstung ausgeben mußten – ebenfalls eine beherrschende Rolle. Sie eroberten sich die wirtschaftliche Vormachtstellung zurück und bauten die D-Mark zur stärksten Währung des neuen Europas aus. Am Ende standen sich zwei uneinholbare Machtpole gegenüber: Die – natürlich nicht der Nato unterstellten – französischen Atombomben, die »force de frappe« – und die deutsche Wirtschaft mit der Waffe D-Mark, der stärksten Währung Europas und einer der Mächtigsten in der Welt.

Was lag näher, als die große Vision des vereinten Europas auf dem Feld zu beginnen, auf dem die Not am größten war – beim Aufbau der ruinierten Volkswirtschaften? Um die in Trümmer zerschlagenen Wirtschaften nach dem Zweiten Weltkrieg wiederaufzubauen, wurde die »Organisation für wirtschaftliche Zusammenarbeit in Europa«, die OEEC gegründet. Unter der Aufsicht dieser Organisation wurde zunächst vor allem die aus den USA anrollende Marshallplan-Hilfe organisiert. 1950 wurde auch die Europäische Zahlungsunion ins Leben gerufen. Deren Aufgabe war es, die damals in ganz Europa grassierende Dollarknappheit zu überwinden sowie – mit Hilfe der in Basel ansässigen Bank für internationalen Zahlungsausgleich (BIZ) – ein internationales Zahlungssystem für die europäischen Länder zu schaffen.

Doch es dauerte bis zum 9. Mai 1950, bis die Vision von einem vereinten Europa erstmals konkrete Gestalt annahm. An diesem Tag schlug der französische Außenminister Robert Schuman die Gründung der Europäischen Gemeinschaft für Kohle und Stahl (EGKS) vor. Diese als Montanunion bekanntgewordene überstaatliche Organisation verfolgte unmittelbar zwar rein wirtschaftliche Zwecke, diente aber – wie die jetzt geplante Währungsunion auch – in erster Linie einem politischen Ziel. Schon damals wollte Frankreich mit Hilfe der Montanunion sein Sicherheitsproblem mit dem östlichen Nachbarn lösen, indem es diesen in eine supranationale wirtschaftliche und politische Organisation einband.

Auch aus deutscher Sicht bot die Montanunion Vorteile: Sie war ein wichtiger Schritt zur weiteren Aussöhnung mit Frankreich und brachte die volle politische und wirtschaftliche Gleichstellung. Außerdem ließen sich im Zuge der Kooperation auch einige kleinere Probleme lösen. So wurde zum Beispiel der Weg dafür frei, daß sich das Saarland nach einer entsprechenden Volksabstimmung in den Kreis der deutschen Bundesländer gesellen konnte.

Aus unterschiedlichen Gründen traten auch Italien und die Benelux-Staaten der EGKS bei. Auch wenn in dieser ersten europäischen Gemeinschaftsaktion nur die – damals freilich ökonomisch noch ziemlich bedeutenden – nationalen Zuständigkeiten in Fragen der Kohle- und Stahlindustrie durch einen gemeinsamen Ministerrat, eine Hohe Behörde sowie eine Parlamentarische Versammlung kontrolliert wurden, ging die eigentliche politische Bedeutung viel weiter. Erstmals wurden mit der Montanunion überhaupt nationale Kompetenzen an eine übergeordnete europäische Organisation abgegeben. Insofern war diese Europäische Gemeinschaft für Kohle und Stahl bereits die Keimzelle, aus der sich alle späteren europäischen Integrationsschritte – von den Römischen Verträgen bis hin zu den vorläufigen Höhepunkten, der Politischen Union und der Europäischen Währungsunion – entwickelten.

Bereits 1952 begannen Deutschland und Frankreich mit weitergehenden Verhandlungen über eine Europäische Verteidigungsgemeinschaft (EVG). Ein weiteres Mal sollten mit der EVG nationale Souveränitätsrechte an eine überstaatliche Organisation abgegeben werden. Europa sollte mit einer gemeinsamen Armee zum Zwecke der Verteidigung ausgestattet werden. Ein Beschluß, der den Franzosen mehr abverlangte als den Deutschen. Schließlich verfügte Frankreich zu diesem Zeitpunkt bereits wieder über eine gewisse militärische Stärke, während das Besatzungsstatut den Deutschen noch immer jegliche militärische Aufrüstung untersagte. Für Bundeskanzler Konrad Adenauer war die EVG daher ein höchst willkommenes Mittel, seine Politik der Westintegration Deutschlands zu einem krönenden Abschluß zu bringen. Er sah die realistische Chance, unter dem Dach der Europäischen Verteidigungsgemeinschaft die Bundesrepublik erneut mit einer Armee auszustatten, und hoffte, den Nachkriegszustand so ein weiteres Stück in Richtung Normalität zu verändern.

Doch der Versuch scheiterte kläglich. Am 30. August 1954 sangen Gaullisten und Kommunisten in der französischen Nationalversammlung gemeinsam die französische Nationalhymne, die Marseillaise. Gerade hatten sie mit 319 gegen 264 Stimmen die Ratifizierung der zwei Jahre zuvor bereits unterzeichneten Verträge über die Europäische Verteidigungsgemeinschaft abgelehnt. Für Adenauer, der die Westintegration Deutschlands zum obersten Ziel seiner Außenpolitik erhoben hatte, war dies der schwärzeste Tag seines gesamten politischen Lebens. Gesiegt hatte dagegen der französische Nationalismus. Die Mehrheit der Franzosen war offensichtlich nicht gewillt, die eigene militärische Stärke ohne Gegenleistung mit dem früheren Erzfeind zu teilen.

Bezeichnenderweise waren es auch fast 40 Jahre später die Franzosen, die ihre nationalen Interessen höher einstuften als die Vision von der Europäischen Union. Beinahe wäre auch die Europäische Wirtschafts- und Währungsunion im Oktober 1992 an Frankreich gescheitert. Ohne Not rief der französische Staatspräsident François Mitterrand nach der Unterzeichnung des Maastrichter Vertrags zu einem Referendum über die Politische Union auf, zu der später auch ein zweiter Anlauf zur Gründung einer Europäischen Verteidigungsgemeinschaft gehören soll. Die Abstimmung wäre beinahe gescheitert. Sowohl in der eigenen Partei als auch bei den Konservativen und auf seiten der extremen Rechten formierte sich Widerstand gegen den Präsidenten und die Absicht, den Franc einer künftigen gemeinsamen europäischen Währung zu opfern.

Die Verträge von Rom

Ein weiterer wichtiger Schritt in Richtung Europäische Integration war nach dem Debakel mit der EVG die Unterzeichnung der sogenannten »Römischen Verträge« am 25. Mai 1957 durch die Benelux-Staaten Belgien, Niederlande und Luxemburg sowie Frankreich, Deutschland und das Gastgeberland Italien. Zur Montanunion gesellte sich damit die gemeinsame Politik zum Ausbau und zur Erforschung der Atomenergie (Euratom) und eine gemeinsame Wirtschaftspolitik im Binnen- und Außenhandel, im Agrar- und Verkehrsbereich, im Kapitalverkehr sowie in den rechtlichen Rahmenbedingungen (EWG).

Insbesondere die Gründung der EWG war bereits in den späten fünfziger Jahren heftig umstritten. Einmal mehr waren es die Briten, die der aus ihrer Sicht kleineuropäischen Idee skeptisch gegenüberstanden und vielmehr eine gesamteuropäische Freihandelszone forderten. Diese sollte zwar alle westeuropäischen Staaten umfassen, jedoch über die Verpflichtung zum Freihandel hinaus keinerlei politische Bindungen beinhalten. In der Konsequenz dieses Gedanken gründete Großbritannien gemeinsam mit Österreich, Portugal, der Schweiz und einigen skandinavischen Ländern 1960 die Europäische

Freihandelszone (EFTA). Anders als die EWG sollte sich das Konkurrenzmodell EFTA – bei voller Wahrung der jeweiligen nationalen politischen Souveränität und Selbständigkeit – lediglich der wirtschaftlichen Zusammenarbeit widmen und so ein ökonomisches Gegengewicht zur EWG bilden.

Auch wenn sich in den folgenden Jahrzehnten das politische Integrationsmodell in Europa durchgesetzt hat, blieben die ersten Fortschritte der EWG zunächst auf die wirtschaftlichen Bereiche begrenzt. Insbesondere der rasche Abbau der Binnenzölle bescherte den zunächst beteiligten sechs Partnerländern einen ungewöhnlich starken wirtschaftlichen Aufschwung, während der politische Integrationsprozeß erneut in politischen Eifersüchteleien und ständigen Kämpfen um die Vormachtstellung innerhalb des europäischen Verbunds stekkenblieb.

So blockierte der französische Staatspräsident Charles de Gaulle 1963 die Beitrittsverhandlungen mit Großbritannien, das sich nun doch dem wirtschaftlich stärkeren Verbund anschließen wollte. De Gaulle hatte Bedenken, eine neue deutsch-britische Achse könne die Stellung Frankreichs in der Gemeinschaft schwächen. De Gaulle war es auch, der mit seiner Politik des leeren Stuhls die Einführung der Mehrheitsentscheidungen im Europäischen Rat faktisch außer Kraft setzte. Frankreich nahm an den Ratssitzungen einfach nicht mehr teil, weil es befürchtete, überstimmt zu werden. Erst als die Gemeinschaft der Regierung in Paris durch den »Luxemburger Kompromiß« eine Art Vetorecht bei »vitalen nationalen Interessen« einräumte, kehrte Frankreich an den Ratstisch zurück. Freilich war damit auf lange Sicht das Prinzip der Mehrheitsentscheidung wieder ausgehebelt worden, und die Gemeinschaft mußte ihren politischen Integrationsprozeß im Schneckentempo fortsetzen.

Erst 1969 kam durch die Gipfelkonferenz der Staats- und Regierungschefs in Den Haag wieder Schwung in die europäische Sache. Nachdem sich die Gemeinschaft im ersten Jahrzehnt nach der Unterzeichnung der Römischen Verträge dem Abbau der Binnenzölle gewidmet hatte, sollten nun neue vorwärtstreibende Schritte im Hinblick auf eine gemeinsame Politik unternommen werden. Bereits in Den Haag einigten sich die Regierungschefs auch grundlegend darauf, eine Wirtschafts- und Währungsunion in drei Stufen zu verwirklichen. Außerdem gaben die EG-Staats- und Regierungschefs grünes Licht für eine erste Erweiterungsrunde, in der auch Großbritannien, Irland, Dänemark und Norwegen der Gemeinschaft beitreten sollten. Schon 1972 waren die Beitrittsakten unterzeichnet, aber während Großbritannien, Irland und Dänemark den Schritt in die Gemeinschaft rasch ratifizierten, lehnten die Norweger in einer Volksabstimmung mit einer Mehrheit von 53 Prozent den Beitritt ab.

Doch nach dieser schwungvollen ersten Erweiterungsrunde, in der die EWG vor allem ihre Überlegenheit gegenüber der EFTA-Organisation deutlich ausbaute, erlahmte der Integrationseifer schon wieder. Ähnlich wie nach dem Ersten Weltkrieg, als die beginnende Weltrezession die Einigungsbemühungen des französischen Außenministers Aristide Briand und seines deutschen Amtskollegen Gustav Stresemann jäh stoppte, führte auch die Anfang der siebziger Jahre einsetzende weltweite erste Ölkrise dazu, daß zunächst jedes Land sein Heil auf die eigene Art zu erreichen versuchte. Hier zeigte sich, daß die Europäische Gemeinschaft damals noch eine Schönwetterveranstaltung war. Zwar konnte sie helfen, wenn eines der beteiligten Länder aus einem bestimmten Grund in die Bredouille kam. Doch wenn der Sturm alle gleichmäßig traf, versuchten die einzelnen Länder die Krise noch immer mit nationalen Strategien zu meistern. Die Folge war dann ein wirtschaftliches Auseinanderdriften der einzelnen Länder sowie eine starke Abkühlung der Bemühungen, die Gemeinschaft zu erweitern oder gar zu vertiefen.

Die einzigen – mageren bis fragwürdigen – Erfolge der siebziger Jahre bestanden für die Gemeinschaft darin, daß sich die EG-Staaten darauf verständigten, im Rahmen der politischen Zusammenarbeit ihre Außenpolitik zu koordinieren, und daß sie 1976 den Beschluß faßten, erstmals 1979 die Abgeordneten für das Europäische Parlament in Straßburg in den einzelnen Mitgliedsländern direkt wählen zu lassen.

Auch hier zeigte sich, daß die politische Integration der ökonomischen weit hinterherhinkte. Zwar wurde das Binnenmarkt-Programm, das auf dem Den Haager Gipfel des Jahres 1969 basierte, weitgehend pünktlich umgesetzt. Doch die Koordination der Außenpolitik hat – obschon bereits 1969 feierlich besiegelt – noch nie wirklich funktioniert. Auch fast ein viertel Jahrhundert später, nach der Unterzeichnung des Maastrichter Vertrags über die Politische Union im Dezember 1992, war die EG in dieser Frage noch kein Stück weiter. Auf den Ausbruch der blutigen Auseinandersetzungen im ehemaligen Jugoslawien, die zu dem schlimmsten Völkermord auf europäischem Boden seit dem Ende des Zweiten Weltkrieges geführt haben, konnte sie lange Zeit keine entschlossene gemeinsame Antwort finden.

Ende der siebziger Jahre nahm die EG die zweite Erweiterungsrunde in Angriff. Auch hier ging es den Mitgliedern der Gemeinschaft in erster Linie darum, politische Ziele zu erreichen. So hatte die Neunergemeinschaft ein großes Interesse daran, nach dem Tode des Generals Franco am 20. November 1975 in Spanien und nach der Abdankung der Obristenherrschaft in Griechenland im Jahr 1974 die dort noch jungen demokratischen Strukturen zu festigen. Außerdem galt es, die Südflanke der Gemeinschaft und der NATO außen- und sicherheitspolitisch abzuschirmen. Dies geschah, indem die Länder des Mittelmeerraums, die bis auf Italien der Gemeinschaft noch nicht angehörten, in die politischen Entscheidungsprozesse der Gemeinschaft eingebunden wurden. Dafür war es wichtig, die für die innenpolitische Stabilisierung in diesen Ländern nötigen sozialen und gesellschaftlichen Grundlagen zu schaffen.

Die Gemeinschaft ließ sich das einiges kosten. Sie stellte Finanzmittel für die strukturellen Anpassungen (Strukturfonds) zur Verfügung und räumte den neuen Mitgliedern in mehrjährigen Übergangsregeln bedeutende Erleichterungen ein. Bereits am 1. Januar 1981 trat daraufhin Griechenland der Gemeinschaft bei, mit dem Jahr 1986 folgten Spanien und Portugal. Damit war die Zwölferrunde komplett.

Auch dieser zweiten Erweiterungsrunde folgte für die Gemeinschaft eine Epoche, in der sie sich nun wieder vorwiegend mit sich selbst beschäftigte. So kam es zu dem Reformpaket des Stuttgarter Gipfeltreffens der europäischen Staats- und Regierungschefs im Juni 1983. Darin beschlossen sie erste Ansätze für eine Reform der EG-Agrarpolitik, entwickelten das Haushalts- und Finanzsystem weiter und brachten mit Blick auf das weltweite Wettrennen um die Entwicklung und Vermarktung neuer Technologien weitere Gemeinschaftsprojekte im Bereich der Forschungs- und Entwicklungspolitik auf den Weg.

Sowohl diese Reformen, die eine Reihe von Stolpersteinen aus dem Weg räumten, als auch die Reihe der gemeinsamen Ziele schafften in den Jahren nach dem Stuttgarter Treffen die Voraussetzung dafür, daß die Gemeinschaft insgesamt auf ihrem Integrationsweg einen weiteren Fortschritt erreichen konnte: Die Staats- und Regierungschefs der Zwölfergemeinschaft einigten sich am 17. Februar 1986 auf die »Einheitliche Europäische Akte« (EEA), die sowohl neue Ziele als auch neue Umgangsformen festschrieb. Beispielsweise erhielt das Europäische Parlament ein stärkeres Mitspracherecht eingeräumt, wenngleich von einem wirklichen Parlament, in dem die Geschicke Europas bestimmt werden, noch lange keine Rede sein kann.

In der »Einheitlichen Europäischen Akte« legte die Gemeinschaft auch den endgültigen Starttermin für den bereits in Den Haag grundsätzlich beschlossenen Europäischen Binnenmarkt fest. Er sollte am 1. Januar 1993 beginnen. Damit trugen die Staats- und Regierungschefs einer globalen Entwicklung Rechnung, die sowohl von außen als auch von innen an sie herangetragen wurde.

Neben den bisherigen ökonomischen Zentren – den Vereinigten Staaten von Amerika, Japan und Europa – entstanden neue Wachstumsfelder und begannen eine zunehmende Rolle auf den Weltmärkten zu spielen: Es war die Zeit der sogenannten Tigerländer Südostasiens, darunter vor allem Taiwan, Singapur und Süd-Korea.

Politisch war die Welt dagegen noch immer in zwei große Lager gespalten. Der permanente Dauerkonflikt zwischen den USA und der damals noch existierenden UdSSR berührte vor allem die Sicherheitsinteressen Europas fundamental und führte – beispielsweise in Deutschland mit der Frage der Nachrüstung mit nuklearen Mittelstreckenraketen – auch zu handfesten Problemen für die europäischen Regierungen.

Sowohl ökonomisch als auch politisch war es deshalb an der Zeit, daß sich die europäischen Länder weltweit um eine wichtigere Rolle bemühten. Einzeln waren sie dazu kaum in der Lage, als Zwölfergemeinschaft sah das anders aus. Insbesondere konnte die Stimme Europas im Streit der Großmächte dann an Gewicht gewinnen, wenn der Gemeinschaft nicht nur große, sondern auch kleine Länder beitraten. Und zwar unabhängig davon, ob sie nun zum reicheren Norden oder zum ärmeren Süden, zur Nato oder nicht zur Nato gehörten.

Dazu kam, daß sich – anders als während der siebziger und zu Beginn der achtziger Jahre – die vier großen Länder der Gemeinschaft, die Bundesrepublik Deutschland, Frankreich, Großbritannien und Italien, auch in wichtigen ordnungspolitischen und wirtschaftlichen Zielvorstellungen aufeinander zubewegten. Übereinstimmend schworen die wichtigsten Mitglieder der keynesianistischen Strategie einer Überwindung der Wachstumskrise durch staatliche Schuldenpolitik und dem Protektionismus ab. Statt dessen akzeptierten sie eine konsequente Stabilitätspolitik, eine Verbesserung der Angebotsbedingungen sowie einen möglichst reibungslosen Strukturwandel als beste Rezepte zur Überwindung der weltweiten Wachstumskrise. Auch die europäischen Großkonzerne forderten einen offenen und großräumigen EG-Markt, um durch ein entsprechend größeres Absatzgebiet günstiger produzieren zu können und so auch auf dem Weltmarkt wettbewerbsfähiger zu sein.

Was lag also näher, als – auf dem schon bewährten Weg – die ökonomische Integration voranzutreiben, die europäische Wirtschaftskraft und das Wachstum zu stärken und ganz nebenbei auch die politische Integration ein Stück weiterzutragen? So gesehen, war der Binnenmarkt nicht nur als Deregulierungsprogramm im europaweiten Maßstab, sondern auch als weitere Zwischenstufe zur Wirtschaftlichen und Politischen Union gedacht.

Mitten in die Schlußphase der Vorbereitungen auf den Europäischen Binnenmarkt platzte das osteuropäische Revolutionsjahr 1989. Zwar verließ der Integrationszug der europäischen Länder dadurch nicht die vereinbarte Fahrtrichtung, doch der Fahrplan kam kräftig durcheinander.

Insbesondere die deutsche Einheit, die nach der bereits am 1. Juli 1990 vollzogenen deutschen Wirtschafts- und Währungsunion am 3. Oktober 1990 in Kraft trat, ließ das ganze Konzept der europäischen Integration in einem völlig neuen Licht erscheinen. Plötzlich war die Bundesrepublik Deutschland, in der – wenn auch inzwischen als Freunde – noch immer Truppen der alliierten Siegermächte des Zweiten Weltkrieges gestanden hatten, politisch vollständig souverän. Dazu kam: Mit einem Schlag hatte der Blick nach Osten durch das Verschwinden der sozialistischen Zwangsherrschaft alle seine Schrecken verloren. Im Gegenteil: In der Unterstützung des demokratischen Wandels durch wirtschaftliche Hilfe und Zusammenarbeit lag – soweit die Voraussetzungen dafür überhaupt vorlagen – die vielleicht wichtigste Aufgabe für die westeuropäischen Länder in den neunziger Jahren.

Besonders gefordert war dabei wie kein anderes Land das neue, größere Deutschland. Nicht sosehr wegen der alten Kontakte, die von der Politik, der Verwaltung und den Unternehmen der einstigen DDR als Erbe mit in das neue vereinte Deutschland eingebracht wurden. Die erwiesen sich infolge der deutschen Währungsunion schnell als überflüssig und obsolet. Vielmehr wuchs Deutschland als Frontstaat mit der größten Bevölkerung und der größten Wirtschaftskraft und nicht zuletzt auch mit der wichtigsten Währung Europas in eine Führungsrolle hinein, die von den befreundeten Partnerländern Großbritannien und vor allem Frankreich nur schwer und unter massiven Vorbehalten zu akzeptieren war.

Um die französischen Widerstände gegen die deutsche Einheit aus dem Weg zu räumen, reiste der deutsche Kanzler in den Wochen vor der Einheit häufig nach Paris. Gemeinsam mit François Mitterrand verabredete Helmut Kohl zunächst im geheimen, was sie im April 1990 gemeinsam der Öffentlichkeit vorstellten: eine deutsch-französische Initiative, mit der die Europäische Wirtschafts- und Währungsunion beschleunigt und die Politische Union vertieft werden sollte. Mitterrand griff die 1954 an Frankreich gescheiterte Idee einer Europäischen Verteidigungsgemeinschaft auf, um die Deutschen an die Kandare nehmen zu können. Doch anders als vierzig Jahre zuvor sollten die Deutschen diesmal den Schutz der »force de frappe« nicht zum Nulltarif bekommen. Nun stimmte der Preis, den die Deutschen zu zahlen hatten. Bundeskanzler Helmut Kohl sagte zu, die stärkste deutsche Waffe, die D-Mark, zu opfern. Das alles sollte schon im Dezember 1992, beim Gipfeltreffen der Staats- und Regierungschefs der Europäischen Gemeinschaft im niederländischen Städtchen Maastricht, besiegelt werden.

In diesem Sinne ist der Vertrag von Maastricht eine deutsche Vorleistung für ein künftiges Europa. In dem Vertrag wird nämlich nur die Europäische Wirtschafts- und Währungsunion klar definiert. Auf Druck des deutschen Bundeskanzlers Helmut Kohl, der nicht nur als Vater der deutschen Einheit, sondern auch als Vater der europäischen Einheit in die Geschichtsbücher eingehen will, wurden sogar in der letzten entscheidenden Nachtsitzung feste und ambitiöse Termine für die Einführung der gemeinsamen Währung vereinbart.

Spätestens 1999, so sieht es der Maastrichter Vertrag vor, gibt es als einheitliche europäische Währung den Ecu. Wie schon in Den Haag die »Einheitliche Europäische Akte«, brachte auch der »Vertrag über die Europäische Union« die Gemeinschaft einen erheblichen Schritt weiter in Richtung der angestrebten Integration. So wurden nicht nur die Bedingungen und der Zeitplan für die Europäische Währungsunion beschlossen, sondern auch die Absicht besiegelt, weitere Politikbereiche auf die europäische Ebene zu übertragen: Dazu gehört die Außen- und Sicherheitspolitik, die Sozialpolitik und die Industriepolitik. Leider sind diese Ziele der künftigen Politischen Union, insbesondere aber die sicherheits- und verteidigungspolitische Zusammenarbeit in Europa, in diesen Verträgen nur in vagen Zielvorstellungen umrissen.

Während also die Festlegungen für die Währungsunion bis ins Detail gehen, ist die Frage nach der Zukunft der Politischen Union nach wie vor offen. Die Frage, ob Europa so etwas wie ein Bundesstaat werden soll oder ein mehr oder weniger lockerer Staatenbund, hat auch der Maastrichter Vertrag über die Politische Union nicht beantwortet. Manche Europa-Politiker, etwa der rheinland-pfälzische Minister für Bundes- und Europaangelegenheiten, Florian Gerster (SPD), neigen zu einer pragmatischen Haltung und möchten diese Frage – auf die es jetzt sowieso keine allseits akzeptierte Antwort geben kann – der künftigen Entwicklung überlassen. Andere, etwa der frühere Staatssekretär im Bundesfinanzministerium Horst Köhler (CDU), der für die Bundesrepublik maßgeblich an den Vertragsverhandlungen über die Währungsunion beteiligt war, sehen hier eher ein Manko. Köhler beklagt in diesem Bereich eine »mangelnde Phantasie« und sprach sich deutlich für eine noch zu schaffende Europäische Verfassung aus, die »irgendwo zwischen Staatenbund und Bundesstaat« liegen sollte.

2. Kapitel: Währungspolitische Integration in Deutschland

»Inflation ist wie Rauschgift. Für eine Weile versetzt es uns in Hochstimmung, glorifiziert die Welt und hilft, Probleme zu vergessen, aber das Erwachen folgt unweigerlich.«

Karl Schiller, 1970.

Vom Münzchaos zur Goldmark

Während Europa mit der geplanten Währungsunion völliges Neuland betritt, haben Währungsunionen und Währungsschnitte in Deutschland eine lange Tradition. Der Weg von der deutschen Kleinstaaterei des frühen 19. Jahrhunderts bis zur Gründung des Deutschen Reiches ist auch ein Weg der Währungsunionen. Allein in diesem Jahrhundert kannte Deutschland genaugenommen vier verschiedene Währungsordnungen. Die Reichsmark im Zeitalter des Goldstandards, die Reichsmark ohne Golddeckung sowie die D-Mark einmal unter dem Dach des Bretton-Woods-System und danach als Ankerwährung des EWS.

Die D-Mark wuchs erst nach dem Zweiten Weltkrieg zum deutschen Nationalsymbol heran. Mit dem Vorgängermodell, der Reichsmark, machten die Deutschen noch gemischte Erfahrungen. Aus den Erfolgen und Fehlern in der deutschen Geld- und Währungspolitik lassen sich daher Rückschlüsse auf die Bedingungen ziehen, die für einen Erfolg einer einheitlichen europäischen Währung erfüllt sein müssen.

Doch die Währungsunionen im frühen Deutschland unterschieden sich noch grundlegend von der Währungsunion, die sich Europa im Maastrichter Vertrag vorgenommen hat. Schon die Reihenfolge der gewählten Schritte ist eine andere. Bei den deutschen Währungsunionen kam regelmäßig zuerst die politische Einheit, danach setzte die neue Zentralregierung eine Gemeinschaftswährung durch. Insofern entsprachen die früheren deutschen Währungsunionen der sogenannten Krönungstheorie, die eine Reihe von Ökonomen auch für die

Tabelle 1: Münz- und Währungssysteme in Deutschland um 1870

Länder	Währungseinheit	Feingewicht
Preußen, Anhalt, Oldenburg, Sachsen-Weimar, Schwarzburg-Sondershausen, Schwarzburg-Rudolstadt Unterherrschaft, Waldeck-Pyrmont, Lippe-Detmold, Schaumburg-Lippe, Reuß	1 Taler = 30 Groschen = 360 Pfennig	16,7 g Silber
Braunschweig, Sachsen, Sachen-Altenburg, Sachsen-Gotha	1 Taler = 30 Groschen = 300 Pfennig	16,7 g Silber
Mecklenburg-Schwerin, Mecklenburg-Strelitz	1 Taler = 48 Schilling = 576 Pfennig	16,7 g Silber
Bayern, Württemberg, Baden, Hessen, Hohenzollern, Frankfurt/Main, Sachsen-Meiningen, Sachsen-Coburg, Schwarzburg-Rudolstadt Oberherrschaft	1 Gulden = 60 Kreuzer = 240 Pfennig	9,5 g Silber
Hamburg, Lübeck	1 Mark Kurant = 16 Schilling = 192 Pfennig	6,7 g Silber
Bremen	1 Gold-Thaler = 72 Grote = 360 Schwaren	1,2 g Gold

Quelle: Sprenger, Bernd: Das Geld der Deutschen, Paderborn 1991

europäische Währungsunion – erfolglos – vorgeschlagen haben. In Maastricht wurde vielmehr der umgekehrte Weg gewählt. Zuerst kommt die gemeinsame Währung, danach – irgendwann später – die politische Einheit.

Als sich der preußische König Wilhelm I. am 18. Januar 1871 im Spiegelsaal von Versailles zum Deutschen Kaiser ausrufen ließ, herrschte in deutschen Ländern noch ein gehöriges Durcheinander aus verschiedenen Währungen und Währungssystemen. Aus der ersten Hälfte des 19. Jahrhunderts liefen in den deutschen Ländern noch eine Unzahl meist silberhaltiger Münzen um, die erst nach und nach aus dem Verkehr gezogen wurden. Immerhin kannte der deutsche Zollverein, der 1833 von 18 deutschen Staaten als echter Binnenmarkt ohne Zollgrenzen gegründet worden ist, noch rund ein Dutzend Münz- und Rechnungssysteme, sieben sich überschneidende Währungsgebiete und vier verschiedene Währungssysteme, die vorerst alle noch in Kraft geblieben waren.

Zwar unterstellte die Verfassung des Deutschen Reiches vom 16. April 1871 die bis dahin von den Ländern beanspruchte und ausgeübte Geldhoheit der Gesetzgebung und der Aufsicht des Reiches. Doch erst acht Monate später legte das Reich per Gesetz auch ein neues Währungssystem fest: Es sollte Reichsmünzen (bestehend aus 90 Prozent Gold, zehn Prozent Kupfer) zu zehn und 20 Mark geben, eine Mark wurde – erstmals streng nach dem Dezimalsystem – in 100 Pfennig unterteilt. Die technische Herstellung der Münzen übernahmen ein knappes Dutzend Prägeanstalten, von denen die in Berlin, in München, in Stuttgart, in Karlsruhe und in Hamburg auch noch mehr als 100 Jahre später in Betrieb waren.

Diese neue Goldwährung lief jedoch vorerst noch als Parallelwährung zu den bislang schon bestehenden Münzen und Geldscheinen um. Die Einziehung der alten Münzen wurde im Währungsgesetz von 1871 zwar angekündigt, aber nicht durchgeführt. Vielmehr galten für die einzelnen alten Währungen lediglich feste, aber mehr oder weniger krumme Relationen: Das Zehnmarkstück, ab 1875 offiziell Krone genannt, entsprach beispielsweise 3⅓ Taler in norddeutscher Währung, oder 5½ Gulden in süddeutscher Währung. Erst 1873, zwei Jahre nach der Reichsgründung, bestimmte ein neues Münzgesetz: »An die Stelle der Landeswährungen tritt die Reichsgoldwährung.« Dies hieß, anstatt der Silbermünzen, deren Wert zumindest theoretisch grob dem Silbergehalt entsprach, sollte es eine nach damaligem Maßstab modernere Währung geben, deren materielle Deckung die Form von Goldschätzen hatte, die in den Kellern der Notenbank unter Verschluß blieben. Doch weil für den Zahlungsverkehr trotz der gesetzlichen Verfügung gar nicht genügend Reichsmünzen zur Verfügung standen, galten eine Reihe der alten Landesmünzen mit festen Kursrelationen zur Goldmark weiter.

Erst 1875, als im Deutschen Reich endlich auch das Papiergeldwesen einheitlich geregelt werden konnte, erkämpfte sich die inzwischen aus der Preußischen Bank hervorgegangene Deutsche Reichsbank eine geldpolitisch dominierende Stellung. Nach langwierigen und schwierigen Verhandlungen strich das Bankgesetz vom 14. März 1875 den 32 Privat- und Landesbanken das höchst einträgliche Privileg, eigene Banknoten herauszugeben. Zwar unterstand nun die Reichsbank direkt dem Reichskanzler, doch das Kapital der Notenbank – gewissermaßen die Währungsreserven – hielt nicht die öffentliche Hand, sondern es wurde weiterhin von den privaten Bankhäusern gestellt. Darunter waren so bekannte Bankiers wie Bleichröder, Handsemann, Oppenheim und Rothschild. Bis 1909 sollte es noch dauern, bis alle deutschen Länder das Rechnen mit Mark und Pfennig einführten und sich die 1873 konzipierte Goldwährung als einziges und ausschließliches Zahlungsmittel im 1871 gegründeten Deutschen Reich durchgesetzt hatte.

Daß sich die Reichsmark nach ihrer endgültigen Einführung relativ schnell durchsetzte und das mit der Industrialisierung einhergehende Wirtschaftswachstum im Deutschen Reich beflügelte, hatte freilich einen ganz speziellen Grund: Rund ein Drittel des jährlichen deutschen Volkseinkommens stammte aus den mehr als fünf Milliarden Francs, die das besiegte Frankreich als Reparationszahlung an Deutschland überweisen mußte. Nur so konnte das Gold, mit dem der deutsche Bargeldumlauf gedeckt war, schnell und ausreichend beschafft werden. Und weil nicht gleichzeitig die schon umlaufenden Münzen dem Geldkreislauf entzogen wurden, kam es zu einer starken Vermehrung des Geldangebots, als dessen Folge auch die Zinsen relativ niedrig bleiben mußten und so den Boom der Gründerjahre anheizten.

Deutschland erlebte während dieser Gründerzeit seinen ersten geldpolitisch induzierten Boom, getreu der monetaristischen Theorie, die der Nobelpreisträger Milton Friedman in seiner Chicagoer Schule erst knapp 100 Jahre später entwickeln sollte. Die Geldmengenexpansion führte über die niedrigen Zinsen kurzfristig zu einer realen Expansion des Wachstums, längerfristig schlug sich der Geldüberhang jedoch in einer drastisch erhöhten Inflationsrate nieder. So wuchs die deutsche Wirtschaft 1872 um real zehn Prozent, doch zwischen 1870 und 1873 stieg dann auch der Großhandelspreisindex um rund ein Drittel.

Die Reichsmark im Zeitalter des Goldstandards

Mit der Einführung der Goldwährung folgte Deutschland in den siebziger Jahren des 19. Jahrhunderts einem schon lange bestehenden internationalen Trend. England besaß bereits seit 1816 mit dem Sovereign eine Goldwährung, die international als Vorbild galt. Nach den napoleonischen Kriegen wurde auf der Insel 1821 die offizielle Wiedereinführung der vollen Goldkonvertierbarkeit des Pfund Sterling im Statut der Bank of England verankert. Auch Frankreich, die Niederlande und eine Reihe skandinavischer Länder waren schon zum Goldstandard übergegangen. In den Jahren nach 1890 folgten unter anderem die USA, Rußland, Österreich-Ungarn und Japan. Damit konnte die Epoche des klassischen internationalen Goldstandards anbrechen, die vom ausgehenden 19. Jahrhundert bis zum Ausbruch des Ersten Weltkriegs, 1914, das Weltwährungssystem und damit auch die europäische Währungsgeschichte bestimmte.

Kennzeichen dieser Epoche war, daß alle dem Goldstandard angeschlossenen Währungen – darunter natürlich alle wichtigsten Handelswährungen der Welt – ihren Münz- und Papiergeldumlauf durch nationale Goldreserven gedeckt hielten. Jedermann war es jederzeit freigestellt, sein Bargeld bei der Notenbank gegen Gold einzutauschen. Schließlich entsprach eine bestimmte Summe Geld immer einer bestimmten Menge Gold und damit auch einer bestimmten Menge Geld in einer anderen Währung. Damit erfüllten die Goldwährungen zumindest eine wesentliche Definition einer Währungsunion: Zwischen den einzelnen Währungen konnte es – zumindest in der Theorie – so gut wie keine Wechselkursschwankungen mehr geben. Gold war ein internationales Geld, das in den einzelnen Nationen lediglich andere Namen und Gesichter hatte.

Die Jahrzehnte des Goldstandards gingen denn auch als eine Periode der besonderen Stabilität in die Währungsgeschichte ein. Sowohl der innere als auch der äußere Geldwert, also der Preisindex und die Wechselkurse, waren durch Gold definiert. Die Währungsstabilität bezog sich auf Gold, nicht auf Kaufkraft. Allenfalls starke Schwankungen des verfügbaren Goldes (und damit der umlaufenden Geldmenge) konnten dazu führen, daß sich die reale Kaufkraft des Goldes veränderte.

Für den Ausgleich von Gefällen in der Wettbewerbsfähigkeit zwischen den Goldstandardwährungen sollte ein eingebauter Stabilisator (Built-in-stability) sorgen. Dieser Mechanismus wirkte nach der Theorie so, daß ein Land, das ein Defizit in der Leistungsbilanz aufwies, zum Ausgleich Gold an die Länder mit den entsprechenden Überschüssen abführte. Da jedoch die Goldreserve die Basis für den inländischen Geldumlauf darstellte, reduzierte sich im Defizitland auch die Geldmenge, während sie sich im Überschußland erhöhte. Die rückläufige Geldmenge sorgte so im Defizitland für eine Tendenz in Richtung sinkender Preise, wodurch die inländischen Erzeugnisse beim Export einen Wettbewerbsvorteil erhielten. Umgekehrt leitete die expansive Geldmenge im Überschußland genau den umgekehrten Prozeß ein.

Freilich funktionierte dieser Mechanismus – wie fast immer – am besten in der Theorie, die eine absolut freie Preisbildung bei Löhnen, Waren und Dienstleistungen sowie eine konjunkturpolitische Abstinenz des Staates voraussetzt. In der Praxis sah es daher oft anders aus.[1] Die Jahre zwischen 1871 und 1913 zeichneten sich in Deutschland denn auch durch sich abwechselnde Phasen von Inflation und Depression aus, wobei die Inflationstendenz längerfristig bei weitem überwog. Ein Preisindex, der 1900 = 100 setzt, weist so für das Jahr 1871 einen Wert von 90, für das Jahr 1913 einen Wert von 130 aus.

1 Knut Borchart, »Währungs- und Finanzpolitik von der Reichsgründung bis zum I. Weltkrieg«, in: Deutsche Bundesbank (Hrsg.), Währung und Wirtschaft in Deutschland 1876–1975, Frankfurt am Main 1976

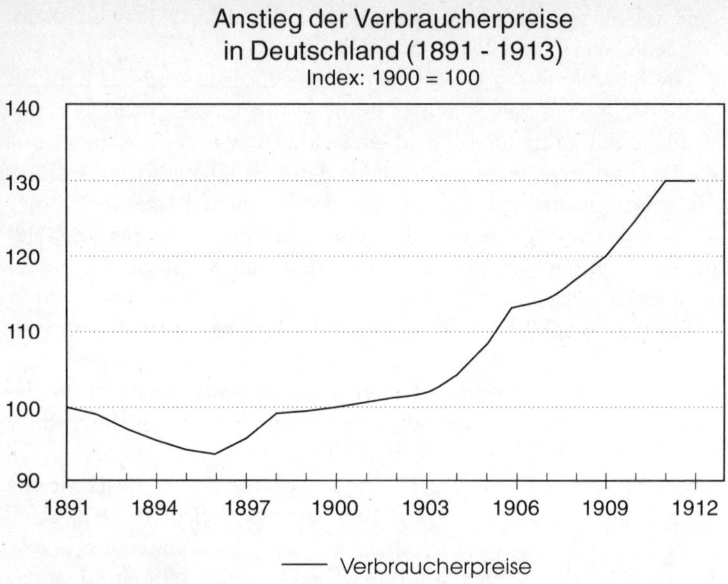

Quelle: Sprenger, Das Geld der Deutschen, Paderborn 1991

Dazu kam, daß Goldabflüsse die Notenbank eines Defizitlandes dazu zwangen, ihre Zinsen kräftig heraufzusetzen, um neues Kapital ins Land zu holen. Goldbestand und Wechselkurs mußten im Falle eines Leistungsbilanzdefizits mit einer Hochzinspolitik verteidigt werden, die Rezession und Arbeitslosigkeit in Kauf nahm. Der Ausgleich der Zahlungsbilanz hatte im Goldstandard oberste Priorität. Die Beschäftigungskrise dagegen war das Instrument, mit dem dieser Ausgleich im Notfall erreicht wurde.

Aus seiner theoretischen Verankerung gehoben wurde der Goldstandard auch durch die rasche Expansion des bargeldlosen Zahlungsverkehrs. Da Bankeinlagen im Gegensatz zum Bargeld nicht durch entsprechende Goldreserven gedeckt sein mußten, bot sich hier eine Chance, die geldpolitischen Fesseln der Goldwährung zu sprengen

Struktur der Geldmenge in Deutschland, 1876, 1913 und 1989 (in Prozent)

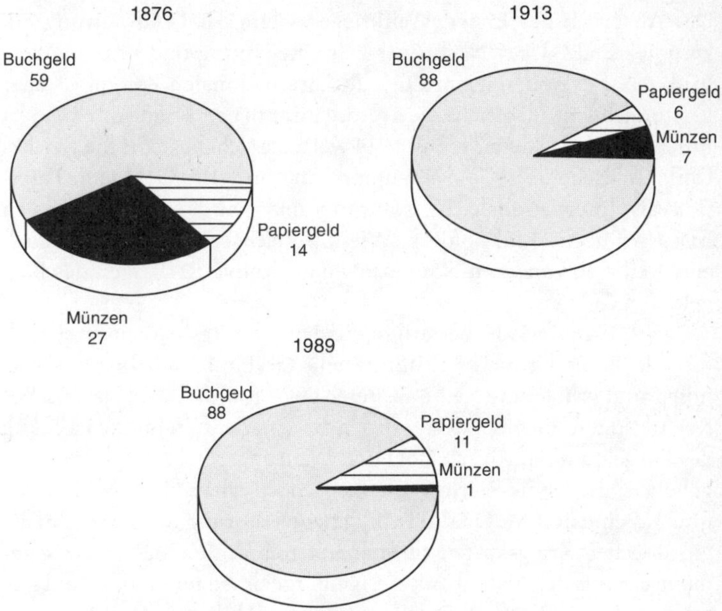

Quelle: Sprenger, Das Geld der Deutschen, Paderborn 1991

und zusätzlich Geld zu schöpfen. Wie sehr diese Chance genutzt wurde, zeigt die veränderte Zusammensetzung der Geldmenge in diesen Jahren. Der Anteil des Buchgeldes, zu dem Giro- und Sichteinlagen ebenso gehörten wie Termin- und Spareinlagen, stieg von 59 Prozent in 1876 auf 88 Prozent im Jahre 1913. Diese von den Goldreserven unabhängige Geldschöpfung schuf das Potential für inflationäre Prozesse.

Das Ende des Goldenen Zeitalters – Die Hyperinflation nach dem Ersten Weltkrieg

Der Ausbruch des Ersten Weltkrieges setzte der Goldwährung ein abruptes Ende. Über Nacht war keine Regierung und keine Notenbank mehr dazu bereit, im Zuge des internationalen Zahlungs- oder Leistungsbilanzausgleichs die Tresore ihrer neuen Feinde mit Gold zu füllen. Bereits ab dem 31. Juli 1914 weigerte sich die deutsche Reichsbank, Geldscheine in Gold einzutauschen.[1] So verlor Gold seine Funktion als internationale Leitwährung und wurde zum nationalen Kriegsschatz umfunktioniert. Wie die Reichsbank, kündigten auch eine Reihe von anderen Notenbanken die Konvertierbarkeit des Bargeldes in Gold auf.

Am 4. August 1914 bestätigte die deutsche Reichsregierung auch formell die bereits seit 31. Juli bestehende Einlösepflicht für Banknoten und erließ eine Reihe weiterer geld- und währungspolitischer Restriktionen. Insbesondere wurden die Vorschriften für die Deckung des Bargeldumlaufs durch Gold und Währungsreserven faktisch aufgehoben; der Name Reichsmark blieb jedoch erhalten, obwohl es sich nun um eine in ihrer Qualität völlig neue Währung handelte. Um die gigantischen Kriegskosten zu finanzieren, brachte die Regierung gemeinsam mit der Notenbank riesige Bargeldmengen und Schuldverschreibungen in Umlauf. Die Kriegskosten in Höhe von 164 Milliarden Reichsmark wurden vor allem durch Kriegsanleihen (97 Milliarden Reichsmark), Schatzwechsel und Schatzanweisungen (57 Milliarden Reichsmark) und durch Abgaben- und Steuererhöhungen (zehn Milliarden Reichsmark) finanziert.

Die Staatsverschuldung explodierte so schnell, daß das Deutsche Reich schon ab 1916 nicht mehr in der Lage war, die Zinsen durch laufende Staatseinnahmen zu decken. 1919 betrug der Schuldendienst bereits 126 Prozent der nicht durch Kredite finanzierten Staatseinnahmen. Daneben mußte das Deutsche Reich nach dem verlore-

1 Otto Pfleiderer, »Die Reichsbank in der Zeit der großen Inflation ...«, in: Deutsche Bundesbank (Hrsg.), Währung und Wirtschaft in Deutschland 1875–1976, Frankfurt am Main 1976

nen Krieg bis zum 30. April 1921 einen Abschlag auf die noch nicht endgültig festgelegte Reparationsforderung des Versailler Vertrages in Höhe von 20 Milliarden Goldmark (entsprechend der Vorkriegsparität der Reichsmark) bezahlen.

So wurden die Rechnungen an den Staat mit neuen Schulden beglichen, deren Bedienung wiederum zu einer noch höheren Verschuldung führte. Zur Alimentierung der immer höheren Summen wurde zusätzliches Geld gedruckt, dessen Scheine immer mehr Nullen aufwiesen. Anfang Februar 1923 erschien eine Reichsbanknote zu 100000 Mark, zum Monatsende gab es dann bereits Scheine im Wert von 1 Million Mark. Am Ende lautete die höchste jemals gedruckte und in Umlauf gesetzte deutsche Banknote auf 100 Billionen Mark.

Mehr als 1700 Druckereien arbeiteten im September 1923 rund um die Uhr, um neue Geldscheine zu drucken. Dennoch wurde das Zahlungsmittel knapp. Ungefähr 5800 Ausgabestellen brachten ein zusätzliches Notgeld heraus.

Dieser klassische Teufelskreis der Hyperinflation führte zu einer astronomischen Geldvermehrung. Der Geldumlauf, der 1914 noch 2,9 Milliarden Reichsmark betragen hatte, stieg auf einen Gegenwert von 414,2 Milliarden alter Goldmark an. In Reichsmark ausgedrückt, hatten die umlaufenden Banknoten – Münzen spielten schon lange keine Rolle mehr – einen Nennbetrag in Höhe von 200 Trillionen Mark, das Notgeld erreichte sogar ein Volumen von 700 Trillionen Mark. Im November 1923 mußten für einen US-Dollar 4,2 Billionen Reichsmark bezahlt werden. Diese erste Hyperinflation in diesem Jahrhundert begründete ein deutsches Trauma, die Angst vor Inflation. Merkwürdigerweise trägt dieses urdeutsche Trauma auch noch bei der Generation, die diese massenweise Vernichtung von ökonomischen Existenzen und Vermögen – soweit sie nicht als Sachwerte über die Zeit gerettet werden konnten – nur überliefert bekam.

Wie immer mußten vor allem die breiten Schichten der kleineren Lohn- und Gehaltsbezieher die Kosten der Inflation bezahlen. Massenhaft verloren die Sparkonten der kleinen Leute ihren Wert. Die Arbeiterlöhne büßten zwischen 1913 und 1923 rund die Hälfte ihrer realen Kaufkraft ein. Das Gehaltsniveau der höheren Beamten fiel bis 1923 auf nur noch 40 Prozent ihres Realwertes vor Kriegsausbruch.

Dagegen zählten der Staatshaushalt und die Großschuldner zu den Gewinnern. Sie konnten, solange der Grundsatz Mark gleich Mark galt, ihre Schulden mit wertlosem Geld zurückzahlen. Die gesamten Kriegsschulden in Höhe von 154 Milliarden Mark schmolzen bis zum 15. November 1923 auf die lächerliche Summe von 15,4 Pfennig – gemessen an der Zeit vor 1914 – zusammen.

Die Reichsbank freilich suchte die Schuld für das Desaster nicht bei sich, sondern im Ausland. Nicht ihre hemmungslose Geldvermehrung, sondern der Verfall der Wechselkurse habe angeblich dazu geführt, daß im Inland die Preise hochgetrieben wurden. Die Währungspolitiker verwechselten so auf fatale Weise die Ursache mit der Wirkung. Es war genau umgekehrt: Weil das Deutsche Reich die Kosten des verlorenen Krieges und seiner Folgen mit frisch gedrucktem Geld aus der Notenpresse finanzieren mußte, fiel zuerst der Binnen- und in der Folge dann auch der Außenwert der Reichsmark ins Bodenlose.

Um die Nachkriegswirtschaft im geschlagenen Deutschland wieder in Gang zu bringen, entwickelte der Staatssekretär im Finanzministerium, Karl Helfferich, einen reichlich kuriosen Plan. Er wollte das deutsche Währungschaos mit einer Roggenmark neu ordnen. Anstelle der Goldreserven der Reichsbank, die Ende 1923 nur noch den Gegenwert von 467 Millionen alter Reichsmark ausmachten, sollte Roggen (eine Mark = fünf Kilogramm Roggen) als Wertmaßstab dienen. Die Währungsemission sollte durch Roggenrentenbriefe gedeckt werden, die wiederum durch eine Zwangsabgabe der Land- und Forstwirtschaft sowie des Handels und der Industrie gedeckt waren. Tatsächlich wurden 1922 einige Roggenanleihen herausgegeben, die jedoch kein langes Leben hatten.

Die Roggenmark entpuppte sich vielmehr als Schnapsidee. Im Ausland wäre die Getreidewährung auf Dauer kaum anerkannt worden, im Inland hätten Ernteschwankungen und eine Vermehrung der Roggenanbauflächen die Stabilität der Roggenwährung erheblich beeinflussen können. Statt dessen wurde mit der Gründung der Deutschen Rentenbank als neuem Währungsinstitut im Oktober 1923 eine neue Währung, die Rentenmark, geschaffen, die zwar aus psychologischen Gründen an die alte Goldparität anknüpfte, aber keine offizielle

Golddeckung hatte. Vielmehr konnten 5000 Rentenmark bei dem neuen Währungsinstitut in einen Rentenbrief eingetauscht werden, der auf 500 Goldmark lautete und mit fünf Prozent verzinst wurde. Doch eine Einlösung dieses Wertpapiers in Gold, Markenzeichen aller Goldstandardwährungen, war nicht vorgesehen.

Die Rentenmark begann ihr Leben als Parallelwährung – die ramponierte Mark blieb als Zahlungsmittel daneben weiterbestehen. Weil jedoch gleichzeitig mit der Ausgabe der Rentenmark endlich auch der Zugriff des Staates auf die Notenpresse gestoppt wurde, konnte sich die alte Mark stabilisieren. Nach den neuen Relationen entsprach eine Billion Mark einer Rentenmark, ein US-Dollar wurde nach wie vor mit 4,2 Billionen Mark bewertet. Spekulationen, die den Dollar kurzfristig bis auf 11,7 Billionen Mark hochtrieben, konnten sich nicht halten. Als das Jahr 1923 zu Ende ging, bewertete der Markt das Austauschverhältnis zwischen US-Dollar und Mark noch immer mit dem anvisierten Kurs. Damit war die Inflation zu Ende. Zwischen November und Dezember 1923 sanken die Großhandelspreise insgesamt um 16 Prozent, die Großhandelspreise für Lebensmittel um knapp 23 Prozent.

Die neue Reichsmark (1924–1948)

Den endgültigen Schlußstrich unter die deutsche Hyperinflation zog dagegen erst die Einführung der neuen Reichsmark (RM) mit dem Währungsgesetz vom 30. August 1924. Die neue Reichsbank erhielt ihren früheren Status als alleinige Zentralnotenbank zurück und bekam darüber hinaus eine weitgehende Souveränität eingeräumt. Die Rentenbank durfte kein Geld mehr ausgeben, vielmehr galt die Reichsmark als alleinige Währung (die alten Geldscheine wurden im Verhältnis 1 RM = 1 Billion Mark eingezogen, ebenso die Rentenmark), der US-Dollar wurde mit 4,2 Reichsmark bewertet. Da der Dollar seit einer Währungskonferenz, die 1922 in Genua stattfand, wieder durch Gold gedeckt war, kehrte die Reichsmark in der Wechselkurspolitik indirekt wieder zum Goldstandard zurück. Die umlaufenden Banknoten waren jedoch lediglich zu 40 Prozent durch Gold-

und Devisenreserven gedeckt, wobei 75 Prozent der Deckungssumme aus Gold und 25 Prozent aus Fremdwährungen bestehen mußten. Auch konnte die Reichsmark nicht in Gold konvertiert werden, obwohl sie im Kern eine 30prozentige Golddeckung besaß.

Diese neue Währung schuf erst die Basis, mit den Folgen der Inflation endgültig abzurechnen. Nach einem Urteil des Leipziger Reichsgerichts, dem Vorläufer des heutigen Bundesverfassungsgerichts in Karlsruhe, galt die Rückzahlung von Schulden mit entwertetem Geld nicht als Tilgung. Allein in Preußen gingen daraufhin 2,8 Millionen Klagen ein, in denen Gläubiger auf eine nachträgliche Begleichung ihrer Schuld pochten. Erst ein Aufwertungsgesetz schuf 1925 relative Klarheit, mit welchem Faktor die alten Schulden, auch die des Staates, aufgewertet werden. Einen vollständigen Ausgleich erhielten die Gläubiger jedoch nicht. Zum Ausgleich dafür belegte der Staat die Schuldner mit einer Sondersteuer.[1] Damit verdiente der Staat nachträglich ein zweites Mal an der Inflation. Entsprechend groß war die Enttäuschung in der Bevölkerung. Die panische Angst vor neuer Inflation und vor einem erneuten Verlust der angesparten Vermögen fraß sich tief in das Bewußtsein der Deutschen.

Depression und Börsenkrach – Der Untergang der Reichsmark

Nur vor diesem Hintergrund konnte es wenige Jahre später, am 13. Juli 1931, zu einer Massenhysterie kommen, die jedes Währungssystem aus den Angeln heben kann und die Deutschland mit in den Strudel der verhängnisvollen Weltwirtschaftskrise riß. Was war passiert?

Die Darmstädter und Nationalbank (Danat-Bank) mußte an jenem Sommertag ihre Schalter schließen, weil ihre Barmittel nicht mehr ausreichten, um Kundenwünsche nach Abhebungen zu erfüllen. Wie

1 Deutsche Bundesbank (Hrsg.): »Deutsches Geld- und Bankwesen in Zahlen 1876–1975«, Frankfurt am Main 1976

ein Lauffeuer verbreitete sich diese Nachricht in ganz Deutschland. Die große Furcht, das bei den Banken angelegte Geld könnte ein zweites Mal seinen Wert verlieren, hatte durchaus einen realen ökonomischen Hintergrund. In Amerika hatte die Wirtschaftskrise zu einer Welle von Bankenzusammenbrüchen geführt. Da wollte in Deutschland, wo die traumatischen Schrecken der Hyperinflation noch jedem in den Knochen steckte, niemand tatenlos zusehen, wie das mühsam Erarbeitete und durch Konsumverzicht Ersparte noch einmal über Nacht entwertet würde. Aus der Sicht des einzelnen war es durchaus rational, sein Geld so schnell wie möglich in Sicherheit zu bringen und in Sachanlagen wertbeständig anzulegen – doch in der Gesamtheit wurde so erst die Lawine ins Rollen gebracht, die erneut in einer dramatischen Währungskrise enden mußte.

Im Rückblick nämlich entpuppen sich die vielgelobten »zwanziger Jahre« keineswegs als das »Goldene Zeitalter«, als das sie in glorifizierenden Reminiszenzen immer beschrieben werden. Wirklich golden waren die Jahre nur im Vergleich zu der Zeit, die davor lag und zu der, die danach kommen sollte. Ökonomisch hatten sich jedoch – trotz einer relativen Entwicklung des Wohlstands – eine Reihe von ernsten Problemen aufgestaut.

Auf den ersten Blick war die wirtschaftspolitische Schieflage nicht so recht ersichtlich. Das Volkseinkommen pro Einwohner war in den Jahren 1924 bis 1929 im Schnitt immerhin um beachtliche vier Prozent pro Jahr gestiegen; die Preise zeigten dabei eine bemerkenswerte Stabilität. Durch den Dawes-Plan waren auch die Reparationszahlungen an die Siegermächte des Ersten Weltkrieges auf eine tragfähige Basis gestellt worden. Danach konnten die von Deutschland zu leistenden Belastungen im Inland durch Steuern und Abgaben aufgebracht werden. Nur die Bezahlung mußte in Devisen erfolgen. Hätte Deutschland in diesen Jahren einen Exportüberschuß erwirtschaftet, wäre das Ganze kein Problem gewesen – abgesehen davon, daß die Reparationszahlungen das Volkseinkommen schmälerten und somit auch das Wachstum des Kapitalstocks verlangsamten. Tatsächlich jedoch war die deutsche Handelsbilanz – abgesehen vom Jahr 1926 – durchweg negativ. Die ausländischen Devisen, mit denen die Wiedergutmachungen bezahlt werden mußten, kamen vielmehr durch einen

Kapitalimport zustande, der sich durch eine relativ hohe Zinspolitik nährte.

Die »goldenen Zwanziger« waren so zwar für jeden als wirtschaftliche Blütezeit spür- und erlebbar. Doch der Glanz begründete sich nicht nur in der eigenen Wirtschaftsleistung, sondern war zu einem wesentlichen Teil auch vom Ausland geborgt. Der Nettokapitalimport belief sich zwischen 1924 und 1929 auf 13,5 Milliarden Reichsmark, die gesamte deutsche Auslandsverschuldung erreichte 1930 den Stand von 25 Milliarden Reichsmark. Nachdem sich schon 1929 erste Wachstumsschwächen zeigten, begannen die ausländischen Geldgeber ihr Kapital aus Deutschland abzuziehen. Die höchst unsicheren politischen Aussichten – bei den Reichstagswahlen im gleichen Jahr erhöhten Adolf Hitlers Nationalsozialisten die Zahl ihrer Abgeordneten im Reichstag von 12 auf 107 – verschärften diesen Trend. Als dann die Deutschen damit begannen, ihr Geld im Ausland in Sicherheit zu bringen, war das explosive Gemisch perfekt. Die Ebbe im Geldschrank der Danat-Bank war nur noch der Funke, der zur Explosion führte.

Um den Run auf die Banken zu stoppen, ordnete die Reichsregierung für den 14. und 15. Juli 1931 Bankfeiertage an und ging zur Devisenbewirtschaftung über. Gleichzeitig versuchte die Reichsbank, mit hohen Zinsen den Kurs der Mark zu verteidigen und weiteres Auslandskapital ins Land zu ziehen. Der Risikoaufschlag, den sie zu zahlen bereit war, war jedoch derart beträchtlich, daß der Diskontsatz auf 15 Prozent und der Lombardsatz auf 20 Prozent stieg. Niemals in der deutschen Geschichte sind nach dem Juli 1931 die deutschen Leitzinsen auf ein so hohes Niveau geklettert.

Um die Devisen im Land zu halten, wurde der gesamte Handel mit ausländischen Zahlungsmitteln auf die Reichsbank übertragen. Wer Devisen besaß, mußte diese melden. Wer eine Reise ins Ausland unternehmen wollte, mußte 100 Reichsmark Gebühr entrichten. Ausländische Zahlungsmittel wurden nur nach einem entsprechenden Antrag gegen Reichsmark getauscht; sollten damit Luxusgüter importiert werden, war die Aussicht auf Genehmigung so gut wie aussichtslos. Der Dirigismus zeigte Wirkung: Der Devisenabfluß ließ deutlich nach, die Kapitalbilanz konnte noch einmal mit einem leichten Überschuß in Höhe von 657 Millionen Reichsmark abschließen. Allerdings sanken auch die Importe 1931 – im Vergleich zum Vorjahr – auf die Hälfte.

Während die anderen großen Industrienationen ihre Währungen abwerteten, um im Zeichen der Weltwirtschaftskrise die Exporte zu fördern, mußte die Reichsbank – um an die für die Reparationszahlungen dringend benötigten Devisen zu kommen – ihre Zinsen und damit auch den Außenwert der Reichsmark hochhalten. Der Dollar fiel zwischen 1933 und 1934 von 4,2 auf 2,15 Reichsmark, das englische Pfund, das 1930 noch bei 20,33 RM lag, büßte bis 1932 fast ein Drittel seines Wertes ein.

Die Abwertungen dieser ausländischen Währungen infolge der deutschen Hochzinspolitik versetzten der deutschen Wirtschaft den Todesstoß. Investitionen im Inland waren mit Hilfe von Krediten kaum noch finanzierbar. Deutsche Exporte litten darunter, daß sie für das Ausland immer teurer wurden. Wie Mehltau legte sich eine allgemeine Lethargie über die deutsche Wirtschaft. Das einzige, was wuchs, war die Zahl der Arbeitslosen. Sie übersprang am Ende der Weimarer Republik die Fünf-Millionen-Grenze.

Die Reichsbank konnte das sich anbahnende Schicksal nicht mehr aufhalten. Um die vorgeschriebene 40prozentige Deckung des Geldumlaufs durch Gold und Devisen einzuhalten, mußte sie die Geldmenge drastisch einschränken. Zwischen 1929 und 1932 ging der Bargeldumlauf um etwa 10 Prozent zurück. Mit der einsetzenden Depression, die durch einen von Reichskanzler Heinrich Brüning verordneten prozyklischen Sparkurs der öffentlichen Haushalte noch zusätzlich angeheizt wurde, zahlten die Deutschen den Kredit an das Ausland zurück, von dem sie während der angeblichen »goldenen Zwanziger« so gut gelebt hatten.

Das Versagen der demokratischen Parteien der Weimarer Republik auf den Gebieten der Finanz- und Geldpolitik trug einen erheblichen Teil zum Aufstieg des Nationalsozialismus bei. Adolf Hitler hatte dies erkannt. Er stellte die Finanz- und Geldpolitik konsequent in den Dienst seiner politischen Ziele.

Der »Führer« legte – ganz nach dem Lehrbuch des britischen Ökonomen John Meynard Keynes – öffentliche Beschäftigungsprogramme auf, finanzierte sie durch Kredit und schaffte so Arbeitsplätze. Der Aufbau einer Kriegsmacht und der dafür nötigen Infrastruktur (Autobahnen) sicherte zusätzlich Beschäftigung und Wachstum. Die Finanzierung war für das Nazi-Regime kein Problem: Stufenweise schaffte Hitler ab 1933 die Unabhängigkeit der Reichsbank ab, bis sie 1939 direkt seinem Befehl unterstand. Der Führer und Reichskanzler bestimmte forthin, wieviel Betriebsmittelkredite das Reich aufnehmen durfte. Er zwang die Notenbank auch dazu, sämtliche Schatzwechsel des Reiches aufzukaufen. Die geräuschlose Kriegsfinanzierung war so eine reine Formsache.

Die wirtschaftliche Scheinbelebung infolge dieser geldpolitischen Zwangsinfusion konnte zunächst nicht ausbleiben. Die Arbeitslosenzahl sank von 5,2 Millionen im August 1932 auf 0,2 Millionen im Jahr 1938. Die Zahl der Beschäftigten nahm von 13 Millionen auf mehr als 20 Millionen zu. Das deutsche Sozialprodukt stieg real zwischen 1933 und 1938 um mehr als 50 Prozent. Nur durch einen allgemeinen Preisstopp (1936), dem zwei Jahre später ein Lohnstopp folgte, konnte im Zuge dieses rasanten Wirtschaftswachstums der Ausbruch einer galoppierenden Inflation unterbunden werden. Damit war freilich der zentrale Regelungsmechanismus einer Marktwirtschaft, der Preis, außer Kraft gesetzt. Der Übergang zu einer vom Staat zentral gelenkten Kriegs- und Kommandowirtschaft war perfekt.

Erneut finanzierte der Staat den Krieg mit gewaltiger Verschuldung – allerdings nicht wie im Ersten Weltkrieg bei der privaten Bevölkerung, sondern diesmal über (Zwangs-)Anleihen bei Versicherungen, bei Banken und durch Reichsbank-Kredite. Trotz der erheblichen Geldvermehrung sorgten die Preiskontrollen dafür, daß sich die Inflation im Zaume hielt. Dennoch entstand ein gewaltiger inflationärer Überhang, da den Finanzmengen, die zur Bezahlung der im Krieg verpulverten Munition und geopferten Waffen in den Geldkreislauf gepumpt wurden, keine realen Güter mehr gegenüberstanden.

Bei Kriegsende, im Frühjahr 1945, lag die Staatsverschuldung mit 400 Milliarden Mark bei dem Vierfachen des Sozialproduktes des letzten Friedensjahres, 1938. Das Sozialprodukt betrug jedoch höchstens 50 Milliarden Reichsmark. Bis zur Währungsreform 1948 wurde die Inflation nur dadurch unter Kontrolle gehalten, daß die

Alliierten den von den Nationalsozialisten verhängten Preisstopp weiter aufrechterhielten. Die Wirtschaft wurde dadurch gelähmt – es gab keinen Anreiz, die Warenproduktion zu steigern. Nur durch Rationierung und Bewirtschaftung, wie schon zu Kriegszeiten, und durch die massenweise Ankunft von Carepaketen aus den USA, konnte die Versorgung der Bevölkerung einigermaßen sichergestellt werden.

3. Kapitel: Die D-Mark – Das Wunderkind

»Die Währungskatastrophen der letzten Jahrzehnte waren ausschließlich dadurch verursacht, daß der Staat die Notenbanken für seine Zwecke mißbrauchte.« *Karl Blessing, 1957*

Das Konklave in Rothwesten

Die Geschichte der Deutschen Mark, einer der erfolgreichsten Währungen der Welt, begann nach dem Zweiten Weltkrieg mit einer seltsamen Reise. Sie begann am 20. April 1948 vor der Villa Meister im hessischen Bad Homburg. Acht Männer bestiegen einen Bus der US-Army, dessen Fensterscheiben mit weißer Farbe verschmiert waren. Niemand sollte sehen, wer da von dem Haus, in dem die drei westlichen Alliierten ihre Sonderstelle Geld und Kredit einquartiert hatten, in geheimer Mission aufbrach. Auch die acht Männer, vom bizonalen Wirtschaftsrat handverlesene deutsche Währungsexperten, wußten nicht, wohin ihre Fahrt ging.

Nur der Auftrag war ihnen bekannt. Die Herren sollten die deutsche Währungsreform vorbereiten. Aus Furcht vor wirtschaftlichen Turbulenzen und unerwünschten Schiebereien schirmten die Alliierten die Arbeit der Wissenschaftler so stringent vor der Öffentlichkeit ab, als gelte es ein Kriegsgeheimnis höchster Güte zu hüten.

So fanden sich die Experten, nach mehrstündiger blinder Fahrt durch die Trümmerlandschaft Nachkriegsdeutschlands, in Rothwesten in der Nähe von Kassel hinter einem Stacheldrahtverhau in einer ausgedienten Kaserne wieder. Einer der Teilnehmer, der Wirtschaftsprofessor Hans Möller, erinnerte sich später: »Wir hatten keine Ahnung, wo wir waren. Die Kaserne erschien uns unwirtlich, und wir protestierten. Wenigstens wurden wir gut verpflegt – das war damals auch schon viel wert.«[1]

1 »Deutsche Mark-Wirtschaft«, in: *Wirtschaftswoche* Nr. 24, 1988

Daß Ludwig Erhard, der erste deutsche Wirtschaftsminister nach dem Zweiten Weltkrieg, auch als Vater der Deutschen Mark gehandelt wird, ist nicht ganz korrekt. Vielmehr hatte die Deutsche Mark zunächst zehn Väter und dazu noch eine Mutter: Es waren Karl Bernhard, Wolfgang Budczies, Walter Dudeck, Heinrich Harlieb, Erwin Hielscher, Hans Möller, Otto Pfleiderer und Victor Wrede, die damals in Bad Homburg den verdunkelten Bus bestiegen. Dazu gehörten auch Walter Bussmann und Rudolf Windlinger sowie Wilhelmine Dreißig, die erst kurze Zeit später in der Kasseler Kaserne auftauchten.

Die Namen dieser Experten sind in der Öffentlichkeit zu Unrecht in Vergessenheit geraten. Schließlich war es ihr Verdienst, in dem 49 Tage dauernden Konklave für einen reibungslosen Start der neuen Währung gesorgt zu haben. Zweifel an der Stabilität und an dem soliden Wert der neuen Deutschen Mark mußten von Anfang an im Keim erstickt werden. Nur so konnte ihr Auftrag Aussicht auf Erfolg haben. Nur so schaffte es Ludwig Erhard, auf der sicheren Basis einer stabilen Währungsordnung, das deutsche Wirtschaftswunder aufzubauen.

Probleme gab es genug. Die Aktiva der Banken bestanden zum größten Teil aus völlig wertlos gewordenen Forderungen gegen das Tausendjährige Reich. Für die Riesensummen noch umlaufender Reichsmark gab es nichts mehr zu kaufen. Das Kreditsystem war völlig zusammengebrochen, das Geld wertlos geworden. Statt dessen wurde mit Zigaretten bezahlt. Sie waren knapp, leicht transferierbar und – dies war das wichtigste – als Wertmaßstab allseits akzeptiert. Wer 100 Reichsmark in seinem Besitz hatte, wußte nicht, was er sich am nächsten Tag dafür kaufen konnte. Wer dagegen eine Packung Zigaretten hatte, wußte genau, was sie wert war.

In all diese Turbulenzen hinein sollten die elf Geldexperten nun eine allseits akzeptierte Währung plazieren, die nicht nur dem Spuk der Zigarettenwährung ein Ende setzen, sondern auch nach ihrer Ausgabe ihre Stabilität bewahren sollte. »Für jedermann«, berichtete Hans Möller, der als Münchner Volkswirtschaftsprofessor zusammen mit Otto Pfleiderer als einziger den 40. Geburtstag der D-Mark noch erlebte, »Produzenten wie Konsumenten, galt es, eine feste finanzielle Grundlage zu schaffen, um sinnvolle wirtschaftliche Dispositionen zu ermöglichen. Und dafür hatte das Geld wieder seine Funktion als Knappheitsindikator zu übernehmen.«[1]

Das größte Problem der Experten: In strikter Abgeschiedenheit und ohne die Möglichkeit, weitere Auskünfte einzuholen und Nachforschungen anzustellen, mußten sie die Reste der deutschen Wirtschaft mit einer Geldmenge ausstatten, die nicht zu knapp und nicht zu weit bemessen war. Würde die neue Währung mit einem Geldüberhang starten, könnte sie nur zu schnell an Wert und Vertrauen verlieren. Die Währungsreform hätte versagt. Andererseits: Würde der Geldmantel zu knapp ausfallen, müßte sich die Wirtschaftskrise noch verschärfen. Auch in diesem Fall hätte die Währungsreform versagt.

Außerdem standen die Einsiedler in ihrem Konklave vor der schwierigen Entscheidung, das vorhandene Geldvermögen so zu entwerten, wie es den realen ökonomischen Verhältnissen entsprach. Nach langen Überlegungen kamen die Währungsexperten zu dem Schluß, 60 Reichsmark im Verhältnis eins zu eins in die D-Mark umzutauschen, davon 40 D-Mark als Kopfgeld sofort, am Tag der Währungsreform. Die restlichen 20 D-Mark wurden später umgetauscht, für alles weitere galt der Kurs: 100 Reichsmark zu 6,50 D-Mark. So wurde die Währungsreform erneut für viele zu einem schmerzlichen Geldschnitt – doch nun waren die Menschen immerhin im Besitz der neuen, harten Deutschen Mark, die den Beginn des deutschen Wirtschaftswunders einleitete.

Nachdem sie alle theoretischen Probleme gelöst hatten, trieb die Erfinder der D-Mark noch die Sorge um, daß am Tag X, wenn die Deutschen aufgerufen sind, ihre alte Reichsmark in die neue Währung umzutauschen, irgendwo die vorher bereits in den USA gedruckten Geldscheine oder die Münzen ausgehen könnten. Auch dies, so die Sorge der Experten, hätte der Akzeptanz der D-Mark von Anbeginn an schaden können.

Schließlich galt es auch noch ein gewaltiges logistisches Problem zu lösen. Da der Stichtag der Währungsreform aus begreiflichen Grün-

1 ebenda

den streng geheimgehalten wurde, mußten die Riesenmengen von neuen Geldscheinen und Münzen unbemerkt zu allen Banken und Sparkassen in den drei Westzonen gelangen. Selbst die Angestellten in den Banken durften von dem bevorstehenden Tag X keinen Wind bekommen. Erst am Samstag, einen Tag vor der eigentlichen Währungsreform, als keine Zeitung mehr das bevorstehende Ereignis vorzeitig melden konnte, trafen dann die neuen Geldscheine und Münzen in den Banken und Sparkassen ein. Erst dann erfuhren auch die Angestellten, welchen Job sie am nächsten Tag zu tun hatten.

Am Sonntag, dem 20. April 1948, bildeten sich dann lange Schlangen vor den Ausgabestellen der neuen Währung. Stunde um Stunde nahmen die Kassierer Reichsmark in Empfang und wechselten sie in die neue D-Mark um. In großen Koffern wurden die alten und wertlos gewordenen Reichsmark-Scheine zu den jeweiligen Landeszentralbanken geschafft, dort erneut gezählt und dann vernichtet.

An einem weiteren Beitrag zum sofortigen Erfolg der D-Mark hatten die Währungsexperten allerdings keinen Anteil: Obschon niemand genau wußte, wann die Währungsreform kommen würde, hatte doch jeder damit gerechnet. Wer etwas Wertvolles zu verkaufen hatte, wartete damit, um nicht gegen wertlose Reichsmark oder gegen die nur auf begrenzte Zeit geltende Ersatzwährung Zigaretten verkaufen zu müssen. Als die Deutschen dann schließlich ihr Kopfgeld von 40 D-Mark in den Händen hielten, gab es dafür plötzlich auch überall etwas zu kaufen. Der Gegenwert der neuen Währung war also mit Händen zu greifen. Sie ermöglichte Käufe, von denen man vorher nur träumen konnte.

Die Bundesbank unter der Knute von Bretton-Woods

In der Folgezeit war es die Bank deutscher Länder, ab 1957 die Deutsche Bundesbank, die die D-Mark zu dem machten, was sie heute noch ist: neben dem amerikanischen Dollar und dem Schweizer Franken die begehrteste Währung der Welt. Ihr Ruf stützt sich dabei vor allem auf zwei Faktoren: auf die Stabilität im Inland und auf die internationale Stärke im Vergleich zu anderen Währungen.

Beides kam jedoch nicht von selbst, sondern mußte von der Deutschen Bundesbank gegen allergrößte Widerstände – auch gegen die verschiedenen Bundesregierungen – mühsam erkämpft werden. Tatsächlich hat zwischen der Währungsreform von 1948 und dem Jahr 1973, in dem die internationale Währungsordnung des Bretton-Woods-Systems völlig zusammenbrach, keine Währungsbehörde der Welt so mühsam und trotz vieler Rückschläge so stark um die Stabilität ihrer Währung gekämpft wie die Deutsche Bundesbank. Dabei ging es im Prinzip immer um das gleiche Problem: um den Kampf gegen die importierte Inflation.

Feste Wechselkurse gegenüber weniger attraktiven Währungen führten während dieser Phase weitgehend starrer Wechselkurse zu teilweise gigantischen Devisenzuflüssen nach Deutschland. Die so verursachte Ausweitung der Liquidität im Inland machte es der Bundesbank dann oftmals unmöglich, ihren am Binnenwert orientierten Stabilitätsauftrag zu erfüllen.

Ihren Ursprung hatten die Stabilitätsprobleme der D-Mark in einer Währungskonferenz, während der sich die Siegermächte des Zweiten Weltkriegs 1944 in dem britischen Seebad Bretton-Woods auf feste Wechselkurse einigten, um das internationale Währungsgefüge der Nachkriegszeit auf Gold- und Dollarbasis neu zu ordnen. Wie schon 1922 in Genua beschlossen, galt der US-Dollar erneut als internationale Leitwährung. Nur er war noch gegen Gold konvertierbar. Alle übrigen Länder dagegen hatten die Aufgabe, den Wechselkurs ihrer Währung gegen den Dollar auf dem festgesetzten Niveau zu halten und dieses, wenn nötig, zu verteidigen. Um plötzliche Zahlungsbilanzkrisen weitgehend ohne Wechselkursanpassungen bewältigen zu können, wurde der Internationale Währungsfonds (IWF) aus der Taufe gehoben. Seine Aufgabe war und ist es, Ländern mit Zahlungsbilanzschwierigkeiten kurzfristige Kredite zu geben und ihnen mit wirtschafts- und finanzpolitischen Ratschlägen auf den rechten Weg zurückzuhelfen. Längerfristige Strukturkrisen, insbesondere auch in den Entwicklungsländern, sollten dagegen mit Hilfe des Schwesterinstituts des Währungsfonds, der ebenfalls neu gegründeten Weltbank, bewältigt werden.

Die Verlierer des Krieges, Deutschland und Japan, traten dem

Bretton-Woods-System erst 1952 bei. Bei der Festsetzung des Kurses der D-Mark zur neuen Leitwährung Dollar orientierte man sich an der Relation der alten »goldenen« Reichsmark: Für einen Dollar mußten 4,20 D-Mark bezahlt werden.

Leitidee des Bretton-Woods-Systems war der Glaube, die Ziele der Währungsstabilität nach außen und der Kaufkraftstabilität nach innen könnten gleichzeitig realisiert werden. Ein Gedanke freilich, der sich schon zur Zeit des Goldstandards als verhängnisvoller Irrtum erwiesen hatte. Statt dessen sah sich die Deutsche Bundesbank nach dem Beitritt Deutschlands zum Bretton-Woods-Währungssystem nahezu permanent dazu herausgefordert, die Stabilität der D-Mark gegen massive äußere Angriffe zu verteidigen.

Bis 1973, dem Jahr des endgültigen Verfalls des weltweiten Wechselkurssystems, mußte die Deutsche Bundesbank nahezu ständig immer neue Spekulationswellen abwehren, die eine binnenwirtschaftlich orientierte Geld- und Kreditpolitik durchkreuzten oder gar unmöglich machten. Höhere Zinsen oder der Verdacht, die D-Mark könnte gegenüber dem Dollar und damit auch gegenüber allen anderen Währungen der Welt aufgewertet werden, führten gut zwei Jahrzehnte lang zu immer neuen Kapitalimporten in die Bundesrepublik. Bereits 1957 bezifferte die Bundesbank das Spekulationsgeld, das nach Deutschland geflossen war, auf rund 3,2 Milliarden Mark.[1]

In den späten fünfziger Jahren war es vor allem Bundeskanzler Konrad Adenauer, der sich wegen politischer Rücksichtnahme auf die USA einer von verschiedenen Seiten geforderten Aufwertung der D-Mark nachhaltig widersetzte. Die Paritäten des Bretton-Woods-Systems galten dem Westintegrator als heilig. Auch Adenauers Wirtschaftsminister Ludwig Erhard, ein späterer Befürworter einer D-Mark-Aufwertung, äußerte sich noch 1957 in der Öffentlichkeit mit größter Zurückhaltung: »Es wäre widersinnig, eine gesunde Wirtschaft zu operieren, um damit eine kranke Wirtschaft zu heilen.«[2]

1 Ottmar Emminger, »Deutsche Geld- und Währungspolitik im Spannungsfeld zwischen innerem und äußerem Gleichgewicht 1948–1975«, in: Deutsche Bundesbank (Hrsg.), Wirtschaft und Währung in Deutschland 1876–1975, Frankfurt am Main 1976

2 ebenda

Der Vater des Wirtschaftswunders erkannte zwar richtig, daß der Grund für die »gesunde« D-Mark in der »gesunden« und Überschüsse produzierenden deutschen Wirtschaft lag, während die Leistungsbilanzdefizite und höheren Inflationsraten in vielen anderen Ländern zur Flucht aus der heimischen Währung verführten. Doch er vernachlässigte offenbar die von der Deutschen Bundesbank gesehene Gefahr, daß sich die gesunde deutsche Währung an den ausländischen Krankheiten anstecken könnte, wenn sie ihren Wechselkurs über längere Zeit nicht anpaßt und sich so zum Spielball ausländischer Spekulationswellen machen läßt.

Die D-Mark wertet auf

Mit der ersten Aufwertung der D-Mark um fünf Prozent – ab 3. März 1961 war ein Dollar nicht mehr 4,20, sondern nur noch 4,00 D-Mark wert – versuchte sich die deutsche Währungspolitik ein erstes Mal aus dem Teufelskreis zu befreien, der immer dann auftritt, wenn innere und äußere Anforderungen an die Geldpolitik nicht zusammenpassen. Der Kampf um diese Aufwertung wurde zwischen der Bundesbank und der Bundesregierung mit harten Bandagen geführt. Doch erst als die Bundesbank nahezu handlungsunfähig geworden war, lenkte die Regierung ein und stimmte der Aufwertung zu.

Der Konflikt bahnte sich an, als ein starkes Wachstum im Inland – das reale Sozialprodukt wuchs 1959 um 7,3 Prozent und damit doppelt so stark wie im Vorjahr – mit einem starken Anstieg bei den Preisen und Löhnen einherging. Um die Inflation im Zaume zu halten und um ein Überschäumen der Hochkonjunktur zu verhindern, eröffnete die Bundesbank eine kreditpolitische Breitseite und erhöhte die Leitzinsen. Mit diesem Beschluß stellte das Bundesbankdirektorium seinen gesetzlichen Auftrag, für eine stabile Währung im Inland zu sorgen, demonstrativ in den Mittelpunkt seiner Geldpolitik. Freilich war den Währungshütern klar, daß sie damit gleichzeitig gegen ihre außenpolitischen Pflichten verstießen. Denn eine Zinserhöhung in Deutschland mußte damals automatisch die Flucht in die D-Mark anheizen und damit neue Spannungen in das ziemlich starre Wechselkursgefüge des Bretton-Woods-Systems bringen.

Um diese Gefahren abzuwehren, versuchten Bundesregierung und Bundesbank eine Reihe von administrativen Beschränkungen des Kapitalverkehrs aufzubauen, die den ausländischen Devisenzufluß und das daraus resultierende inländische Geldmengenwachstum zurückhalten sollten. Doch weder ein Verzinsungsverbot für ausländische Einlagen noch eine Erhöhung der Mindestreserven und die Stillegung von einer Milliarde D-Mark bei den Banken (Blessing-Milliarde), noch ein Liquiditätsentzug im Form von hohen Überschüssen im Bundeshaushalt und eine Verschlechterung von Abschreibungsbedingungen erzielten den gewünschten Erfolg. Da in den USA die Zinsen wegen der Rezession gerade fielen, vergrößerte sich der Zinsabstand zugunsten der D-Mark. Die Dollar schwappten nach Deutschland über. Auch die Unternehmen umgingen die Kreditrestriktionen der Bundesbank, indem sie billiges Geld im Ausland aufnahmen. Von dort strömte es gemeinsam mit dem Spekulationskapital weiterhin ungebrochen in die Bundesrepublik.

Rückblickend beschrieb der spätere Bundesbankpräsident Ottmar Emminger den Versuch der Bundesbank, dem klassischen Zielkonflikt zwischen Stabilitätspolitik und Wechselkurstreue zu entkommen, mit den Worten: »Wir waren uns von vorneherein darüber im klaren, daß die Aussichten auf einen Erfolg nicht allzu groß sein würden. Aber wir wollten wenigstens getan haben, was damals in unserer Macht stand, ehe wir schwerwiegende und weitertragende Maßnahmen« (Anmerkung des Autors: gemeint war die Aufwertung der D-Mark) »zum Vorschlag bringen wollten.«[1]

Doch obschon die kreditpolitische Breitseite der Bundesbank durch die Devisenzuflüsse aus dem Ausland konterkariert wurde und der Versuch, bei offener außenwirtschaftlicher Flanke einen binnenwirtschaftlich durchaus angezeigten Restriktionskurs zu fahren, mit einem völligen Mißerfolg endete, lehnte die Bundesregierung noch im Oktober 1960 in einer feierlichen Erklärung eine Aufwertung erneut ab. Der Bundesbank blieb nichts anderes übrig, als offen zu kapitulie-

1 ebenda

ren. Sie ging im Oktober 1960 ostentativ von der stabilitätsorientierten zu einer zahlungsbilanzkonformen Geld- und Kreditpolitik über und senkte die Zinsen.

Wegen der damit verbundenen Inflationsgefahr blieb der Bundesregierung dann am Ende allerdings nichts anderes übrig, als der Bundesbank doch nachzugeben. Sie stimmte der lange und mit Nachdruck geforderten Aufwertung der D-Mark letztendlich zu – allerdings viel zu spät, um einen Imageverlust für die Bundesbank noch zu vermeiden.

Dies war jedoch beileibe nicht die letzte Krise dieser Art und auch nicht die letzte Aufwertung der D-Mark. Am 24. Oktober 1969 mußte der Wert des Dollar erneut auf nunmehr 3,66 Mark korrigiert werden. Kaum eine andere Währung drohte in dieser Zeit so oft und vehement, durch eine importierte Inflation aufgeweicht zu werden wie die D-Mark. Das klassische Dilemma der deutschen Währung lag in ihrer ständigen relativen Stärke zur den anderen Währungen des Bretton-Woods-Systems. Solange dieses System Wechselkursanpassungen zu einem Politikum machte, stand die vielbeschworene Unabhängigkeit der Bundesbank, wenn es ernst wurde, immer nur auf dem Papier. Ein Dilemma, das sich rund zwanzig Jahre später im Europäischen Währungssystem (EWS) wiederholen sollte.

Bis zum endgültigen Zusammenbruch des Bretton-Woods-Systems am 1. März 1973 mußte die Deutsche Bundesbank noch eine Reihe von Spekulationswellen abwehren. Auch der großen Vertrauenskrise, die zu Jahresbeginn 1973 die seit 1944 bestehende internationale Währungsordnung zu Fall brachte, ging eine Reihe von hektischen und dramatischen Rettungsversuchen voraus. So verkündete Italien am 22. Januar 1973 die Einführung eines gespaltenen Devisenmarktes. Nur noch für kommerzielle Transaktionen galt der amtlich festgelegte Kurs, alle anderen Kapitaltransaktionen wurden zu einem frei schwankenden Kurs abgewickelt. Einen Tag später scherte die Schweiz aus dem Bretton-Woods-System aus, stellte ihre Dollarinterventionen ein und überließ die Kursbildung des Franken zum Dollar – und damit auch zu allen anderen an den Dollar gebundenen Währungen – dem Markt. Doch weil in den USA negative Wirtschaftsdaten die Devisenhändler aufschreckten, erreichte der in Italien und in der Schweiz angefachte Sturm auf den internationalen Devisenmärkten sehr schnell auch den deutschen Markt.

Obschon die deutsche Bundesregierung erneut alle Register zog, um Devisenzuflüsse abzuwehren, mußte die Deutsche Bundesbank in der ersten Februarwoche 1973 Dollar im Gegenwert von 18,6 Milliarden Mark aufkaufen. Auch eine Blitzabwertung des Dollar um zehn Prozent am 12. Februar konnte die Spekulationswelle nicht stoppen. Allein am 1. März 1973 flossen Devisen im Wert von 7,5 Milliarden in die Tresore der Bundesbank. Dies war der weltweit höchste Betrag, der bis dahin jemals von einer Notenbank an einem Tag gekauft oder verkauft wurde.

Daraufhin wurden die Devisenbörsen in Deutschland und zahlreichen anderen Ländern geschlossen. Für die Bundesbank, die nun von der Dollar-Ankaufspflicht befreit wurde, ging eine dramatische Epoche zu Ende. Ein völlig neuer Abschnitt der Geld- und Währungspolitik konnte beginnen. Endlich war die Bundesbank weitgehend abgesichert gegen außenwirtschaftliche Einflüsse. Die Herrschaft über die inländische Geldpolitik war dagegen wiederhergestellt, die Gefahr von spekulativen Währungskrisen weitgehend entschärft. Erst als sich die Deutsche Bundesbank nicht mehr sklavisch an politische Wechselkursvorgaben halten mußte, wurde Realität, was bislang nur im Gesetz stand: die Unabhängigkeit der deutschen Notenbank.

Stärke und Stabilität der D-Mark sind wegen ihres Kampfes um die Freiheit der Wechselkurse ohne die Deutsche Bundesbank nicht denkbar. Aber auch ohne eine permanente Bedrohung von außen stellt sich Stabilität nicht von alleine ein. Auch umgekehrt gilt: Ohne Stabilität im Inland kann eine Währung keine internationale Stärke besitzen. Es gehört also mehr dazu: politische Verläßlichkeit in der Außen-, Wirtschafts- und Sozialpolitik, eine leistungsfähige und exportstarke Wirtschaft, stabilitätsorientierte Tarifpartner. »Nichts sagt so deutlich, aus welchem Holz ein Volk geschnitzt ist, als das, was es währungspolitisch tut.« Dies wußte schon Joseph A. Schumpeter. Darin war sich der bekannte klassische Ökonom aus Österreich – bei allen übrigen Differenzen – übrigens mit Lenin einig: »Um die bürgerliche Gesellschaft zu zerstören, muß man ihr Geldwesen verwüsten.«

Daran ist soviel richtig: In einem nicht auf Stabilität bedachten wirtschaftlichen und sozialen Umfeld wäre auch die stärkste Notenbank mit der Aufgabe überfordert, den Wert einer Währung dauerhaft zu sichern. Insofern ist der Erfolg der D-Mark ein Erfolg der ganzen deutschen Nachkriegswirtschaft. Zweimal mußten die Deutschen schließlich miterleben, wie Hyperinflation und Währungsreform in massivem Umfang das mühsam ersparte oder erarbeitete Vermögen vernichteten.

Es gehört schon zum Ritual jeder Tarifverhandlung, daß von Arbeitgebern, meist konservativen oder liberalen Politikern und auch von Repräsentanten der Bundesbank, das Argument kommt, die überzogenen Lohnforderungen der Gewerkschaften würden eine Lohn-Preis-Spirale in Gang setzen und so die Inflation anheizen. Dies mag für die Forderungen vielleicht sogar zutreffen. Nur: Tarifforderungen sind das eine, Abschlüsse das andere.

In der Tat gab es in der deutschen Nachkriegsgeschichte nur einige wenige Tarifrunden, in denen der verteilungspolitische Spielraum derart stark überschritten wurde, daß von der Lohnpolitik tatsächlich ein Inflationsschub ausging. Die spektakulärste Tarifrunde dieser Art war 1974, als sich der mächtige ÖTV-Chef Heinz Kluncker mit dem damaligen Bundeskanzler Willy Brandt anlegte und trotz Rezession eine Lohn- und Gehaltssteigerung im öffentlichen Dienst von rund elf Prozent durchsetzte. Dieser Tarifabschluß war das Signal, daß der SPD-Kanzler – wegen der Enttarnung seines persönlichen Referenten Günter Guillaume als DDR-Agent ohnehin politisch schwer angeschlagen – nun auch die Gewerkschaften nicht mehr im Griff hatte. Bis zum Ende seiner Amtszeit waren es dann nur noch drei Monate.

Doch insgesamt haben letztlich auch die deutschen Gewerkschaften einsehen müssen, daß eine Inflationspolitik immer eine Politik der Umverteilung von unten nach oben ist. Mit anderen Worten: Inflation macht Arme ärmer und Reiche reicher – belohnt denjenigen, der auf Pump lebt, und bestraft jenen, der sein Geld brav auf das Sparkonto legt. Auf lange Frist kann Inflationspolitik sogar zu Massenarbeitslosigkeit und Massenelend sowie zur völligen Erosion einer Volkswirtschaft führen.

Exkurs: Vom Segen und Leiden der Inflation

Das Beispiel des Hyperinflationslandes Brasilien verdeutlicht dies: Wer dort viel Geld hat, lebt wie im Schlaraffenland. Er steht jeden Tag nur vor einem einzigen Problem. Er muß das Geld, das er über Nacht im Schlaf verdient hat, bis Sonnenuntergang wieder ausgeben oder erneut anlegen.

Brasiliens Geldpolitik ist darauf angelegt, eine Dollarisierung zu vermeiden. Vielmehr soll der Cruzeiro, die brasilianische Währung, den internen Zahlungsverkehr aufrechterhalten. Deshalb bietet das Bankensystem für Cruzeiro-Anlagen höhere Zinsen als für Dollar-Anlagen. Der erwünschte Effekt ist, daß die Brasilianer ihr Geld in heimischer Währung halten und – meistens nur extrem kurzfristig, also für höchstens 24 Stunden – als Termingeld anlegen. Wer mehr Geld hat, als er zum Leben braucht, kann mit diesen »Over Night-Bonds« (Über-Nacht-Wertpapieren) im Schlaf Geld verdienen.

Die Folge dieser Politik ist allerdings auch, daß die Nationalbank horrende Zinsen für diese kurzfristig angelegten Gelder bezahlen muß. Da dieses Geld nicht aus dem realen Wirtschaftswachstum kommen kann, wird es einfach gedruckt. Dies bläht die Geldmenge auf und heizt die Inflation weiter an. Diese hausgemachte Inflationsspirale bekommt so eine immense Eigendynamik.

Verschiedene Versuche, den Teufelskreis zu durchbrechen, haben nicht funktioniert. Eine Währungsreform allein würde das Problem nicht lösen. Damit die Menschen nicht verhungern, massenweise obdachlos werden oder der Individualverkehr zusammenbricht, muß die Regierung Subventionen und Preiskontrollen einführen, um die schlimmsten Auswüchse der Inflation zu korrigieren. Doch jede staatliche Manipulation eines Preises verfälscht die davon ausgehenden Marktsignale und schafft so neue Probleme. Deshalb müßte eine solche Reform auch die Verzerrung der relativen Preise im Inland korrigieren sowie eine Liberalisierung des Außenhandels einbeziehen. Dies würde zunächst jedoch so ziemlich den letzten noch verbliebenen Rest der brasilianischen Wirtschaft zerstören. Das ist der Grund, weshalb bis jetzt noch kein Präsident den Mut hatte, die Wirtschaftsprobleme des Landes ernsthaft zu lösen.

Für die kleine Schicht der an Geld und Einfluß Reichen ist es auch gar nicht nötig. Sie verdienen ja an der Inflation, solange sie ihr Geld nur mit Gewinn anlegen können. Doch während der Luxuskonsum – nicht trotz, sondern wegen – der Wirtschaftskrise boomt, verarmen und verelenden die breiten Massen immer mehr. Wer zu wenig Geld hat, um es auf die Bank zu bringen, dessen Verdienst verliert im Laufe eines Monats rund ein Drittel an Wert. Wer dagegen so viel Geld hat, daß er es auf die Bank bringen kann, der hat am Monatsende – auch real, also unter Abzug der Inflationsrate – bis zu 50 Prozent Gewinn gemacht.

Auch wenn die Verhältnisse in Europa und insbesondere in Deutschland meilenweit von den brasilianischen Verhältnissen entfernt sind – das Prinzip, daß Inflation die kleinen Geldbeutel härter trifft als die großen, gilt überall. Inflationspolitik wirkt wie eine Steuer auf Armut und eine Subvention zugunsten des Reichtums. Insofern ist Stabilitätspolitik in erster Linie auch eine Politik der sozialen Gerechtigkeit.

In seinem Jahresgutachten von 1974 nahm der Sachverständigenrat zur Begutachtung der gesamtwirtschaftlichen Entwicklung – seine Mitglieder werden auch die »fünf Weisen« genannt – diesen grundsätzlichen Gedanken auf. Sie schrieben: »Ein stabiles Preisniveau ist kein Wert an sich: der hohe Rang dieses Ziels ergibt sich vielmehr aus der Wirkungsweise der Marktwirtschaft.«

Dies heißt nichts anderes, als daß die zentralen innenpolitischen Ziele der Volkswirtschaft, also Vollbeschäftigung, ein angemessenes Wachstum und eine gerechte Einkommensverteilung, nur dann erreicht werden können, wenn die Politik keine überhöhten oder gar zunehmenden Inflationsraten zuläßt. So folgern die fünf Weisen: »So gesehen steht das Ziel der Geldwertstabilität für ebendiese Ziele.«[1]

Nicht nur während der sozialliberalen Koalition, während der beiden Ölkrisen mit den jeweils anschließenden Wirtschaftskrisen in den siebziger Jahren, wurde gegen das Ziel der Geldwertstabilität verstoßen. Von dem gerade wegen seiner ökonomischen Fähigkeiten ge-

1 Sachverständigenrat zur Begutachtung der gesamtwirtschaftlichen Entwicklung, Jahresgutachten 1974, Ziffer 364.

rühmten Bundeskanzler Helmut Schmidt stammt das Zitat: »Fünf Prozent Inflation sind mir lieber als fünf Prozent Arbeitslosigkeit.« Doch am Ende hatte er beides: 1982, in dem letzten Jahr, das er als Kanzler zu verantworten hatte, betrug die Inflation 5,9 Prozent und die Zahl der Arbeitslosen lag bei 1,8 Millionen – mit stark steigender Tendenz.

Was kann Europa aus der deutschen Währungsgeschichte lernen?

Die vor der D-Mark beliebteste deutsche Währung, die Goldmark, scheiterte – wie der Goldstandard selbst – nicht an den unbestreitbar vorhandenen Widersprüchen des Systems, sondern am Ersten Weltkrieg. Schuld an dem dramatischen Verfall der ersten Reichsmark hatte in erster Linie die Finanzpolitik des Staates, die die Notenbank dazu zwang, die Kriegsschulden mit Hilfe der Geldpresse zu bezahlen. Dazu kam, daß in den goldenen zwanziger Jahren eine völlig verfehlte Außenhandelspolitik toleriert wurde. Das Geld, das Deutschland nach dem verlorenen Ersten Weltkrieg an Reparationen zu zahlen hatte, wurde mit dem Instrument hoher Zinsen im Ausland geborgt. Als es dann an das Zurückzahlen ging, verließ die deutsche Wirtschaft die Puste, und die Reichsmark fiel ins Bodenlose.

Nach dem Zweiten Weltkrieg wurde die Inflation nur um den Preis vermieden, daß eine durch Preis- und Lohnstopp geknebelte Wirtschaft bis zur Währungsreform jegliche Initiative vermissen ließ. Die Preise hatten ihre Funktion als zentrales wirtschaftliches Steuerungsinstrument verloren, und infolgedessen hatte die Währung auch auf dem Schwarzmarkt, dem einzig florierenden Wirtschaftszweig, ihren Wert verloren. Statt mit Mark wurde mit Zigaretten bezahlt. Nur eine völlig neue Währung konnte die Wirtschaft wieder flottmachen.

Aber auch den Erfolg der D-Mark mußte die Deutsche Bundesbank erst in einem mühsamen Kampf auch gegen die Bundesregierung durchsetzen. Dieser Kampf konnte aber nur gelingen, weil die deutsche Wirtschaft gegenüber dem Ausland eine starke Überlegenheit erreichte und weil es die Bundesbank letztendlich schaffte, sich von den Zwängen des Bretton-Woods-Währungssystems zu befreien. Es war also nie die Notenbank zuerst, weder die Reichsbank noch die Bundesbank, die über Erfolg oder Mißerfolg einer Währung bestimmte. Vielmehr konnten die deutschen Notenbanken seit der Gründung des Deutschen Reiches im Jahr 1871 immer nur innerhalb der wirtschaftspolitischen Rahmenbedingungen agieren, die ihnen von der jeweiligen Regierung vorgegeben waren.

Wenn die europäischen Staats- und Regierungschefs also eine stabile europäische Währung wollen, dann haben sie die Bedingungen dafür zuallererst selbst zu schaffen: Dazu gehören nicht nur die entsprechenden Statuten für die Europäische Zentralbank, sondern vor allem auch eine stabile und anerkannte Außenpolitik, eine international wettbewerbsfähige Wirtschaft ohne Protektionismus, eine spannungsfreie und stabilitätsorientierte Arbeits-, Sozial- und Tarifpolitik, eine gesunde Außenhandels- und Leistungsbilanz sowie eine möglichst liberale Wechselkurspolitik. Erst wenn diese Bedingungen erfüllt sind – dies zeigen die Erfahrungen aus der deutschen Währungsgeschichte –, kann auch eine Europäische Zentralbank die an sie gerichteten Erwartungen dauerhaft erfüllen.

4. Kapitel: Die Währungsintegration in Europa

»Währungspolitik ist für Experimente nicht geeignet. Wenn wir den Schritt in die Währungsunion tun, dann muß er gelingen. Denn es gibt dann kein Zurück mehr und ein Mißlingen wäre ein schwerer Rückschlag für die europäische Integration.« *Hans Tietmeyer, 1990*

Vom Werner-Plan zur Währungsschlange

Die Zusammenarbeit der europäischen Länder in der Geld- und Währungspolitik begann nicht erst mit dem Maastrichter Vertrag. Schon in den Römischen Verträgen einigten sich die Mitglieder der Gemeinschaft darauf, untereinander einen möglichst freien Kapitalverkehr zuzulassen. Doch bis Mitte der siebziger Jahre folgten diesem Versprechen wenig Taten.

Die Gründe waren vielschichtig: Zwar sahen auch Länder, die noch an Kapitalverkehrskontrollen festhielten, den Vorteil, daß ein weitgehend integrierter europäischer Kapitalmarkt für eine möglichst optimale Verteilung des Produktionsfaktors Kapital sorgen kann. Doch auf der anderen Seite plagte diese Länder auch die Sorge, ein Abbau oder gar eine völlige Beseitigung der Beschränkungen des grenzüberschreitenden Kapitalverkehrs könne zu Schwierigkeiten in der Zahlungs- und Leistungsbilanz führen. Diejenigen Länder, die Zahlungsbilanzschwierigkeiten hatten, pochten sogar auf den Bestand der Kontrollmöglichkeiten, um ihre Probleme in den Griff zu bekommen.

Zu einem ernsthaften Versuch, auch in der Währungspolitik neue Wege einzuschlagen, entschloß sich die Gemeinschaft jedoch erst nach den massiven Unruhen auf den europäischen Devisenmärkten von 1968 bis 1969. Es war wie so oft: Der Franc stand unter Abwertungsdruck, die D-Mark wurde der Aufwertung verdächtigt. Aus Frankreich flossen Devisenreserven ab, die Bundesbank wurde mit Spekulationsgeldern überschwemmt. Doch nicht nur die Währungspolitik, die das Problem schließlich im August 1969 mit einer kombinierten Ab- und Aufwertung löste, auch die Agrarpolitik der Gemeinschaft geriet durch die Wechselkursunruhen und Paritätsänderungen gehörig durcheinander.

Kern der EG-Agrarpolitik war bereits damals die Marktordnung, die für die Produktion von Grundnahrungsmitteln in allen EG-Ländern verbindliche Preisgrenzen definierte. Es gab Interventionspreise, zu denen die Gemeinschaft Überschüsse vom Markt nahm, Richt- und Schwellenpreise, die nicht überschritten werden durften, weil dann womöglich Importe aus Drittländern preisgünstiger geworden wären. Um die Berechnung der Preise – scheinbar – einfacher zu machen, schuf die Gemeinschaft eine gemeinsame und zunächst nur für den internen Gebrauch bestimmte Recheneinheit, den sogenannten »Grünen Dollar«, dessen Wert dem damaligen Goldgehalt des Dollar entsprach.

Tatsächlich machte der Grüne Dollar die Agrarpolitik nicht einfacher, sondern komplizierter. Denn mit jeder Auf- oder Abwertung einer Währung des Gemeinsamen Marktes änderte sich auch ihr Verhältnis zum Grünen Dollar. So wurden bei einer Abwertung automatisch die in nationale Währungen umgerechneten Marktordnungspreise herauf- und bei einer Abwertung herabgesetzt. In der Praxis verbesserte sich also durch die Wechselkursneuordnung vom August 1969, bei dem die D-Mark auf- und der Franc abgewertet wurde, das Einkommen der französischen Landwirte zu Lasten ihrer deutschen Berufskollegen. Da sich mit jeder Wechselkurskorrektur dieses Spiel wiederholte und neue Verteilungskämpfe in die EG-Agrarordnung trug, stand die gemeinsame Agrarpolitik jener Zeit auf tönernen Füßen. Verschärft wurde das Problem durch den sich bereits abzeichnenden Zusammenbruch des Bretton-Woods-Währungssystems, der die Gefahr von noch weitaus stärkeren Wechselkursturbulenzen heraufbeschwor.

Weil dieses Problem letztlich den Kern der gemeinsamen Politik bedrohte, entschloß sich die Gemeinschaft auf dem Europagipfel 1969 in Den Haag, auch die Währungspolitik in die wirtschaftspolitische Zusammenarbeit verstärkt einzubeziehen. Ziel war dabei, künftige Wechselkursschwankungen innerhalb der Gemeinschaft, vor allem zum Schutz des Agrarmarktes, möglichst auszuschließen.

Unter dem Vorsitz des luxemburgischen Ministerpräsidenten Pierre Werner entwickelte eine Arbeitsgruppe der Gemeinschaft bis Oktober 1970 bereits einen konkreten Stufenplan, der nach dem Beschluß des Pariser Gipfeltreffens am 19. und 20. Oktober 1972 die Errichtung einer Wirtschafts- und Währungsunion bis zum 31. Dezember 1980 vorsah. Bereits dieser Zeitplan beinhaltete eine Reihe vorbereitender und konstituierender Elemente, die auch jetzt noch aktuell sind. Dazu gehörten

- die vollständige irreversible Konvertibilität der Währungen,
- der kontinuierliche Abbau der Bandbreiten für Wechselkursschwankungen, bis hin zur unwiderruflichen Festlegung der Kurse, und
- eine völlige Liberalisierung der Kapitalmärkte innerhalb der Gemeinschaft.

Mit dem Übergang in die zweite und dritte Stufe sollten bereits nach dem Werner-Plan nationale Kompetenzen in der Geld- und Wechselkurspolitik an eine neu zu schaffende Europäische Zentralbank abgegeben werden, die am Ende – als Krönung des währungspolitischen Integrationsprozesses – eine einheitliche Währung herausgeben sollte.

Schon bei der Ausarbeitung dieses Werner-Plans zeigte sich jedoch, daß unter den Mitgliedern der Gemeinschaft höchst unterschiedliche Erwartungen an eine Europäische Währungsunion gestellt werden. Während Deutschland und die Niederlande darauf bestanden, daß der Währungsunion eine weitreichende und enge Koordination der Wirtschaftspolitik vorausgehen müsse, stellten sich Frankreich, Belgien und Luxemburg genau den umgekehrten Weg vor. Diese Länder vertraten die Auffassung, daß ein rascher Fortschritt bei der Währungsunion das sicherste Mittel dazu sei, die beteiligten Länder zu einer möglichst gleichgerichteten Wirtschaftspolitik zu zwingen.

Nicht zuletzt wegen dieses grundlegenden Konflikts der »Ökonomisten«, wie in dieser Auseinandersetzung die Deutschen und die Niederländer genannt wurden, mit ihren Gegnern, den »Monetaristen«, blieb dieser frühe Versuch zur Errichtung einer Währungsunion im Ansatz stecken. Über die erste Stufe, die eine stärkere

Koordinierung der nationalen wirtschafts- und währungspolitischen Maßnahmen, die Förderung des freien Kapitalverkehrs, eine Harmonisierung der wirtschaftspolitischen Instrumente und den Aufbau einer europäischen Strukturpolitik vorsah, kam der Werner-Plan nicht hinaus. Am Ende der ersten Stufe, die nach dem Pariser Gipfelbeschluß 1973 beendet sein sollte, stellte die EG-Kommission fest, daß die einzelnen Mitglieder in nahezu allen Aufgabenfeldern ihre Hausaufgaben nicht gemacht hatten. Damit war der Werner-Plan gescheitert.

Von diesem frühen Annäherungsversuch an eine Europäische Währungsunion blieb lediglich ein deutlich verbessertes Wechselkurs- und Interventionssystem übrig, mit dem die EG ihre Agrarpolitik vor allzu großen internationalen Wechselkursturbulenzen zu schützen suchte: die Währungsschlange.

Dieses Bemühen hatte folgenden Hintergrund: Um das Bretton-Woods-System zu retten, beschlossen die Finanzminister und Notenbankgouverneure der zehn wichtigsten IWF-Mitgliedsländer (Zehnergruppe) am 18. Dezember 1971 in Washington das nach dem Tagungsgebäude benannte »Smithsonian Agreement«. Danach durften die dem Festkurssystem angeschlossenen Währungen künftig 2,25 Prozent nach oben und nach unten von der Dollarparität abweichen. Dies hatte zur Folge, daß die dem Wechselkurssystem angeschlossenen Währungen maximal 4,5 Prozent voneinander abweichen konnten. Vor diesem Abkommen war das Band der erlaubten Wechselkursänderung mit einer maximalen Abweichung von einem Prozent nach oben und nach unten deutlich geringer.

Das Smithsonian Agreement war zwar noch immer viel zu starr, um das Währungssystem von Bretton-Woods insgesamt zu retten. Doch den in der europäischen Gemeinschaft zusammengeschlossenen Ländern waren die plötzlich möglich gewordenen Wechselkursschwankungen in Hinblick auf die höchst unerfreulichen Auswirkungen auf den Agrarmarkt viel zu groß geworden.

Daher beschloß der EG-Ministerrat im März 1972, daß die Wechselkurse der europäischen Währungen untereinander nur noch um höchstens 2,25 Prozent voneinander abweichen durften. Damit war de facto für die Länder der Schlangenwährungen untereinander das

Wechselkursrisiko halbiert, während der eng aneinandergekettete Block der Schlangenwährungen insgesamt gegenüber dem Dollar die volle Schwankungsbreite von 4,5 Prozent ausnutzen konnte. Die bildhafte Darstellung der engeren Bandbreite für Schwankungen der europäischen Währungen innerhalb der größeren Bandbreite für Schwankungen gegenüber den restlichen Währungen prägte auch den Begriff von der »Schlange im Tunnel«.

Die Währungsschlange – wenn man so will, ein frühes Vorstadium einer Währungsunion – hatte allerdings einen entscheidenden Geburtsfehler. Zwar waren die Wechselkurse innerhalb der Schlange in eine enge Bandbreite gezwängt, doch ansonsten konnte jeder der Beteiligen finanz- oder verteilungspolitisch tun und lassen, was er wollte. Die natürliche Folge war, daß die Inflationsraten innerhalb der Schicksalsgemeinschaft binnen kurzer Zeit so stark auseinanderdrifteten, daß einzelne Währungen sowohl innerhalb der Schlange als auch gegenüber Drittwährungen immer dann erheblich überbewertet waren, wenn die Inflation über den entsprechenden Raten in den anderen zur Schlange gehörenden Ländern lag.

So war das Fehlschlagen dieses frühen Versuches einer Währungsunion von vornherein programmiert. Längerfristig konnten nur Deutschland und die Benelux-Länder ihre Währungen innerhalb der vorgesehenen engen Bandbreite halten. Schon nach drei Monaten schied das britische Pfund aus der Währungsschlange aus. Auch Irland und (allerdings nur vorübergehend) Dänemark konnten nicht mithalten, weil den jeweiligen Notenbanken die Devisenreserven ausgegangen waren, mit deren Hilfe sie ihre Währungen künstlich im vereinbarten Wechselkursband gehalten hatten. Um Italien in der Schlange zu halten, gestattete der europäische Rat der Banca d'Italia als einziger unter den europäischen Notenbanken, zugunsten der Lira auch in Dollar und Gold anstatt nur in europäischen Währungen zu intervenieren. Als auch das nichts mehr half, schied auch Italien im Februar 1973 aus der Währungsschlange aus.

Der übriggebliebene Rest der Schlange überlebte jedoch den Zusammenbruch des Währungssystems von Bretton-Woods am 11. März 1973. Danach bildete sich der Kurs der Schlangenwährungen gegenüber dem Dollar frei am Markt (Blockfloaten). Innerhalb des Währungsverbunds, dem sich nun auch Norwegen und Schweden anschlossen, galt jedoch weiterhin die vereinbarte enge Bandbreite von maximal 2,25 Prozent.

Das Europäische Währungssystem

Die Lehren, die Europas Regierungen aus diesem Scheitern zogen, wurden beim nächsten Schritt der währungspolitischen Zusammenarbeit berücksichtigt. Im April 1978 stellten der deutsche Bundeskanzler Helmut Schmidt und der französische Präsident Valery Giscard d'Estaing auf der Ratstagung in Kopenhagen das »Europäische Währungssystem« (EWS) vor. Im Dezember des gleichen Jahres wurde dieser Vorschlag gebilligt, am 13. März 1979 konnte das EWS in Kraft treten.

Erneut ging es um das Ziel, für die europäischen Länder – egal ob sie Überschüsse oder Defizite in ihren Leistungsbilanzen aufwiesen – möglichst stabile Wechselkurse zu sichern. Ein zweites Ziel lag darin, in den EWS-Ländern auch auf eine möglichst große Preisstabilität hinzuwirken. Insgesamt war das EWS der ambitiöse Versuch, die beiden alternativen Grundprinzipien möglicher Währungsordnungen – die Orientierung am Außenwert, wie zur Zeit des Goldstandards und des Währungssystems von Bretton-Woods, oder die Orientierung am Binnenwert, wie zu den Zeiten frei schwankender Wechselkurse – in einer Art Synthese zu vereinigen. So sollte das EWS die Vorteile der verschiedenen Ordnungen in einem neuen System vereinen, deren Nachteile dagegen ausschließen.

Das EWS war zum Zeitpunkt seiner Konstruktion eine konsequente und entschlossene Weiterentwicklung der Währungsschlange. Das neue System unterschied sich vom Vorgängermodell durch einen insgesamt flexibleren Wechselkursverbund, überarbeitete Interventionsregeln und durch die Einführung einer neuen internen Recheneinheit, der Europäischen Währungseinheit oder – im offiziellen Sprachgebrauch – European Currency Unit (ECU). Die ECU diente ab 1981 nicht nur als zentrale interne Rechengröße der Gemeinschaft und löste in dieser Funktion den Grünen Dollar ab, sondern wurde zunächst im offiziellen und später auch im privaten Zahlungsverkehr eingesetzt und entwickelte so den Charakter einer Pseudowährung.

Die ECU sollte nach dem Willen der Mitgliedsstaaten auch das zentrale Bindeglied des Europäischen Währungssystems werden. Dazu diente das Kunstprodukt zunächst

- als Bezugsgröße für das EWS-Wechselkurssystem,
- als Referenzgröße, an der gemessen wird, ob eine der EWS-Währungen zu stark vom Durchschnitt anderer beteiligter Währungen abweicht,
- als Rechengröße für Devisenmarktinterventionen und Zentralbankkredite innerhalb der Gemeinschaft,
- sowie für Zahlungen zwischen den am EWS beteiligten Zentralbanken.

Zur Schaffung der ECU mußten die am EWS beteiligten Zentralbanken 20 Prozent ihrer Goldbestände und Dollar-Währungsreserven in einen neugeschaffenen Fonds für Währungspolitische Zusammenarbeit (EFWZ) einbringen. Als Ausgleich dafür erhielten sie ein entsprechendes Guthaben in ECU eingeräumt.

Der relative Erfolg des Europäischen Währungssystems – vor allem in der zweiten Hälfte der achtziger Jahre – beflügelte auch die weitere Verbreitung der ECU als Währungsersatz. Die zunächst nur für den offiziellen Gebrauch bestimmte Korbwährung setzte sich auch auf den privaten Geld- und Kapitalmärkten immer stärker durch.

Da außer in Belgien (und dort auch nur für Münzsammler) keine ECU-Münzen geprägt werden, gibt es auch die private ECU nur in Form von Buchgeld, das bei einer eventuellen Auszahlung immer in die jeweils gewünschte Landeswährung umgerechnet werden muß. Dabei ist der Kurs zwischen der offiziellen und privaten ECU in der Regel identisch.

Verwendung findet die private ECU vor allem im internationalen Interbankengeschäft, bei der Ausgabe von Anleihen durch Banken, internationale Organisationen und Unternehmen sowie bei der Verrechnung von grenzüberschreitenden Handelsgeschäften. Von Vorteil ist der Kauf von Anleihen in der europäischen Korbwährung vor allem in Ländern mit einer unterdurchschnittlich stabilen Währung, da in der Korbwährung trotz einer niedrigeren Verzinsung das Wechselkursrisiko wesentlich geringer ist. In Ländern mit einer überdurchschnittlich starken Währung waren ECU-Anleihen über längere Zeit deshalb für Gläubiger interessant, weil sie bis zum Auseinanderbrechen des EWS im Sommer 1993 bei einem relativ geringen Kursrisiko eine meist höhere Verzinsung aufwiesen.

Deutsche Anleger, die ihre D-Mark wegen des Zinsvorteils in ECU-Anlagen gesteckt hatten, wurden enttäuscht. Die massiven Abwertungen schmälerten den Kurs der ECU so stark, daß sich trotz des Zinsvorteils am Ende noch ein Verlust gegenüber einer D-Mark-Anleihe ergab.

Der jeweilige Wert einer Währung – in ECU ausgedrückt – berechnet sich nämlich nach einer komplizierten mathematischen Formel. Sie berücksichtigt den Anteil des Außenhandels und des Bruttosozialprodukts eines Mitgliedslands an den entsprechenden Größen der Gemeinschaft sowie die Quoten im kurzfristigen Währungsbeistand. Generell gilt: Je größer und wirtschaftlich stärker ein Land ist, desto gewichtiger ist seine Währung in der Gemeinschaftskorbwährung ECU repräsentiert.

Da die ECU keine eigene Währung ist, hat sie auch keine eigenständige Kursentwicklung. Ihr Wert schwankt mit den Kursänderungen, die sich im Lauf der Zeit für die einzelnen im ECU enthaltenen Währungen herausstellen. Da in der Tendenz permanent aufwertungsträchtige Währungen – wie etwa die D-Mark – automatisch überrepräsentiert werden, wird die Zusammensetzung des Währungskorbes spätestens alle fünf Jahre geändert, um die relativen Anteile aller beteiligten Währungen langfristig konstant zu halten.

Für jede am EWS teilnehmende Währung wurde so ein ECU-Leitkurs errechnet, um den die Tageskurse innerhalb einer Schwankungsbreite von jeweils 2,25 Prozent nach oben und unten abweichen können. Für neue Währungen, die dem System erst beitreten wollten, konnte auch eine anfängliche Schwankungsbreite von jeweils sechs Prozent vereinbart werden. Von dieser Möglichkeit eines sanften Einstiegs in den anspruchsvollen Wechselkursverbund machten bei dem ursprünglichen Eintritt in das EWS beispielsweise Italien, England und Spanien Gebrauch.

Um das System auch für längerfristige divergierende Entwicklungen in den einzelnen EWS-Ländern zu wappnen, ließ das EWS auch die Neufestsetzung der Wechselkursparitäten, sogenannte Realignments, zu. Mit diesem Instrument sollten beispielsweise überdurchschnittlich hohe Inflationsraten in einem zum EWS gehörenden Land längerfristig durch mäßige Abwertungen aufgefangen werden. Zwar wurde von dieser Möglichkeit vor allem in der Anfangsphase reger Gebrauch gemacht, doch insgesamt wirkten die vereinbarten Bandbreiten überaus disziplinierend auf das Stabilitätsgebaren der Teilnehmer. Immerhin ist mit der Abwertung der eigenen Währung immer auch eine peinliche Bloßstellung der eigenen Finanz- und Wirtschaftspolitk vor aller Öffentlichkeit verbunden. Nur allzuoft war die Folge, daß – anstelle einer Abwertung – die Länder mit einer höheren Stabilität zu dem Instrument der Aufwertung ihrer Währung griffen, was für die eigentlich Schuldigen politisch weniger unerquicklich war, aber im Endeffekt – was die Relationen innerhalb des EWS anbelangt – das gleiche Ergebnis hatte.

So brachte das Europäische Währungssystem zwar noch lange keine absolute Ruhe in die europäischen Währungsrelationen, schuf aber seit seinem Bestehen dennoch eine Zone der inneren Stabilität. So lag die durchschnittliche Inflationsrate der EWS-Mitglieder im Jahr 1980 noch bei 11,5 Prozent, aber 1987 bereits bei 2,5 Prozent. Doch nicht nur der Durchschnitt, auch die Streubreite der Geldentwertung hat sich seit den Anfängen des EWS stetig verringert. Mit anderen Worten: Die monetäre Konvergenz unter den Beteiligen ist erheblich gewachsen. Obschon die Inflationsraten in den einzelnen Ländern teils erheblich differierten, war bei den EWS-Währungen insgesamt ein Trend nicht zu verkennen: Von welchem Niveau sie auch immer ausgingen – die Tendenz war bis zum Beginn der neunziger Jahre eindeutig fallend.

Für das Festhalten an den EWS-Kursen sprach jedoch nicht nur das nationale Prestige, das bei einer Abwertung immer Schaden nimmt. Vielmehr bestand gerade die von der Bundesbank gerngesehene Funktion der D-Mark als europäischer Währungsanker darin, daß die übrigen EWS-Länder ihre Geldpolitik dem Ziel einer stabilen Relation zur deutschen Währung unterordneten.

Nominaler Außenwert der D-Mark gegenüber den EWS-Währungen

1. Vj. 1979 = 100, vierteljährlich, log. Maßstab

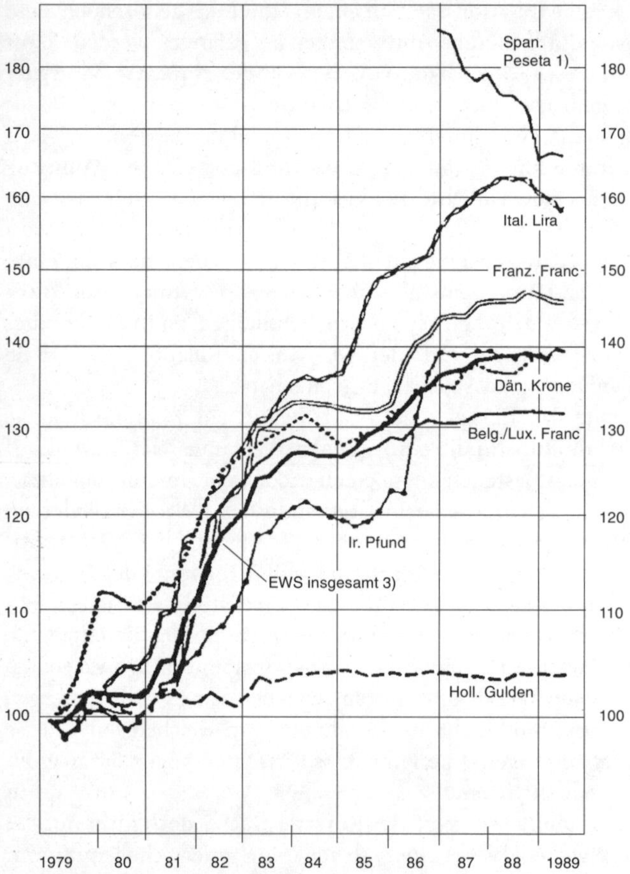

1) Nimmt seit 19. Juni 1989 am Wechselkursmechanismus des EWS teil.
2) Ab Juli 1989 einschl. span. Peseta
3) Gewogener Außenwert

BBk

Quelle: Deutsche Bundesbank (1989), Monatsbericht November, S. 31

De facto bewirkte der Regelmechanismus des EWS, daß ihre stärkste Währung, die D-Mark, die Rolle einer Leitwährung übernahm. In dieser Funktion konnte die Deutsche Bundesbank die Stabilität der D-Mark ausschließlich auf den Erhalt ihrer inneren Kaufkraft ausrichten, während sich die übrigen EWS-Länder darauf konzentrieren mußten, die Wechselkurse ihrer jeweiligen Währung zur D-Mark möglichst stabil, das heißt innerhalb der vorgeschriebenen Bandbreiten zu halten.

Anders als in den Anfangsjahren des EWS wurde ab 1983 weitgehend, zwischen 1987 und 1992 sogar fast völlig auf Realignments verzichtet. In dieser Phase bestimmte letztlich die Bundesbank die Geldpolitik in ganz Europa. Hielt es die Bundesbank etwa mit Rücksicht auf das deutsche Preisniveau für nötig, die Zinsen zu erhöhen, mußten die anderen europäischen Zentralbanken diesem Schritt oft zähneknirschend folgen, um die Wechselkursrelation ihrer Währung zur D-Mark nicht zu gefährden.

Der Delors-Plan

Diese geldpolitische Dominanz der deutschen Geldpolitik über ganz Europa wurde vor allem in der zweiten Hälfte der achtziger Jahre zu einem ernsten Problem, das die Gemeinschaft und das Europäische Währungssystem harten Belastungstests aussetzte. Bis auf Deutschland – das noch von dem anfänglichen Wirtschaftsboom der deutschen Einheit profitierte – waren alle anderen Länder Europas bereits in die Rezession abgerutscht. Niedrigere Zinsen hätten da geholfen, die Konjunktur wieder auf Trab zu bringen.

Allerdings stand die deutsche Bundesbank vor einem ganz anderen Problem: Die deutsche Konjunktur florierte wesentlich länger als in den anderen europäischen Ländern, zusätzlich führte die deutsche Einheit aus Sicht der Bundesbank zu einer beispiellos expansiven Finanzpolitik, einer außer Rand und Band geratenen Geldmenge und – unmittelbar nach der deutschen Währungsunion – zu einer Hochkonjunktur, die mit einer massiven Kreditexpansion verbunden war. Dies alles bündelte sich zu einer bedeutenden Inflationsgefahr, der die Bundesbank – ohne Rücksicht auf die Konjunktur in den Nachbarländern – mit einer ausgesprochenen Hochzinspolitik begegnen mußte.

Als Ausweg aus dieser grundsätzlich angelegten geldpolitischen Zwangsherrschaft griffen Italien und Frankreich bereits 1988 die schon im Werner-Plan geäußerte Idee der Währungsunion wieder auf. Statt sich noch länger dem alleinigen geldpolitischen Diktat der Bundesbank zu unterwerfen, sahen diese beiden Länder eine größere Chance, ihren geldpolitischen Zielen in einer gemeinsamen europäischen Zentralbank näher zu kommen, in der die Stimme der Bundesbank nur eine unter vielen sein würde.

Auch die Bundesregierung, die als Gegenleistung weitere Fortschritte in der gemeinsamen Außen- und Sicherheitspolitik erreichen wollte, begrüßte dieses Vorhaben. Offiziell diente die relative Ruhe, die vor allem nach 1987 in das Europäische Währungssystem einzog (bis zum Herbst 1992 blieben jegliche Realignments aus) als Beleg für die These, daß Europa für eine gemeinsame Währung bereits reif sei. Dies führte dazu, daß auch in der EG-Kommission die schon im Werner-Plan vorgesehene Einführung einer einheitlichen europäischen Währung mit neuem Schwung verfolgt wurde. Dazu legte der Präsident der Europäischen Kommission, der Franzose Jacques Delors, im April 1989 einen neuen Drei-Stufen-Plan vor, der die wesentliche Grundlage für die Beschlüsse von Maastricht des Jahres 1991 legte:

Stufe eins des Delors-Plan, die am 1. Juli 1990 in Kraft trat und bis zum Jahresende 1993 abgeschlossen sein soll, beinhaltet unter anderem die vollständige und endgültige Liberalisierung der europäischen Kapitalmärkte, um eine ungehinderte und reibungslose Integration der europäischen Finanzmärkte zu ermöglichen. Die Regierungen erhielten den Auftrag, ihre Staatshaushalte zu konsolidieren und in der Finanz-, Wirtschafts- und Geldpolitik noch enger als bisher zusammenzuarbeiten. Außerdem sollte die Autonomie der Zentralbanken, soweit noch nicht hergestellt, verstärkt werden, mit dem Ziel, sie spätestens während der zweiten Phase vollständig zu gewährleisten.

Der Zeitplan für die Europäische Währungsunion

Über die folgende zweite und dritte Stufe enthielt der Delors-Bericht jedoch weitaus weniger konkrete Vorgaben. Diese Lücke füllte das Gipfeltreffen der europäischen Staats- und Regierungschefs vom 9. bis zum 11. Dezember 1991 in Maastricht. Auf diesem Treffen einigten sich die europäischen Staats- und Regierungschefs nicht nur darauf, 1994 mit der zweiten Stufe der Schaffung einer gemeinsamen Währung in Europa zu beginnen. Sie beschlossen vielmehr in einer dramatischen Nachtsitzung auch die genauen Etappen, die auf dem Weg dorthin einzuhalten sind. Mit der Unterzeichnung dieses Vertrages am 7. Februar 1992 durch die Außen- und Finanzminister der Gemeinschaft wurde die Übereinkunft förmlich besiegelt.

Die erste im Delors-Bericht vorgesehene Stufe auf dem Weg zur Europäischen Währungsunion hatten die Regierungen Europas zu diesem Zeitpunkt bereits weitgehend geschafft. Hauptsächlich widmet sich der Vertragstext daher der künftigen Struktur, der Funktion und der Verfassung des neuen Systems der Europäischen Zentralbanken (ESZB) und der künftigen Europäischen Zentralbank (EZB). Detailliert wurde auf dem EG-Gipfel auch festgelegt, was bis zu welchem Termin erledigt sein muß, wie die Entscheidungsfindung vonstatten gehen soll und welche Varianten in unterschiedlichen Szenarien anzuwenden sind.[1]

Ergänzend zum Delors-Bericht sieht danach die zweite Stufe, die am 1. Januar 1994 beginnen soll, den Aufbau einer neuen Gemeinschaftsinstitution vor. Ein sogenanntes Europäisches Währungsinstitut (EWI) soll als Übergangsinstitut die Gründung der Europäischen Zentralbank vorbereiten. Außerdem soll das EWI die nötigen Vorarbeiten leisten, damit die künftige Europäische Zentralbank in allen zur künftigen Währungsunion gehörenden Ländern eine gleichgerichtete Geldpolitik mit gleichen Instrumenten möglichst effektiv betreiben kann.

Stufe drei sieht schließlich die Gründung einer Europäischen Zentralbank (EZB) vor. Gleichzeitig soll die EZB von den nationalen

1 »Mapping the road to monetary union«, in: *Financial Times* vom 12. Dezember 1991

Zentralbanken die Zuständigkeit für die Geldpolitik, die Verwaltung der Devisenreserven und die Ausübung der Wechselkurspolitik übernehmen. Außerdem werden mit Beginn der dritten Stufe die Kurse zwischen den Mitgliedswährungen unveränderbar und unwiderruflich festgesetzt, mit dem Ziel, daß die nationalen Währungen von einer künftigen europäischen Einheitswährung, dem Ecu, abgelöst werden.

Allerdings läßt der Maastrichter Vertrag den genauen Zeitpunkt für das Inkrafttreten der dritten Stufe offen. Sie beginnt nach dem Vertragstext entweder am 1. Januar 1997, wenn sich bis zu diesem Termin eine Mehrheit der EG-Länder nach den festgelegten Kriterien für die Teilnahme an der Währungsunion qualifiziert hat. Ist dies nicht der Fall und wird nach dem 1. Januar 1997 auch kein anderer Termin für den Eintritt in die Währungsunion bestimmt, dann beginnt die dritte Stufe automatisch am 1. Januar 1999 mit den Ländern, die sich nach den Kriterien dafür qualifiziert haben. Dazu heißt es in dem entsprechenden »Protokoll über den Übergang zur dritten Stufe der Wirtschafts- und Währungsunion«: »Falls der Zeitpunkt für den Beginn der dritten Stufe Ende 1997 noch nicht festgelegt ist, beschleunigen die betreffenden Mitgliedsstaaten, die Gemeinschaftsorgane und die sonstigen beteiligten Gremien im Lauf des Jahres 1998 alle vorbereitenden Arbeiten, damit die Gemeinschaft am 1. Januar 1999 unwiderruflich in die dritte Stufe eintreten kann ...«

Wichtigstes Vorhaben der zweiten Stufe, die bereits am 1. Januar 1994 begann, ist zunächst jedoch der Ausbau des Europäischen Währungsinstituts. Dem EWI kommt die Schlüsselrolle bei der Konstruktion des Innenlebens der künftigen Europäischen Zentralbank zu. Seine Rolle besteht auch darin, die künftigen Beziehungen einzelner Länder und ihrer nationalen Zentralbanken zur EZB entweder bis zum 1. Januar 1997 oder bis zum 1. Januar 1999 organisatorisch, logistisch sowie geld- und währungspolitisch vorzubereiten. Außerdem überwacht das EWI die geld- und finanzpolitische Entwicklung in den Ländern der Gemeinschaft und prüft, ob sich die Wirtschaftsdaten der einzelnen Länder in die Richtung der geforderten Konvergenzkriterien entwickeln.

Vor Beginn der europäischen Währungsunion erstellt das EWI

einen Bericht an die EG-Kommission, in dem es feststellt, welche Länder die Konvergenzkriterien erfüllen. Aufgrund dieses Berichtes schlägt dann die EG-Kommission dem Rat der Staats- und Regierungschefs vor, welche Länder in die Europäische Währungsunion aufgenommen werden können. Das EWI soll nach Erledigung seiner Aufgaben als eigenständiges Institut aufgelöst werden und in der neuen Europäischen Zentralbank aufgehen.

Zwar erhält das EWI, das von einem Präsidenten gemeinsam mit dem Rat der nationalen europäischen Notenbanken geführt werden soll, noch keinerlei geld- oder währungspolitische Entscheidungsbefugnisse, doch werden in diesem Institut bereits wichtige Weichenstellungen für den Aufbau, das Instrumentarium und für die Arbeitsweise der künftigen EZB vorgenommen. Bislang sind in dem Maastrichter Vertrag nur die Ziele, die Verfassung sowie die Zusammensetzung und Beschaffenheit des Leitungsorgans der EZB festgelegt. Das EWI hat die Aufgabe, diesen äußeren Rahmen mit einer lebens- und entscheidungsfähigen Substanz zu füllen.

Zu den schwierigsten Aufgaben des EWI wird es gehören, die zahlreichen verschiedenen Instrumente der Geldpolitik, die bislang in den einzelnen Ländern gebraucht wurden, auf einen Nenner zu bringen. Die bislang überwiegend von politischen Zielvorgaben abhängigen europäischen Zentralbanken müssen sich nicht nur an eine möglicherweise nur kurze Phase der Unabhängigkeit gewöhnen, sondern haben zusätzlich einen gehörigen Lernprozeß in Sachen Kooperation zu durchlaufen.

Bis zur Unterzeichnung des Maastrichter Vertrags war in Europa lediglich der Deutschen Bundesbank eine weitgehende Unabhängigkeit gesetzlich garantiert. Die niederländische Zentralbank (Nederlandsche Bank) konnte ihre Geldpolitik zwar nicht formal, aber faktisch unbeeinflußt von Regierungsvorgaben gestalten. Beide Banken waren in Europa die einzigen, die vorrangig auf das Ziel der Preisstabilität verpflichtet waren.

Die Banque de France gilt zwar nach ihren Statuten ebenfalls als Hüterin der Währung, aber ihre Geldpolitik ist dem Einfluß der Regierung, insbesondere der Finanz- und Wirtschaftspolitik, untergeordnet. In Zweifelsfällen muß auch die Bank of England den Anweisungen aus dem britischen Schatzministerium folgen. Zwar durfte die britische Zentralbank früher ihre Politik weitgehend nach eigenen Vorstellungen gestalten, doch als Margaret Thatcher mit ihrem Amtsantritt als Regierungschefin im Mai 1979 einen strammen monetaristischen Kurs in der Wirtschaftspolitik einschlug und die Geldmengensteuerung zum wichtigsten Instrument der Wirtschaftspolitik aufstieg, mußte die britische Notenbank spüren, was es heißt, wie alle anderen Verfassungsorgane auch dem Parlament verantwortlich zu sein. Besonders eng an die Regierung gebunden war auch die italienische Notenbank, die sogar zur Finanzierung der Staatsdefizite wiederholt die Notenpresse anwerfen mußte.

Vor allem die Banque de France, die Nederlandsche Bank, aber auch die belgisch-luxemburgischen Währungsbehörden haben ihr geldpolitisches Instrumentarium bereits weitgehend dem der Deutschen Bundesbank angenähert. Die geldpolitische Grobsteuerung betreiben diese Länder weitgehend mit den Instrumenten der Diskont- und Lombardpolitik sowie mit Mindestreserven. Zur Feinsteuerung haben Wertpapierpensionsgeschäfte an Bedeutung gewonnen. Allerdings steht eine vollständige Harmonisierung der geldpolitischen Steuerungsinstrumente in Europa noch aus. So weigern sich beispielsweise die Briten beharrlich, die ihrem Bankwesen fremde Mindestreservepolitik in den Instrumentenkasten der Notenbanken aufzunehmen. Schon im Vorfeld der Europäischen Währungsunion gilt es also, von liebgewordenen nationalen Gepflogenheiten Abschied zu nehmen.

Auch die Rolle, die künftig die nationalen Notenbanken im europäischen Währungsverbund spielen sollen, wird vom Europäischen Währungsinstitut bereits während der zweiten Phase festgeschrieben. Diese Entscheidungen sind von enormer Tragweite: Letztendlich geht es darum, ob die Deutsche Bundesbank oder die entsprechenden Währungsbehörden in den anderen beteiligten Ländern mit Beginn der dritten Stufe zum Befehlsempfänger und regionalen Geldschrank der künftigen Euro-Zentrale herabgestuft werden, oder ob bei den nationalen Zentralbanken noch ein Großteil des operativen Euro-Zentralbankgeschäfts verbleiben soll.

Da in der Führung des EWI alle Zentralbankpräsidenten gleichberechtigt mit einer Stimme vertreten sind, ist nicht ausgeschlossen, daß sich die Könige, die wissen, daß sie künftig nur noch Provinzfürsten sein werden, noch ein Stückchen Macht zu reservieren suchen. Dies könnte beispielsweise so geschehen, daß bestimmte geldpolitische Entscheidungen zwar von der EZB beschlossen werden, aber von den nationalen Notenbanken auf dem jeweilig angestammten Währungsterritorium eigenverantwortlich umgesetzt werden. Auch gibt es Bestrebungen, zwischen den einzelnen Notenbanken eine Art Arbeitsteilung herbeizuführen. So verfolgten die Briten eine Zeitlang die höchst eigennützige Absicht, die gesamte Devisenmarktpolitik auf die britische Zentralbank zu übertragen. Kommt das EWI solchen Forderungen allzuweit entgegen, entsteht unweigerlich die Gefahr, daß die Allmacht und Effizienz der künftigen EZB schon vor ihrer eigentlichen Errichtung geschmälert wird.

Darüber hinaus soll das Institut die Länder bei der Durchführung ihrer Geldpolitik beraten und diese koordinieren. Konkret bedeutet dies, daß das EWI für alle Mitglieder der Gemeinschaft (also nicht nur für die, die sich tatsächlich an der dritten Stufe beteiligen werden, denn diese Entscheidung fällt ja erst später) Geldmengenziele formulieren wird, die dann von den einzelnen Notenbanken – in eigener Verantwortung – einzuhalten sind. Zwar liegt die Geldpolitik während der zweiten Stufe noch in der alleinigen Zuständigkeit der nationalen Notenbanken, doch in der Praxis wird es kaum möglich sein, daß aus dem EWI eine Richtgröße für ein Wachstum der Euro-Geldmenge ausgegeben wird, die dann von einem der Länder – insbesondere von einem solchen, das die Kriterien für die Teilnahme an der EWU erfüllen könnte – nicht eingehalten wird.

Auf den Finanzmärkten würde ein solches Verhalten sehr wahrscheinlich sofort zum Anlaß genommen werden, die Stabilität der betreffenden Währung im EWS zu testen. Daraus ergäbe sich dann die nächste große Gefahr: Müßte nämlich aufgrund der Devisenspekulationen der Wechselkurs der betreffenden Währung korrigiert werden, wäre dem Land für die folgenden zwei Jahre ab dem Zeitpunkt des Realignments an gerechnet der Eintritt in die Europäische Währungsunion verwehrt. Dies zeigt: Schon mit Beginn der zweiten Stufe der EWU steht die Unabhängigkeit der europäischen Zentralbanken nur noch auf dem Papier. Tatsächlich wirkt der Zwang zur Konvergenz in der Geldpolitik, der durch das EWI definiert und artikuliert wird, schon ab dem Beginn der zweiten Stufe.

Außerdem werden im EWI bereits die Spielregeln erarbeitet, nach denen die EZB im gesamten Währungsgebiet mit den Geschäftsbanken umspringen will. Dazu gehört zum Beispiel die ebenso spannende wie umstrittene Frage, ob auch bei einer künftigen Europäischen Zentralbank die Geschäftsbanken einen bestimmten Prozentsatz ihrer Einlagen als Mindestreserve hinterlegen müssen, wie das bei deutschen Banken der Fall ist. Eine solche Mindestreservepflicht gibt es jedoch in Luxemburg und in Dänemark nicht, in Großbritannien nur in einem sehr geringen Umfang. In Belgien gäbe es zwar theoretisch die Möglichkeit, eine Mindestreserve zu erheben, doch in der Praxis wird darauf verzichtet.

Je nachdem, ob nun für die einzelnen Geschäftsbanken eine Mindestreservepflicht bestand oder nicht, verändert sich auch ihre Wettbewerbssituation in einem gemeinsamen europäischen Zentralbankensystem mit einheitlicher Mindestreservepflicht. Denn für den Geldbetrag, der als Mindestreserve hinterlegt ist, erhalten die Banken keine Verzinsung. Insofern sprechen die Banken auch von einer Art Steuer, die ihnen durch den Verzicht auf die Zinsen auf die Mindestreserveeinlagen bei der Zentralbank auferlegt wird.

Entsprechend der Tragweite der Beschlüsse des EWI machte sich der damalige Bundesbankpräsident Helmut Schlesinger dafür stark, dieses Währungsinstitut, das bereits als Nukleus der künftigen Euro-Zentralbank gilt, wie auch die spätere Europäische Zentralbank selbst, in Frankfurt am Main anzusiedeln. Doch mit dieser Entscheidung ließen sich die Politiker Zeit. Noch wenige Monate vor der Etablierung des EWI war niemandem klar, wo und mit welchen Mitarbeitern das neue Gemeinschaftsinstitut seine Arbeit aufnehmen wird.

Der Fahrplan zur Währungsunion, der in dem Datum 31. Dezember 1999 als letztmöglicher Termin für die automatische Einführung der gemeinsamen Europawährung gipfelt, ist jedoch trotz seiner intensiven Vorbereitung nicht in allen Punkten klar und eindeutig. Dies beginnt schon bei der Bestimmung des Termins, zu dem der Übergang von der zweiten zur dritten Stufe erfolgen soll. Auch die sogenannten

Konvergenzkriterien, die bestimmen, ob ein Land zur Teilnahme an der Europäischen Währungsunion berechtigt ist, oder nicht, werden mitunter höchst unterschiedlich interpretiert.

Für den endgültigen Übergang von der zweiten zur dritten Stufe haben sich die Staats- und Regierungschefs der EG in dem Maastrichter Vertrag eine Alternative offengehalten. Entweder die Staats- und Regierungschefs beschließen mit qualifizierter Mehrheit bis zum Jahresende 1996 ein definitives Datum für den Start in die gemeinsame Währung und einigen sich auch über die Länder, die mit von der Partie sein sollen. In diesem Fall ist der früheste Termin für die Einführung der Währungsunion der 1. Januar 1997. Bedingung hierfür ist allerdings, daß mindestens die Hälfte der EG-Länder bereits die geforderten Konvergenzkriterien erfüllt.

Dabei folgt die Entscheidungsfindung einem bereits in dem Maastrichter Vertrag genau festgelegten Modus. Er beginnt damit, daß das EWI rechtzeitig zum Jahresende 1996 seinen Bericht an die EG-Kommission abgibt. In diesem Bericht ist anhand der Konvergenzkriterien eindeutig aufgelistet, welches Land nach der einhelligen Meinung des EWI – und damit auch nach Meinung der im EWI vertretenen nationalen Notenbankpräsidenten – für die Teilnahme an der Europäischen Währungsunion qualifiziert ist.

Gestützt auf diesen Bericht empfiehlt die EG-Kommission dem obersten politischen Entscheidungsgremium der Gemeinschaft, dem Rat der Staats- und Regierungschefs, welche Länder an der Europäischen Währungsunion teilnehmen sollen. Dabei muß die Kommission allerdings die Bedingung beachten, daß sich mehr als die Hälfte – also sieben von zwölf – der Mitglieder der Gemeinschaft qualifiziert haben müssen, falls die Währungsunion schon am 1. Januar 1997 beginnen soll.

Spätestens einen Tag früher, am 31. Dezember 1996, muß im Rat der Staats- und Regierungschefs – gestützt auf die Empfehlung der EG-Kommission – die Entscheidung gefallen sein, ob sich die Hälfte der Mitglieder qualifiziert haben und welche Länder das sind. Bei dieser Entscheidung sind die Staats- und Regierungschefs der Gemeinschaft jedoch nicht sklavisch an die Empfehlungen des EWI und der Kommission gebunden. So können die Regierungen durchaus auch andere Länder in die Währungsunion einbinden, wenn diese zwar nicht die Kriterien erfüllen, aber nach Meinung der qualifizierten Mehrheit der EG-Länder stabilitätspolitisch auf dem richtigen Weg und kurz vor dem Ziel sind.

Allerdings muß der Rat beachten, daß sich Großbritannien und Dänemark in Protokollzusätzen zu dem Maastrichter Vertrag eine Sonderrolle gesichert haben. So darf Großbritannien bei der Feststellung der Mehrheit nur dann mitgezählt werden, wenn es sich nicht nur qualifiziert, sondern auch dazu entschieden hat, tatsächlich an der Währungsunion teilzunehmen. Ähnliches gilt für Dänemark, das die endgültige Zusage über die Teilnahme an der Währungsunion vom Erfolg einer noch ausstehenden gesonderten Volksabstimmung abhängig gemacht hat.

Theoretisch könnte so durchaus der Fall eintreten, daß bis zum Jahresende 1996 mit Großbritannien und sechs weiteren Ländern zwar die geforderte Hälfte der EG-Mitglieder für die Teilnahme an der Währungsunion zusammenkommt, die Währungsunion aber dennoch nicht beginnen kann, weil sich Großbritannien dagegen entscheidet.

Ist dies der Fall oder kommt die erforderliche Mehrheit aus einem anderen Grund nicht zustande, kann der Europarat einen anderen Termin für den Beginn der dritten Stufe beschließen. Wird ein solcher Termin nicht festgesetzt, dann beginnt die dritte Stufe automatisch am 1. Januar 1999 mit den Ländern, die sich dafür qualifiziert haben. Die konkrete Auswahl der Teilnehmerländer erfolgt dann genau nach dem bereits für den ersten Termin festgelegten Szenario. Der einzige Unterschied besteht darin, daß nun nicht mehr festgestellt werden muß, ob sich eine Mehrheit der Mitglieder für die Währungsunion qualifiziert hat.

Lediglich die Briten und die Dänen bilden wieder eine Ausnahme. Alle anderen Länder – also auch die Bundesrepublik Deutschland – haben sich dagegen schon im Maastrichter Vertrag ausdrücklich zur Teilnahme verpflichtet, sofern sie die Konvergenzkriterien erfüllen. Nach den Buchstaben des Vertrages müßten die Deutschen der Währungsunion sogar dann beitreten, wenn sie dies zum Zeitpunkt des konkreten Beschlusses über den Start der dritten Stufe gar nicht mehr möchten – oder wenn der Deutsche Bundestag zu diesem Termin ein ablehnendes Votum abgibt. Die einzige Voraussetzung für die Feststellung, ob ein Land an der Währungsunion teilnimmt oder nicht, ist nach dem Vertragstext ein entsprechender, mit qualifizierter Mehrheit zustande gekommener, Beschluß des Europäischen Rates. Eine solche qualifizierte Mehrheit ist jedoch auch gegen die Stimmen der deutschen Regierung möglich.

In diesem Fall bliebe der Bundesregierung nur noch die Möglichkeit, durch einen bürokratischen Kunstgriff den Start der Währungsunion zu blockieren. So müssen die Kurse, zu denen die nationalen Währungen in ECU umgerechnet werden, im Europäischen Rat einstimmig beschlossen werden. Würde die Bundesregierung hierzu ihre Zustimmung verweigern, wäre das Hintertürchen geöffnet, durch das sich Deutschland aus den Verpflichtungen des Maastrichter Vertrags davonstehlen könnte. Der Start der Währungsunion wäre dann so lange aufgehalten, bis eine Einstimmigkeit über die Umrechnungskurse hergestellt ist.

Die dritte Stufe – Der Sprung ins Ungewisse

Im Hinblick auf die dritte Stufe der Europäischen Währungsunion sind also noch viele wichtige Fragen offen. Noch nicht einmal der Standort der künftigen Europäischen Zentralbank stand fast zwei Jahre nach der Unterzeichnung des Maastrichter Vertrags fest. Für diese Entscheidung räumten sich die Eurostrategen immer neue Fristen ein, die jeweils ergebnislos verstrichen sind. Die Folge war, daß eine Reihe von Gipfeltreffen nach Maastricht hinter den Kulissen von einem heftigen Tauziehen zwischen der deutschen Regierung, die für Frankfurt eintrat, und den Briten, die sich für London stark machten, beherrscht wurde.

Dabei ging es natürlich nicht nur ums Prestige oder – wie vor allem die Deutschen betonten – um eine wichtige Vorentscheidung über den geldpolitischen Kurs der künftigen Europäischen Zentralbank. Es ging schlicht um die finanzpolitische Vorherrschaft im künftigen Europa. Daß die Chancen der Briten, die EZB nach London zu holen, nach dem Austritt aus dem Europäischen Währungssystem und der Option auf einen Ausstieg aus dem gesamten Projekt der Europäischen Währungsunion deutlich gesunken sind, kümmerte die britische Regierung wenig. Aus innen- und machtpolitischen Gründen hielt sie an ihrer diesbezüglichen Forderung ungebrochen fest.

Sowohl auf dem Finanzplatz in London als auch in der Frankfurter Bankenwelt witterte man die einmalige Chance, auf einen Schlag zur dominierenden europäischen Geldmetropole aufzusteigen. Für London wie für Frankfurt ging es darum, mit den weltweit tonangebenden Finanzmetropolen New York und Tokio gleichzuziehen. Wo die künftigen Entscheidungen über die europäische Geldpolitik fallen, dort müssen sich auch die wichtigsten Banken Europas niederlassen. Nur so können sie rechtzeitig auf neue Entwicklungen reagieren, nur so kann aber auch eine Zentralbank, wenn nötig, schnell und effektiv auf Veränderungen im Markt reagieren.

Doch schon auf dem Gipfeltreffen ein Jahr nach Maastricht zeigte sich, wie schwer es der Gemeinschaft fällt, den in Euro-Euphorie gefaßten Beschluß über die Währungsunion in die Realität umzusetzen. So mußte die Entscheidung über den Sitz der Zentralbank von der Tagesordnung des Gipfeltreffens in Edinburgh wieder gestrichen werden. Grund dafür war eine schnöde Erpressung der Gemeinschaft durch den britischen Premierminister John Major. Er nahm die Skepsis und Vorbehalte einer Reihe seiner Parteifreunde zum Anlaß, die Partner vor die Wahl zu stellen: Entweder die Gemeinschaft entscheidet sich für Frankfurt, dann stimmt England – wie schon zuvor Dänemark – dem Vertragswerk nicht zu und der Maastrichter Vertrag ist gescheitert. Oder die Frage bleibt offen, dann könnte in der ersten Jahreshälfte 1993 die Ratifizierung der Verträge durch das britische Parlament doch noch zu einem positiven Ergebnis führen.

Im Februar 1993 unternahm der deutsche Finanzminister Theo Waigel dann einen erneuten Vorstoß, um die zukünftige Zentralbank nach Frankfurt zu holen. Im Rat der EG-Finanzminister setzte sich Waigel für eine schnelle Entscheidung ein. Nach der Sitzung ließ der Finanzminister verlauten, er habe keinen Widerspruch gefunden. Dies mag sein. Ob er jedoch Zustimmung zu seinem Plan gefunden hatte, ließ er offen. Doch bis zum Herbst 1993 war die Entscheidung über den Sitz der künftigen Zentralbank noch immer nicht gefallen. Zwar hatten die Briten – wegen ihres Ausscheidens aus dem EWS – ihren Anspruch in deutlich leiseren Tönen vorgetragen. Doch nun war es die Regierung in Paris, die Bedenken vortrug. Nachdem Bundesfinanzminister Theo Waigel durchblicken ließ, daß er einen französischen Kandidaten zum Präsidenten der EZB nicht akzeptieren würde, meldeten die Verantwortlichen in Frankreich plötzlich Bedenken gegen Frankfurt an. Frankfurt, so die Argumentation, gelte eben als Symbol für das Zinsdiktat der Deutschen Bundesbank und sei deswegen in Frankreich ein Reizwort.

Schließlich beendete der deutsche Finanzminister das endlose Gezerre um den Sitz des Europäischen Währungsinstituts und der Europäischen Zentralbank im Handstreich. Nach dem faktischen Zusammenbruch des EWS Anfang August 1993, als die Bandbreiten für die zulässigen Wechselkursveränderungen auf jeweils 15 Prozent nach unten und oben erweitert wurden, erklärte Theo Waigel unmißverständlich den Anspruch der Deutschen: »Entweder die Europäische Zentralbank kommt nach Frankfurt, oder es wird die Europäische Währungsunion nicht geben.« Die endgültige Entscheidung fiel jedoch erst auf dem außerordentlichen Gipfeltreffen der Staats- und Regierungschefs am 29. Oktober 1993 in Brüssel. Beim Mittagessen erörterten die Euro-Strategen das heikle Problem. Mit der Erklärung des britischen Premierministers John Major, London habe keine weiteren Vorbehalte gegen Frankfurt, nahm das Tauziehen ein Ende: Der Aufstieg der Banken-Metropole am Main zur Geld-Hauptstadt Europas war perfekt.

Bei dem Streit um den Standort für die Europäische Zentralbank fiel auf, daß sich Frankreich über weite Strecken vornehm zurückhielt. Nach dem Motto: Wenn zwei sich streiten, freut sich der dritte, wartete die französische Regierung zunächst in Ruhe ab, ob sich bei dem Streit die deutsche oder die britische Regierung durchsetzen würde. Diese Haltung ist nur auf den ersten Blick verwunderlich – sie entspricht vielmehr konsequent der politischen Linie, die Frankreich im Umgang mit internationalen Organisationen schon immer ausgezeichnet hat: Für die Regierung in Paris war es nämlich ziemlich egal, ob die Europäische Zentralbank in London oder Frankfurt sitzt –

solange sie nur von einem französischen Politiker geführt wird. Immerhin stellten die Franzosen mit Jacques de Larosiere und Michel Camdessus bereits zweimal in Folge den Generaldirektor des Internationalen Währungsfonds, mit Jacques Delors den Präsidenten der EG-Kommission und mit Jacques Attali sowie dessen Nachfolger, dem Ex-IWF-Generaldirektor de Larosiere, die beiden ersten Präsidenten der Europäischen Bank für Wiederaufbau und Entwicklung (EBRD).

Die Frage, wer Präsident der künftigen Europäischen Zentralbank ist, ist viel entscheidender als alle anderen Fragen. Sie ist ebenso wichtig wie die Frage der Autonomie und naturgemäß viel wichtiger als die Frage des Standortes. Schließlich ist es der Präsident, vor allem der erste, der den personellen und organisatorischen Aufbau der Bank bestimmt und somit wichtige Weichenstellungen für die Zukunft vornimmt. Denn selbst wenn nach Ablauf der ersten achtjährigen Legislaturperiode ein Präsident mit einer anderen geldpolitischen Philosophie das Amt übernehmen sollte, die eingefahrenen Strukturen einer Behörde und das Personal in den Schaltstellen wird er nur schwerlich austauschen können.

Insofern war es ein schwerer Fehler der deutschen Bundesregierung, in erster Linie aber des Bundeskanzlers Helmut Kohl, auf Frankfurt als Sitz der Zentralbank zu bestehen. Wollte er wirklich die bewährten Prinzipien der erfolgreichen deutschen Geldpolitik nach Europa exportieren, hätte er dafür sorgen müssen, daß sie zumindest in der alles entscheidenden Anfangsphase von einem deutschen Währungsexperten geführt wird.

Je nachdem, wie die Arbeitsteilung zwischen der künftigen EZB und den nationalen Notenbanken konkret ausgestaltet wird, hätte die Europäische Zentralbank jedoch durchaus auch in einem kleineren Mitgliedsstaat der Gemeinschaft angesiedelt werden können, zum Beispiel in den Niederlanden. Mit einer solchen Entscheidung hätte auch der Befürchtung einiger europäischer Staaten Rechnung getragen werden können, eine in Deutschland angesiedelte Europäische Zentralbank könnte die weithin ungeliebte Vorherrschaft der deutschen Geldpolitik allzu auffällig symbolisieren. Der Bankenplatz Amsterdam hat zudem zwar weniger Banken-Wolkenkratzer, aber eine größere finanzgeschichtliche Tradition als Frankfurt. Die Niederlande stehen außerdem für eine Stabilitätspolitik, die der Deutschlands im Ergebnis nicht viel nachsteht.

Die Entscheidung, die EZB in eines der kleinen EG-Länder zu geben, hätte durchaus einen Vorzug gehabt: Sie hätte dem föderativen Charakter Europas entsprochen, das bereits eine ausgeprägte Aversion gegen die Etablierung übermächtiger Zentralen entwickelt hat. Ein Mangel an Effizienz wäre von einer solchen Standortwahl nicht unbedingt zu erwarten gewesen. Immerhin hätte die EZB ihre Entscheidung in Form einer konzertierten Aktion gemeinsam mit dem ESZB, als den nationalen Ablegern in Frankfurt, Paris und – sofern sie denn teilnehmen werden – auch in London und Rom gesetzt, also dort, wo die große Finanzwelt vertreten ist. Die Geld- und Währungspolitik wäre also auch in Zukunft weitgehend dort abgewickelt worden, wo sie bislang auch schon stattfand – dann allerdings stellvertretend, im Namen und auf Geheiß der wo auch immer angesiedelten EZB-Zentrale. Auch für die EZB gilt, daß im Zeichen der zunehmenden technischen Kommunikationsmöglichkeiten räumliche Distanzen mehr und mehr in den Hintergrund treten.

Das EZB-Statut – eine Superbundesbank

Mit einem erfahrenen Bundesbanker an der Spitze könnte die EZB ihr oberstes Ziel, das ihr von den europäischen Staats- und Regierungschefs zugewiesen worden ist, weitaus besser erreichen. Dazu heißt es in dem Maastrichter Vertragswerk: »Die wichtigste Aufgabe des Europäischen Systems der Zentralbanken soll es sein, die Preisstabilität zu erhalten.« Um dies zu erreichen, wurden dem ESZB noch vier hauptsächliche Aufgaben übertragen: Sie soll die Geldpolitik der Gemeinschaft festlegen und ausführen, die Devisengeschäfte durchführen, die offiziellen Währungsreserven der Mitglieder halten und verwalten und das reibungslose Funktionieren der Zahlungssysteme garantieren. Daneben soll das ESZB jedoch auch die Wirtschaftspolitik und das Erreichen der wirtschaftspolitischen Ziele der Gemeinschaft unterstützen, ohne dabei allerdings das Ziel der Preisstabilität zu vergessen.

Nicht nur in dieser Aufgabenstellung, auch in ihrer Verfassung ist die Konzeption der EZB stark an dem Vorbild der Deutschen Bundesbank orientiert. Oberstes Konstruktionsmerkmal der EZB ist: die Unabhängigkeit ihrer politischen Führung!

An der Spitze der Europäischen Zentralbank sollen daher nach den Statuten ein Präsident, ein Vizepräsident und vier weitere Direktoren stehen, die jeweils acht Jahre im Amt bleiben. Um die Gefahr einer regierungsfreundlichen Notenbankpolitik möglichst auszuschließen, dürfen die Mitglieder des Direktoriums nicht wiedergewählt werden. Diese Bestimmung ist sogar noch schärfer als das Bundesbankgesetz, das die Bestätigung eines Präsidenten für eine weitere (allerdings nur fünfjährige) Amtszeit durchaus zuläßt. Die Auswahl der Direktoriumsmitglieder erfolgt nach Anhörung des Europäischen Parlaments und des EZB-Rates durch die Staats- und Regierungschefs.

Mit diesem etwas umständlichen Verfahren, das ein Votum des Straßburger Parlaments, das Einverständnis der nationalen Notenbankchefs und die Zustimmung der nationalen Regierungen zu einem Nominierungsvorschlag voraussetzt, soll sichergestellt werden, daß wirklich nur unbestrittene Fachleute ohne Rücksicht auf ihre politische Couleur an die Spitze der Zentralbank kommen. Dabei besteht natürlich auch die Gefahr, daß sich die gute Absicht ins Gegenteil verkehrt. So könnte die Vielzahl der potentiellen Einspruchsmöglichkeiten gegen einen Personalvorschlag dazu führen, daß die Wahl auf einen möglichst blassen und unprofilierten Kandidaten fällt, an dem nun wirklich niemand etwas aussetzen kann. Andersherum besteht auch die Gefahr, daß die Kandidatur eines ausgewiesenen Experten und politischen Kopfes allein wegen des falschen Parteibuches an irgendeiner Stelle des Konsensfindungsprozesses aus taktischen Gründen hängenbleibt.

Gemeinsam mit dem Direktorium bilden die Präsidenten der nationalen Zentralbanken den EZB-Rat, der als eigentliches Entscheidungsgremium mit einfacher Mehrheit die Notenbankpolitik bestimmt. In diesem EZB-Rat gilt ganz bewußt das Prinzip: ein Mann, eine Stimme. Auch dies ein Attribut an die Unabhängigkeit der ganzen Behörde. Ursprüngliche Überlegungen, die Stimmrechte an die Größe eines Mitgliedsstaates zu koppeln (um so den dominierenden Einfluß der deutschen Geld- und Währungspolitik in die europäische Währungsunion hinein zu verlängern), haben die Bundesregierung und auch die Bundesbankspitze schnell beiseite gelegt. Die Konsequenz wäre gewesen, daß sich die einzelnen nationalen Notenbankpräsidenten durch das an die Größe ihres Landes gekoppelte Stimmrecht als direkter Abgesandter und Vertreter der Landesinteressen fühlen könnten. Um dies zu vermeiden, gibt es diese Koppelung nicht bei der Beschlußfassung über die Tagespolitik, sondern nur bei solchen Entscheidungen, die das Kapital der Bank betreffen. In diesen Fällen haben die Mitglieder des Direktoriums kein Stimmrecht, die übrigen Stimmrechte im EZB-Rat verteilen sich dann jedoch auf die einzelnen Notenbanken der Mitgliedsstaaten im Verhältnis ihres Anteils am Kapital der Europäischen Zentralbank.

Ein weiterer Pfeiler, auf dem die Autonomie der Notenbank beruht, ist der Artikel 107 des Maastrichter Vertrages. Er bestimmt: »Bei der Wahrnehmung der ihnen . . . übertragenen Befugnisse, Aufgaben und Pflichten darf weder die EZB noch eine nationale Zentralbank, noch ein Mitglied ihrer Beschlußorgane Weisungen von Organen oder Einrichtungen der Gemeinschaft, Regierungen der Mitgliedsstaaten oder anderen Stellen einholen oder entgegennehmen.« Vor allem in dieser Bestimmung zeigt sich die Handschrift der deutschen Unterhändler bei der Ausarbeitung des Maastrichter Vertrags, die – durchaus gegen Widerstände anderer Regierungen – auf eine deutliche Verankerung der Notenbankautonomie in den Verträgen allergrößte Priorität gelegt haben.

Sowohl der weiteren Unabhängigkeit der Währungsbehörde als auch der Stabilität der künftigen europäischen Währung soll ebenfalls die Bestimmung dienen, nach der die künftige EZB und die nationalen Zentralbanken nicht dazu autorisiert sind, den Regierungen der Mitgliedsstaaten oder Einrichtungen der Gemeinschaft irgendwelche (auch kurzfristige) Kredite zu gewähren. Auch der Ankauf von öffentlichen Schuldscheinen ist der EZB und ihren Unterorganisationen nach Artikel 104 des Vertrags über die Europäische Union verboten.

Damit haben die Verfasser eine ganz entscheidende Inflationsquelle eliminiert, die in der deutschen Währungsgeschichte schon zweimal für großes Unheil gesorgt hat: einmal, als der Erste Weltkrieg und die

Tabelle 2: Kapitalanteile der EG-Länder an der EZB (Modellrechnung nach dem Stand von 1989)

EG-Staaten	Bevölkerung 1989 (Mio. Einw.)	BIP 1989 (Mrd. ECU)	Anteil an der Bevölkerung der EG in %	Anteil am BIP der EG in %	Anteil an der EZB in %[1]
[1]	[2]	[3]	[4]	[5]	[6] = ([4] + [5])/2
Deutschland[2, 3]	79,1	1208	23,1	26,6	24,8
Frankreich	56,2	874	16,4	19,3	17,8
Italien	57,5	783	16,8	17,3	17,0
Ver. Königreich	57,2	756	16,7	16,7	16,7
Spanien	38,9	345	11,3	7,6	9,5
Niederlande	14,8	203	4,3	4,5	4,4
Belgien	9,9	142	2,9	3,1	3,0
Griechenland	10,0	49	2,9	1,1	2,0
Portugal	10,5	41	3,1	0,9	2,0
Dänemark	5,1	96	1,5	2,1	1,8
Irland	3,5	31	1,0	0,7	0,9
Luxemburg	0,4	6	0,1	0,1	0,1
Summe	343,1	4536	100,0	100,0	100,0

[1] Die Berechnungsweise der Spalte 6 gemäß Art. 29.1 des »Protocol on the Statute of the European System of Central Banks and of the European Central Bank«, beschlossen am 10. Dezember 1991 in Maastricht.

[2] Die Bevölkerungszahl ist für Gesamtdeutschland angegeben, Quelle: Statistisches Jahrbuch 1991 für das vereinte Deutschland, Tabelle 3.4, Seite 54.

[3] Das BIP für Deutschland basiert auf den Zahlen von Westdeutschland zuzüglich eines 10prozentigen Aufschlages für Ostdeutschland.

Quelle: Sachverständigenrat, IWF, Deutsche Bundesbank

danach folgende Hyperinflation mit dem Druck von Geldscheinen alimentiert wurde, ein weiteres Mal, als die Notenbank Schatzbriefe der Hitler-Regierung aufkaufen mußte und so zur geräuschlosen Kriegsfinanzierung beitrug.

Allerdings hat die weitreichende Autonomie der EZB auch einen deutlichen Schönheitsfehler: Bei der Bestimmung des Wechselkurses der künftigen Euro-Währung gegenüber dem Ausland sollen die Euro-Zentralbanker nicht das letzte Wort haben, sondern da wollen die Politiker mitmischen. Außerdem ist die EZB machtlos, wenn der Ministerrat der Gemeinschaft den schärfsten Eingriff in die Kapital- und Geldwirtschaft beschließt, den man sich überhaupt vorstellen kann: die Einführung der Devisenbewirtschaftung.

Dazu kommt, daß der EZB gleich ein ganzes Bündel von Zielen mit auf den Weg gegeben worden ist, deren Erfüllung sich gegenseitig ausschließen kann. So soll die EZB-Politik nicht nur auf Stabilität, sondern auch auf ein ausgewogenes Wachstum, einen konvergierenden Lebensstandard, einen hohen Beschäftigungsstand und auf ein außenwirtschaftliches Gleichgewicht ausgerichtet sein.

Diese Aufzählung zeigt, daß an die künftige Europäische Zentralbank höchst unterschiedliche Anforderungen gestellt werden, die sich im Extremfall unmöglich unter einen Hut bringen lassen. In der jüngsten Wirtschaftsgeschichte Europas, insbesondere aber in der deutschen Währungsgeschichte dieses Jahrhunderts, gibt es eine Menge von Beispielen, die zeigen, daß eine Zentralbank der Preisstabilität zuliebe einen geldpolitischen Kurs einschlagen muß, der anderen wirtschaftspolitischen Zielen – etwa der Beschäftigungspolitik oder der Wechselkurstreue – der jeweiligen Regierung keineswegs dienlich ist, diese sogar oft erschwert. Von den zahlreichen Konflikten, die dabei auftreten können – so zeigt schon die einleitende Zielsetzung –, wird also auch die künftige europäische Zentralbank trotz ihrer weitgehenden formalen Unabhängigkeit nicht befreit sein.

Konvergenz – Die trügerische Zauberformel

Der Europäischen Zentralbank wird es um so leichter fallen, die in sie gesetzten Erwartungen zu befriedigen, je weniger Unterschiede es zwischen den einzelnen Mitgliedern der Währungsunion geben wird. Zu diesem Zweck sind die Konvergenzkriterien entwickelt worden, eine Art Aufnahmeprüfung, um die Reife einer Volkswirtschaft für die Mitgliedschaft in der Europäischen Währungsunion festzustellen. Diese Kriterien schreiben vor:

- Das Verhältnis zwischen dem geplanten oder tatsächlichen öffentlichen Haushaltsdefizit und dem Bruttoinlandsprodukt zu Marktpreisen darf drei Prozent nicht überschreiten,
- das Verhältnis zwischen dem öffentlichen Schuldenstand und dem Bruttoinlandsprodukt zu Marktpreisen darf 60 Prozent nicht überschreiten,
- zwei Jahre vor der Prüfung darf die durchschnittliche Inflationsrate nicht mehr als 1,5 Prozentpunkte über der Inflationsrate jener – höchstens drei – Mitgliedsstaaten liegen, die auf dem Gebiet der Preisstabilität die besten Ergebnisse erzielt haben,
- ein Jahr vor der Prüfung darf der langfristige nominale Zinssatz nicht mehr als zwei Prozentpunkte über dem entsprechenden Satz in jenen – höchstens drei – Mitgliedsstaaten liegen, die auf dem Gebiet der Preisstabilität die besten Ergebnisse erzielt haben,
- zwei Jahre vor der Prüfung müssen die Bandbreiten der Währung im EWS spannungsfrei eingehalten worden sein, ohne daß das Land von sich aus eine Abwertung des bilateralen Wechselkurses zu einer der beteiligten Währungen herbeigeführt hat.

Auch nach dem Eintritt in die dritte Stufe sollen die Konvergenzkriterien zum Teil weiter gelten, damit die Stabilität der künftigen Einheitswährung weitgehend gesichert bleibt. Zu diesem Zweck schreiben die Verträge vor, daß die öffentliche Neuverschuldung drei Prozent des Bruttoinlandsprodukts und die öffentliche Gesamtverschuldung 60 Prozent des Bruttoinlandsprodukts nicht überschreiten darf. Eine kontinuierliche Überwachung der Haushaltsdisziplin der Mitglieder und allgemeinverbindliche Empfehlungen zur Wirtschafts- und Finanzpolitik sollen sicherstellen, daß in der gesamten

Währungsgemeinschaft eine stabilitätsorientierte Geldpolitik nicht gefährdet wird. Werden diese Referenzwerte jedoch überschritten oder die Empfehlungen nicht eingehalten, kann der Rat der Finanzminister für einzelne Länder konkrete Abbauempfehlungen beschließen und diese – um die betreffende Regierung unter Druck zu setzen – auch veröffentlichen. Kommt ein Land den Vorgaben des Ministerrates zur Konsolidierung der Staatsfinanzen nicht nach, kann der Rat zur schärfsten Waffe greifen und Geldbußen verhängen. Allerdings gibt es über die Höhe dieser Bußgelder in den Maastrichter Vereinbarungen keinerlei Aussagen.

5. Kapitel: Die Krise des Europäischen Währungssystems

»Das EWS ist nicht gescheitert – es sind nur fünf Jahre lang die Spielregeln nicht eingehalten worden.« *Helmut Schmidt, 1993*

Der Sündenfall des EWS

Ende 1991 hatte das britische Pfund Sterling nur noch neun Prozent der Kaufkraft von 1957, dem Gründungsjahr der Europäischen Gemeinschaften. Ein französischer Franc, der 1958 noch eine D-Mark wert war, kam 1993 auf den Gegenwert von nur noch gut 28 Pfennigen. Die Kaufkraft der italienischen Lira sank in dieser Zeit auf nur noch sieben Prozent. Dagegen betrug der Wertverlust der D-Mark während dieser 34 Jahre »nur« 66 Prozent. Eine D-Mark von 1957 hatte 1991 immer noch die Kaufkraft von 34 Pfennigen.

Vor der Unterzeichnung des Maastrichter Vertrags im Februar 1992 waren die Leitkurse im Europäischen Währungssystem (EWS) bereits seit Januar 1987 nicht mehr angepaßt worden. Diese fünfjährige Ruhe im EWS wurde allgemein als eindrucksvoller Beleg für die These herangezogen, daß die Volkswirtschaften Europas für eine Währungsunion bereits reif seien. Wenn sich die Währungsrelationen über einen so langen Zeitraum nur marginal verändert haben, hieß es, könnten sie auch endgültig und unwiderruflich festgezurrt werden. Ein bestimmter Betrag einer Währung wäre dann immer und überall in Europa einem bestimmten Betrag einer anderen Währung gleichwertig. Zur Vereinfachung könnte dann gleich ein einheitliches Geld eingesetzt werden.

Diese Hoffnungen entpuppten sich jedoch schon wenige Monate nach der Unterzeichnung des Maastrichter Vertrags als pures Wunschdenken. Wechselkurse, die sich fünf Jahre lang diszipliniert zwischen den Barrieren der oberen und unteren Interventionspunkte bewegt hatten, begannen über die Stränge zu schlagen. Anfängliche

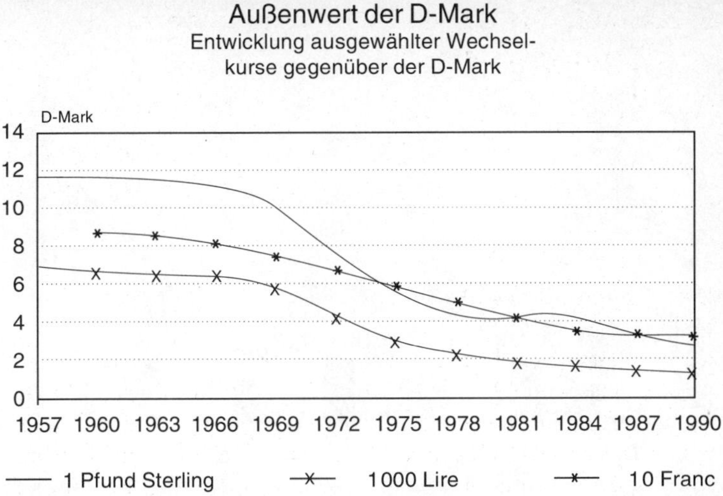

Quelle: Deutsche Bundesbank

Kursschwächen wurden von den Märkten noch toleriert, doch schließlich mußten die Notenbanken eingreifen, um eine ganze Reihe von europäischen Währungen künstlich zu stützen. Doch auch dies konnte das EWS nicht vor dem Schicksal retten, das bislang alle Festkurssysteme ereilte. Es scheiterte kläglich an seinen inneren Widersprüchen. Die Turbulenzen auf den Devisenmärkten im Herbst 1992 überlebte das EWS nur gerupft und gefleddert. Im August 1993 mußten die Bandbreiten für Wechselkursschwankungen sogar auf jeweils 15 Prozent nach unten und oben erweitert werden, um wenigstens die rudimentären Elemente des Währungssystems zu retten.

Ein kurzer Blick in die Statistik hätte genügt, um die Sprengkraft zu erkennen, die sich in den fünf Jahren der Ruhe im Europäischen Währungssystem aufgestaut hatte. In vielen Ländern der Gemeinschaft war die in dieser Zeit eingetretene Geldentwertung bereits so weit fortgeschritten, daß eine deutliche Abwertung der betreffenden Währung nicht zu vermeiden war.

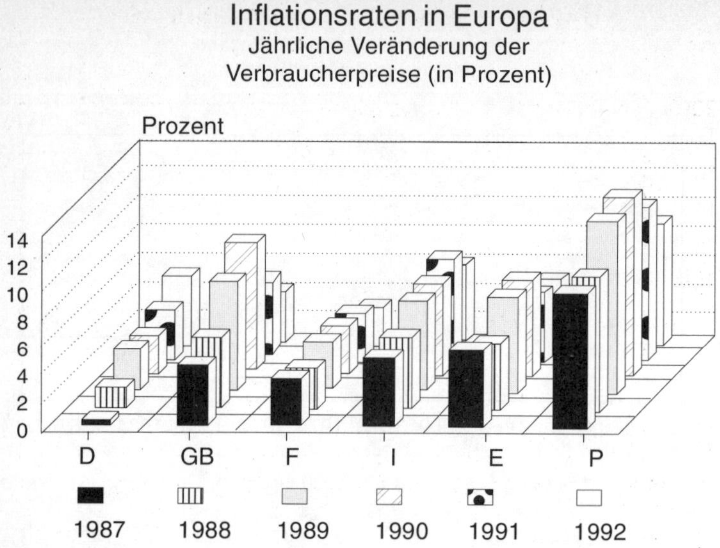

Quelle: Statistisches Bundesamt, OECD

Während die Verbraucherpreise in Deutschland zwischen 1985 und 1992 nur um insgesamt 15 Prozent zugenommen haben, stiegen sie im gleichen Zeitraum in Großbritannien um 46 Prozent, in Italien um 47 Prozent. In Spanien und Portugal war die Diskrepanz zu Deutschland noch größer. Dort war in diesen Jahren eine Geldentwertung um 53 beziehungsweise 107 Prozent eingetreten. In Irland, dessen Währung ebenfalls in den Strudel der Währungsturbulenzen geriet, war dagegen der über diese Periode gerechnete Preisverfall mit insgesamt 25 Prozent noch vergleichsweise bescheiden.

Solche Inflationsdifferenzen fallen nicht vom Himmel. Überdurchschnittlich hohe Inflationsraten können vielmehr auf unsolide Staatsfinanzen, auf übertrieben hohe Lohnabschlüsse oder auf eine zu laxe Geldpolitik hinweisen. Fällt die Inflationsrate besonders aus dem Rahmen, liegt dies meist an einer Kombination der möglichen Ursachen.

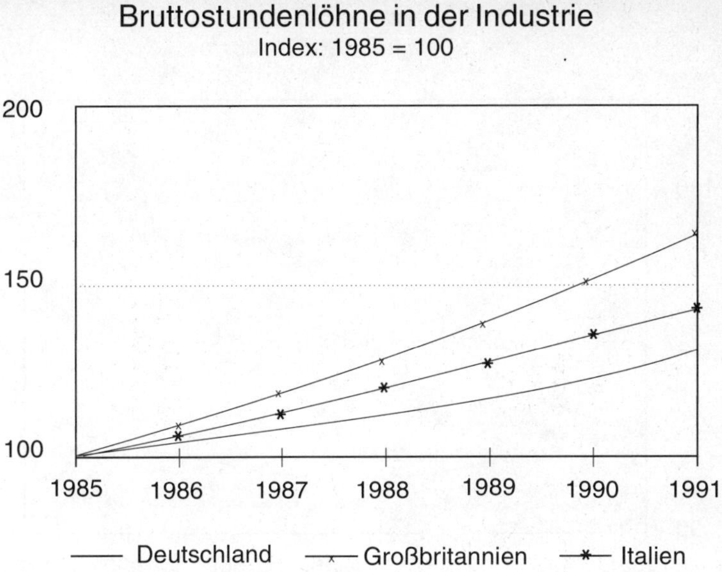

Quelle: Sachverständigenrat, OECD, eigene Berechnung

Dies gilt insbesondere für Großbritannien: Keine andere Industrienation der Welt, auch kein anderes Land in Europa, hat allein durch Verteilungskämpfe die eigene internationale Wettbewerbsfähigkeit so sehr ramponiert. Zwischen 1985 und 1991 stiegen auf der Insel die Bruttolöhne pro Stunde in der Industrie um mehr als 66 Prozent. Damit lagen die Lohnsteigerungen mehr als doppelt so hoch wie in der Bundesrepublik. Selbst das für seine Arbeitskämpfe berühmte Italien brachte es im gleichen Zeitraum »nur« auf eine Lohnsteigerung von gut 40 Prozent.

Diese außerordentliche Kostensteigerung des Produktionsfaktors Arbeit schlug sich auch in den Erzeugerpreisen nieder. Die Preise, zu denen Waren »made in Britain« produziert wurden, stiegen zwischen 1985 und 1991 um gut ein Drittel. Zum Vergleich: In Deutschland

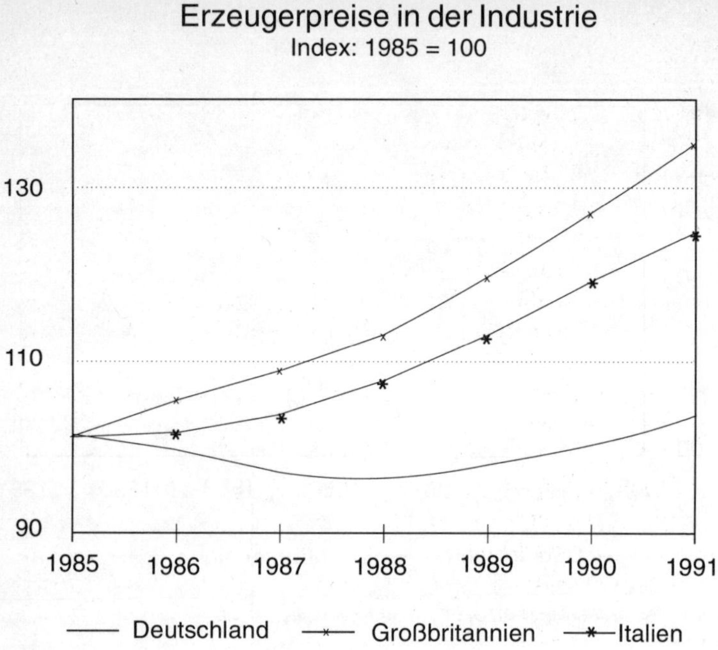

Quelle: Sachverständigenrat, OECD, eigene Berechnung

wuchsen die Erzeugerpreise im gleichen Zeitraum nur um drei Prozent, in Italien um gut 20 Prozent. Da die tarifpolitischen Konventionen jedoch in der Regel keine Senkung der Nominallöhne erlauben, müßte die Korrektur durch eine Währungsabwertung erzwungen werden.

In den Wechselkursen des EWS schlugen sich diese Diskrepanzen freilich nur teilweise nieder. Zwar wurde das Pfund 1986 um rund 15 Prozent abgewertet, doch dann blieb der Kurs der britischen Währung gegenüber der ECU und damit auch gegenüber allen anderen EWS-Währungen weitgehend konstant. Das Ergebnis war ein dramatischer Verlust an internationaler Wettbewerbsfähigkeit, da sich die britischen Arbeitskosten und Waren gegenüber den anderen EWS-

Ländern drastisch erhöhten. Vor diesem Hintergrund war es kein Wunder, daß es der britischen Wirtschaft so schwerfiel, in der zweiten Hälfte der achtziger Jahre das Rezessionstal zu verlassen.

Die gleichen Mechanismen waren auch in Italien am Werk. Die um mehr als 40 Prozent gestiegenen Lohnkosten und die um gut 20 Prozent gestiegenen Produktionskosten konnten durch den Wertverlust der Lira, der im gleichen Zeitraum nur bei rund sechs Prozent lag, ebenfalls nicht aufgefangen werden.

Doch dieser gewaltige Korrekturbedarf, der ähnlich zwingend auch für die spanische Peseta, für den portugiesischen Escudo und für das irische Pfund bestand, wurde von den Regierungen der EWS-Länder ignoriert. Vielmehr wurde aus politischen Gründen an den Wechselkursen festgehalten, um das Projekt der Europäischen Währungsunion nicht zu gefährden. Ein Bemühen, dessen Wirkung sich freilich während der schwersten Krise des EWS in das glatte Gegenteil verkehrte.

Der Ausbruch dieser Währungskrise bahnte sich an, nachdem die Deutsche Bundesbank am 16. Juli 1992 mit einer spektakulären Entscheidung die deutschen Leitzinsen erhöhte. Der Diskontsatz stieg auf 8,75, der Lombardsatz auf 9,75 Prozent. Damit erreichten die Zinsen in Deutschland den höchsten Wert seit dem Run auf die Danat-Bank, der 1931 in Deutschland den Beginn der großen Depression einleitete.

Die Gründe dafür waren rein innenpolitisch: Der Bundesbank war infolge der finanz- und geldpolitischen Wirren der deutschen Einheit das Wachstum der Geldmenge aus dem Ruder gelaufen. Die Kreditnachfrage war höher, als es die Währungshüter tolerieren wollten, und die Inflation zeigte – nicht zuletzt wegen drastischer Lohnerhöhungen – eine deutlich aufstrebende Tendenz.

Zudem war mit der deutschen Einheit aus dem Kapitalexporteur Bundesrepublik Deutschland bereits ein erheblicher Kapitalimporteur geworden. Obwohl Deutschlands Nachbarn sehnsüchtig auf eine Lockerung der Geldpolitik warteten, um dann ebenfalls die Zinsen senken und so die Konjunktur beleben zu können, passierte das Gegenteil. Die Deutsche Bundesbank zog die Zügel scharf an, um weiteren Inflationsgefahren vorzubeugen. Ergebnis dieser Hochzinspolitik war eine außergewöhnliche Stärke der Mark, die sich in den

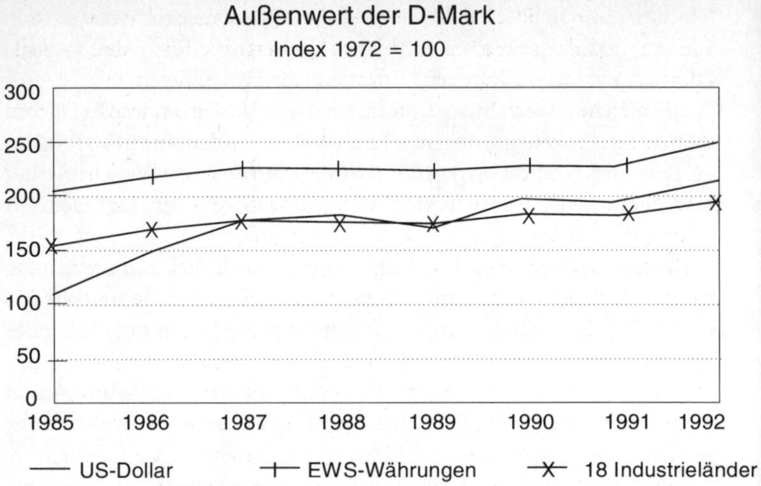

Quelle: Deutsche Bundesbank

Leitkursen des Europäischen Währungssystems ebenfalls nicht niederschlug.

So führte die deutsche Hochzinspolitik zu massiven Spannungen im EWS, weil weder die Bundesregierung noch die Regierungen der Partnerländer aus der besonderen Problematik der deutschen Einheit und der europäischen Konjunkturflaute die fälligen Konsequenzen zogen und die D-Mark auf- beziehungsweise eine Reihe von schwachbrüstigen Währungen abwerten wollten. So wie die Bundesregierung lange Zeit glaubte, die deutsche Einheit ließe sich ohne nennenswerte Wohlstandseinbußen und Steuererhöhungen finanzieren, gab sie sich offensichtlich auch der Illusion hin, die deutsche Einheit habe keine gravierenden Auswirkungen auf das Europäische Währungssystem und auf die konjunkturelle Lage in den Nachbarländern.

So wurden die Folgen der deutschen Einheit über die deutsche Dominanz in der europäischen Geldpolitik (Ankerfunktion) in ganz Europa spürbar. Doch das EWS war mit der Zielsetzung, alle ökonomischen Gründe für eine Wechselkurskorrektur aus politischen Motiven heraus zu negieren, eindeutig überfordert. Weil sich die Wechselkurse nicht bewegen durften, entluden sich die Ungleichgewichte auf den Devisenmärkten wie zu den Zeiten des Goldstandards in Form von Arbeitslosigkeit und Wachstumskrisen in den angeschlossenen europäischen Volkswirtschaften. Die Folgen der deutschen Hochzinspolitik wurden so bis in die Wohnstuben der spanischen und irischen Häuslebauer exportiert. Sie mußten ebenfalls mit deutlich überhöhten Hypothekenzinsen leben und so den Preis für die unterbliebene Anpassung der Wechselkurse mit bezahlen.

Selbstkritisch äußerte sich nach der EWS-Krise der damals noch als Vize amtierende Präsident der Deutschen Bundesbank, Hans Tietmeyer: »Es wäre besser gewesen, wenn wir das Realignment viel früher vorgenommen hätten. So hätten möglicherweise viele Spannungen und Probleme vermieden werden können.« Hätten die Regierungen des EWS schon frühzeitig die Wechselkurse korrigiert, hätten sie ihre Geldpolitik tatsächlich weitaus eher an den eigenen Bedürfnissen orientieren können als an dem Hochzinskurs der Deutschen Bundesbank. Diese jedenfalls sah keinen Anlaß, allein wegen der EWS-Partner ihren geldpolitischen Kurs zu verlassen. Die Stabilität der Währung, gemessen am internen Preisniveau, ging der Deutschen Bundesbank stets vor allen außenwirtschaftlichen Erwägungen.

So mußte die längst fällige Korrektur der Wechselkurse vom Markt erzwungen werden. Die Notenbanken Italiens, Spaniens, Großbritannien, Irlands und Portugals warfen ihre D-Mark-Reserven auf den Markt, um ihre Währungen in der vereinbarten Kursbreite des EWS zu halten. Aus dem gleichen Grund sahen sie sich gezwungen, der Hochzinspolitik der Deutschen Bundesbank zu folgen. Die Notenbanken erhöhten die Zinsen ebenfalls, obwohl die Konjunkturlagen in ihren Ländern massiv sinkende Zinsen erforderten.

Damit folgten die Notenbanken dem vereinbarten Reglement des EWS. Dieses sieht vor, daß jedes Land seine Währung stützen muß, sobald diese die untere Interventionsgrenze zu durchbrechen droht. Die betroffene Notenbank verkauft dann aus ihren Reserven eine starke Währung und kauft damit die eigene Währung auf. Zur Erleichterung beteiligen sich auch die übrigen EWS-Zentralbanken mit

Tabelle 3: D-Mark-Wechselkurs im EWS*

Währung	Unterer Interventionspunkt	Oberer Interventionspunkt	Amtlicher Kurs
100 Belgische Franc	4,740	4,959	4,852
100 Dänische Kronen	25,630	26,810	25,830
100 Französische Franc	29,150	30,495	29,310
1 Britisches Pfund	2,778	3,132	2,789
1 Irisches Pfund	2,619	2,740	2,641
1000 Italienische Lira	1,3065	1,3670	1,308
100 Holländische Gulden	86,780	90,770	88,700
100 Portugiesische Escudos	1,083	1,221	1,150
100 Spanische Pesetas	1,449	1,633	1,540

* Mittelkurse an der Frankfurter Devisenbörse am 26. August 1992

starken Währungen an den Interventionen, bis sich der Kurs der bedrohten Währung wieder auf einem Niveau oberhalb des unteren Interventionspunktes stabilisiert hat.

Schlägt dieser Versuch fehl – oder sollen Interventionen schon im Vorfeld vermieden werden –, können die Regierungen der Teilnehmerländer auch eine Neuordnung der offiziellen Wechselkurse, ein sogenanntes Realignment, beschließen. Eine solche Neubewertung der Wechselkursparitäten bedarf freilich der Zustimmung aller Regierungen der dem EWS angehörenden Länder.

Damit ist die Wechselkurspolitik im EWS – ähnlich wie im Währungssystem von Bretton-Woods – nur mittelbar in die Verantwortung der Notenbanken gestellt. Zwar können diese durch Zinssenkungen und Zinserhöhungen sowie durch Interventionen den Außenwert ihrer Währung – innerhalb der EWS-Bandbreiten – beeinflussen. Eine Änderung der Bandbreiten oder Leitkurse selbst fällt jedoch nicht in die währungspolitische Kompetenz der Notenbanken – übrigens auch nicht in die der künftigen Europäischen Zentralbank. Dies ist vielmehr allein Sache der Regierungen beziehungsweise in Zukunft des Europäischen Rats.

Nicht nur die italienische Lira, auch das britische Pfund fiel bereits im Juli 1992 durch eine anhaltende Kursschwäche auf. Der portugiesische Escudo und die spanische Peseta konnten ebenfalls nur durch Zinserhöhungen durch die zuständigen Notenbanken innerhalb der erlaubten Bandbreiten des Europäischen Währungssystems gehalten werden. Frankreich konnte sich zu dieser Zeit zwar noch ohne Zinserhöhung über einen relativ starken Franc freuen, doch eine deutliche Verärgerung über die deutsche Hochzinspolitik war auch dort zu spüren.

Daß eine Korrektur ausblieb, obwohl sie offenkundig überfällig war, blieb den Devisenmärkten nicht verborgen. Der Druck auf die italienische Lira, auf das britische Pfund und auf die spanische Peseta verdeutlichte jedoch zusätzlich auch die Erwartung der Währungshändler, daß diese Länder nicht in der Lage sein würden, die aus währungspolitischen Gründen eingeschlagene Hochzinspolitik auch wirklich durchzuhalten. Da lag die Spekulation auf eine Abwertung nahe – und verschärfte den Druck auf die betreffenden Währungen weiter.

Pfund und Lira verlassen den Währungsverbund

Am 26. August 1992 schrammte das britische Pfund erstmals nach seinem Eintreten in das EWS den unteren Interventionskurs. Um sich für den drohenden Sturm zu rüsten, nahm das britische Schatzamt Anfang September überraschend einen spektakulären Fremdwährungskredit im Wert von zehn Milliarden ECU (umgerechnet mehr als 20 Milliarden D-Mark) auf. Es sollten genug Reserven bereitstehen, damit bei den kommenden Interventionen auf dem Devisenmarkt die Munition nicht ausging. Mit diesem Kredit konnten die Briten ihre Währungsreserven in Höhe von insgesamt 44,5 Milliarden Dollar noch einmal um knapp 13 Milliarden Dollar aufstocken. Doch selbst mit dieser prall gefüllten Kriegskasse verschaffte sich die britische Regierung im Kampf gegen die Abwertung des Pfund nicht mehr als eine Atempause von wenigen Tagen.

Auch die Deutsche Bundesbank stand infolge der Turbulenzen auf den EWS-Devisenmärkten unter dem Zwang, Milliarden von

D-Mark auf den Markt zu werfen, um so die unter Druck geratenen Partnerwährungen zu stützen. Schätzungen gingen davon aus, daß die Interventionssumme bereits Anfang September 1992 auf rund zehn Milliarden D-Mark angestiegen war. Insgesamt, so schätzen Devisenhändler, erreichte das Interventionsvolumen der Deutschen Bundesbank während der gesamten Währungsturbulenzen mehr als 90 Milliarden D-Mark.

Für die Bundesbank war dies ein bekanntes Problem. Immer mehr D-Mark gerieten durch diese Interventionen in Umlauf und blähten so die deutsche Geldmenge auf, um deren Eindämmung sich die Währungshüter mit ihren hohen Zinsen gerade bemühten. Die Pflicht, die Kurse der EWS-Währungen in ihren Bandbreiten zu halten, machte es der Bundesbank unmöglich, ihre im Inland gesteckten geldpolitischen Ziele einzuhalten. Möglichkeiten, sich dagegen zu wehren, hatte die Deutsche Bundesbank nicht. Da die Lira zu diesem Zeitpunkt bereits auf ihrem unteren Interventionspunkt angelangt war, mußte die deutsche Notenbank nach den EWS-Regeln alle Lira-Beträge aufkaufen, die ihr vor die Türe gekippt wurden. Dieses Angebot stammte zu einem großen Teil aus Kundengeldern, das die Banken wegen der befürchteten Abwertung bei den Währungsbehörden abluden und dafür Gutschriften in D-Mark erhielten, bei denen sie davon ausgehen konnten, daß sich ihr Wert mit einer Aufwertung bald deutlich erhöhen würde.

Die Bundesbank steckte damit – genau wie in der Endphase des Währungssystem von Bretton-Woods – in einer klassischen Klemme. Die Lage auf den Devisenmärkten hatte sich so entwickelt, daß die EWS-Spielregeln zur Spekulation geradezu einluden. Die Bundesbank saß in der Währungsfalle, aus der sie sich aus eigener Kraft nicht mehr befreien konnte.

Wieder einmal zeigte sich, daß sich in einem Festkurssystem die Ziele der innen- und außenwirtschaftlichen Stabilität nur in solchen Phasen gleichzeitig erreichen lassen, in denen es weder intern noch extern zu allzu großen Spannungen und Verwerfungen in der Wettbewerbsfähigkeit der beteiligten Länder kommt. Tritt dagegen eine Störung des Gleichgewichts auf – sei es durch eine anhaltende Differenz der konjunkturellen Entwicklung oder gar durch einen ökonomi-

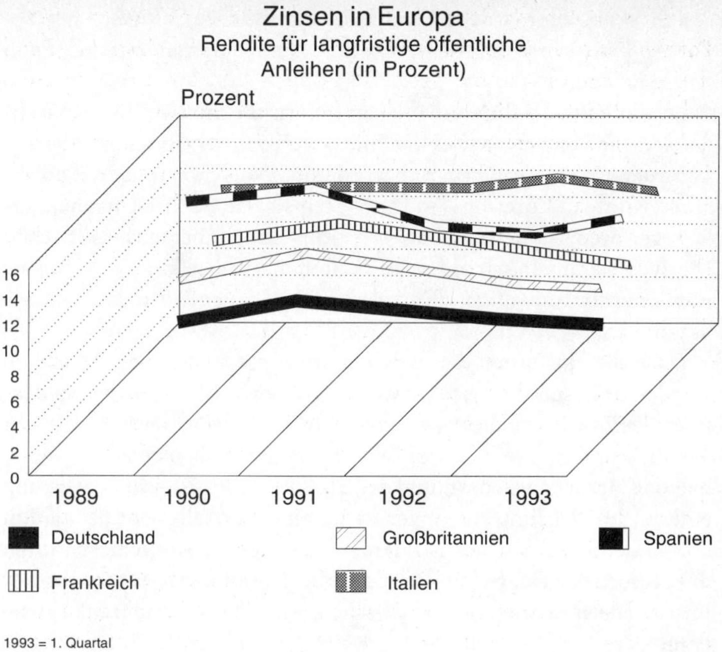

Quelle: OECD

schen Schock, wie ihn die deutsche Einheit darstellte –, lassen sich beide Ziele nicht mehr auf einen Nenner bringen. Dann muß sich die Notenbank entscheiden, welchem Ziel sie Priorität einräumen will.

Am Sonntag, dem 13. September 1992, war es dann soweit. Die italienische Lira wurde aufgrund eines zwei Tage zuvor heimlich beschlossenen Übereinkommens aller am EWS beteiligten Regierungen um sieben Prozent abgewertet. Einen Tag später beschloß der Zentralbankrat der Deutschen Bundesbank, die deutschen Leitzinsen zu senken. Der Lombardsatz wurde von 9,75 auf 9,50 Prozent zurückgenommen, der Diskontsatz von 8,75 auf 8,25 Prozent reduziert. Die Entscheidung der Bundesbank blieb nicht ohne Folgen: Auch die Notenbanken in Österreich, in den Niederlanden, in Belgien und in der Schweiz folgten dem Zinsschritt der Frankfurter Währungsbehörde. Die deutschen Wertpapiermärkte reagierten mit kräftigen Kursgewinnen.

Erneut hatte die Bundesbank kapituliert. Sie mußte sich der Macht der Märkte beugen, weil es die Politik versäumte, die Rahmenbedingung der Währungspolitik zu korrigieren. Wie schon unter der politischen Knute des Bretton-Woods-Systems hatte sie ihre Unabhängigkeit verloren. Eine erste zaghafte Korrektur eines aus politischen Motiven heraus falsch aufrechterhaltenen Wechselkurses mußte sie mit einer unfreiwilligen Korrektur ihres innenpolitischen Kurses bezahlen.

Doch die Hoffnung, die spektakuläre Zinssenkung der Deutschen Bundesbank und die erste Abwertung einer EWS-Währung seit Januar 1987 würden die Devisenmärkte beruhigen, hatte sich nicht erfüllt. Das Gegenteil war der Fall. Da die Bundesbank einmal gezeigt hat, daß sie zu knacken ist, und der Markt eine realistische Bewertung einer EWS-Währung erzwingen kann, ging die Welle der Spekulation erst so richtig hoch. Neue Milliarden von Spekulationsgeldern füllten die Tresore der Deutschen Bundesbank. Diesmal waren es nicht nur Lire, sondern verstärkt auch britische Pfund, Pesetas und französische Franc.

Am 16. September 1992 erhöhte die Bank von England den britischen Leitzins, die »minimum lending rate«, in zwei Schritten von 10 auf 15 Prozent. Gleichzeitig kursierten Berichte, die britische Notenbank habe am Vormittag zwei Milliarden Pfund gekauft, um die eigene Währung zu stützen. Damit war ein Viertel des Fremdwährungskredits, der die Rettung für das angeschlagene Pfund bringen sollte, schon binnen weniger Stunden verpulvert. Das Pfund wurde freilich dadurch nicht gestützt. Auch die Zentralbanken Belgiens und der Niederlande griffen in das Geschehen ein. Mit einer Senkung ihrer Leitzinsen versuchten sie, dem Pfund Entlastung zu schaffen. Vergebens.

»Es wird keine Abwertung geben«, hatte der Regierungschef John Major noch eine Woche vor dem Ausbruch der Pfund-Krise erklärt. Eine Abwertung, so verstieg sich Major weiter, wäre »Verrat an unserer Zukunft«. Als dann die Abwertung nicht mehr zu vermeiden war, weil die Devisenreserven der Bank of England dramatisch zur Neige gingen, entschloß sich die britische Regierung zu einem radikalen Bruch mit dem EWS.

Im Hinterhof des Schatzamtes trat nach zwei turbulenten Tagen mit kreidebleichem Gesicht der britische Schatzkanzler Norman Lamont vor die Fernsehkameras und erklärte: »Die heftigen spekulativen Aktivitäten haben das reibungslose Funktionieren des Europäischen Währungssystems zerrüttet.« Bis diese Turbulenz vorüber sei, werde die Mitgliedschaft des Pfund Sterling im EWS »suspendiert«. Für Großbritannien war damit eine nur kurze Mitgliedschaft im EWS zu Ende. Zwar gehörten die Briten zu den Gründungsmitgliedern des Währungsclubs, doch dem eigentlichen Wechselkursmechanismus traten sie erst am 8. Oktober 1990 bei.

Drei Tage nach dem spektakulär erzwungenen Zinsschnitt der Deutschen Bundesbank wurden dann auch die Leitkurse der spanischen Peseta um fünf Prozent gesenkt, die britische und die italienische Währung flogen sogar gänzlich aus dem EWS heraus.

Konsequenz: Die Spekulanten, die ihre Lira und Pfund vorher in D-Mark getauscht hatten, konnten die Beträge nun zu einem wesentlich günstigeren Kurs zurückwechseln. Die dabei erzielten Gewinne fallen als Verlust bei den Notenbanken an. »Dies ist nicht nur teuer für den Steuerzahler, sondern im Endergebnis auch nutzlos«, erkannte Bundesbank-Präsident Helmut Schlesinger.

Doch der Damm war gebrochen. In den folgenden Monaten leiteten die noch im EWS verbliebenen Regierungen einen radikalen Kurswechsel ein. Mit einem Abwertungswettlauf – der auf das nationale Prestige keine Rücksicht mehr nahm – versuchten vor allem Spanien und Portugal ihre wirtschaftlichen Probleme zu lösen. Noch im Mai 1993, wenige Wochen vor den spanischen Parlamentswahlen am 6. Juni, betonte zwar der spanische Regierungschef Felipe González, die Peseta werde verteidigt, »koste es, was es wolle«. Doch als er wenige Tage später sah, daß es ihn den Wahlsieg kosten könnte, beantragte er eine erneute Abwertung der Peseta um acht Prozent. Die Börse feierte den Meinungsumschwung des spanischen Ministerpräsidenten mit dem bis dahin größten Kurssprung dieses Jahres, auf den Kapitalmärkten wurde mit Zinssenkungen gerechnet.

Immerhin: Durch diese dritte Abwertung innerhalb eines halben Jahres hatte sich der Kurs der Peseta um rund 20 Prozent reduziert. Für die spanische Wirtschaft hatte dies kurzfristig eine enorm belebende Wirkung. Immerhin wickelt Spanien 50 Prozent seines Exports in die Länder der Gemeinschaft mit Frankreich und Deutschland ab. Da der Franc bis dahin noch allen Währungsattacken standhielt und auch die D-Mark im EWS unverändert blieb, erhöhten sich bei gleichgebliebenen Ausfuhrpreisen die spanischen Exporterlöse um die Abwertungsdifferenz, also um 20 Prozent. In gleicher Größenordnung eröffnete sich für die spanischen Exporteure alternativ dazu ein Spielraum, die Preise zu senken, um so nach Möglichkeit die Ausfuhrmengen zu erhöhen.

Auch die Abwertung der Lira beflügelte die italienischen Exporte und bremste die deutschen Exporte nach Italien. Immerhin war die italienische Währung bis zum Ausscheiden aus dem EWS gegenüber der D-Mark – gemessen an der Kaufkraft – um rund 20 Prozent überbewertet. Deutsche Exporteure hatten deshalb in dieser Zeit auf dem italienischen Markt ein vergleichsweise leichtes Spiel.

Die Überbewertung der Lira hatte zum Beispiel die kuriose Konsequenz, daß es sich für süddeutsche Molkereien durchaus lohnte, Milch zu importieren, um sie zu Joghurt verarbeitet wieder nach Italien zu exportieren. So verhalfen die falschen Währungsrelationen deutschen Konsumgütern und Lebensmitteln zum Durchbruch auf dem italienischen Markt, auf dem sie sonst kaum eine Chance gehabt hätten. Auch die deutschen Autohändler profitierten von der unterbewerteten D-Mark und eroberten unter den Importmarken den ersten Platz.

Nachdem jedoch die italienische Währung innerhalb eines Jahres rund 26 Prozent ihres Wertes einbüßte, schlug die Entwicklung um. Die Korrektur der Wechselkurse führte auch zu einer Bereinigung im Warenhandel. Deutsche Autohersteller mußten in Italien ihre Listenpreise um zweistellige Raten erhöhen, der italienische Autohersteller Fiat gewann Marktanteile zurück. Insgesamt waren deutsche Exporte nach Italien im September 1993 im Vergleich zum Vorjahr bereits um 13,2 Prozent gesunken, die italienischen Ausfuhren nach Deutschland dagegen um 15,8 Prozent gestiegen.

Der Sturz des Franc – das Ende des EWS

Nach dem Ausscheiden des Pfund und der Lira aus dem EWS konzentrierte sich die Spekulation auf den europäischen Devisenmärkten auf den französischen Franc. Fast täglich beschwor der französische Premierminister Edouard Balladur, seine Regierung werde an der Politik des »harten Franc« festhalten. Die feste Relation des Franc zur D-Mark galt den Verantwortlichen in Paris als heilig. Im Sommer 1993 sah es für einige Tage so aus, als hätten die Franzosen ihr Ziel erreicht. Nachdem der Franc eine Senkung der Leitzinsen unter das deutsche Niveau durch die französische Notenbank ohne Schwächeanfall überstand und Frankreich noch dazu auf eine niedrigere Inflationsrate verweisen konnte, frohlockte der französische Wirtschaftsminister Edmond Alphandéry ziemlich voreilig, nun endlich habe der Franc die D-Mark als Ankerwährung des EWS abgelöst.

Die Devisenmärkte waren freilich anderer Ansicht. In der letzten Juliwoche 1993 setzten die Händler zum entscheidenden Sturmangriff auf die französische Währungsfestung an. Das Signal dafür gab die Deutsche Bundesbank am 29. Juli mit der auch im Zentralbankrat heftig umstrittenen Entscheidung, nur den Lombardsatz um einen halben Prozentpunkt zu senken. Da die Märkte damit gerechnet hatten, die Bundesbank würde mit Rücksicht auf den Franc eine größere Zinssenkung beschließen, setzte umgehend eine neue Spekulationswelle gegen die französische Währung ein, die in Frankfurt und Bonn sofort alle Alarmglocken klingeln ließ.

Um den Kurs des Franc zu stützen, warf die Banque de France innerhalb dieser Woche weitaus mehr Devisen auf den Markt, als sie in ihren Tresoren gehortet hatte. In der Schlußphase der Spekulation kaufte Paris für umgerechnet rund 100 Milliarden D-Mark die eigene Währung auf. Mehr als 60 Milliarden D-Mark dieser Interventionssumme waren geborgt, dennoch wies der Wochenbericht der Nationalbank Ende Juli bei den Währungsreserven ein Minus in Höhe von rund 2,8 Milliarden Franc (800 Millionen D-Mark) aus. Die Spekulanten hatten ganze Arbeit geleistet: Die Banque de France war blank.

Auch die anderen europäischen Notenbanken konnten das Desaster nicht abwenden. Am 29. und 30. Juli 1993, es waren ein Donnerstag

Tabelle 4: Auf- und Abwertungen im EWS (in Prozent gegenüber allen übrigen Teilnehmerwährungen)

Datum[a]	DM	BFR/LFR	DKR	FF	IR£	HFL	LIT	£	DR	PTA	ESC
1979											
24. September	+2,00		−2,86					(+ 3,07)	b	b	b
30. November			−4,76						b	b	b
1981											
23. März							−6,00	(+22,73)	b	b	b
5. Oktober	+5,50			−3,00		+5,50	−3,00	(− 9,89)	b	b	b
1982											
22. Februar		−8,50	−3,00					(+ 8,27)	b	b	b
14. Juni	+4,25			−5,75		+4,25	−2,75		b	b	b
1983											
21. März	+5,50	+1,50	+2,50	−2,50	− 3,50	+3,50	−2,50	(−10,90)	b	b	b
18. Mai								(+ 8,58)	b	b	b
1985											
22. Juli	+2,00	+2,00	+2,00	+2,00	+ 2,00	+2,00	−6,00	(+ 7,47)	(−11,54)	b	b
1986											
7. April	+3,00	+1,00	+1,00	−3,00		+3,00		(−13,31)	(−26,95)	b	b
4. August					− 8,00			(− 8,40)	(− 2,29)	b	b

1987											
12. Januar	+3,00	+2,00				+3,00		(– 7,75)	(– 8,71)	b	b
1990											
8. Januar							–3,68	(– 0,68)	(–20,31)		–3,84
8. Oktober								[c](+ 5,13)	(– 7,95)		
1992											c
14. September	+3,50	+3,50	+3,50	+3,50	+ 3,50	+3,50	–3,50	+3,50	(–16,08)	+3,50	+3,50
17. September							d	d		–5,00	
23. November							(–6,50)	(–17,12)	(– 4,57)	–6,00	–6,00
1993											
1. Februar					–10,00		(–6,68)	(– 1,19)	(– 2,79)		
14. Mai								(+ 2,58)	(– 2,13)	–8,00	–6,50

Werte in Klammern = fiktive Werte, da Währung nicht am EWS-Wechselkursmechanismus teilnimmt. Stand: 14. Mai 1993

a Jeweils Tag des Inkrafttretens.
b Währung war zu diesem Zeitpunkt noch nicht Bestandteil des ECU-Korbes.
c Beteiligung am EWS-Wechselkursmechanismus: Pfund ab 8. 10. 90, Escudo ab 6. 4. 92.
d Ab 17. 9. 92 Mitgliedschaft im EWS-Wechselkursmechanismus zeitweise ausgesetzt.

Quelle: Deutsche Bundesbank

und ein Freitag, intervenierten die Notenbanken nach Londener Devisenmarktinformationen mit rund 80 Milliarden D-Mark zugunsten des Franc – ohne Erfolg. Allein die Deutsche Bundesbank warf in dieser Woche 60 Milliarden D-Mark für Stützungskäufe auf den Markt. Am Freitag, dem Todestag des EWS, mußten die Frankfurter Währungshüter 30 Milliarden D-Mark gegen Franc tauschen. Wieder einmal stand der höchste aller nationalen Werte auf dem Spiel: die Stabilität der D-Mark. Die Parallele war nicht zu übersehen: Wie vor dem 1. März 1973, dem Todestag des 1944 aus der Taufe gehobenen Währungssystems von Bretton-Woods, stand die Bundesbank vor der Alternative, entweder ihren währungspolitischen Verpflichtungen nachzukommen oder ihren gesetzlichen Stabilitätsauftrag zu erfüllen.

Die Regierung und die Notenbank in Paris versuchten derweil, aus dem Dilemma der Bundesbank politisches Kapital zu schlagen. Sie nutzten die Attacke gegen ihre Währung kaltblütig zu einem höchst gefährlichen Vabanquespiel. Um den dramatischen Sturz des Franc aufzuhalten, hätte die französische Nationalbank zusätzlich zu den Interventionen auch die Geldmarktzinsen sprunghaft erhöhen müssen. Aber ein solcher Schritt unterblieb – die Zinsen rührten sich kaum vom Fleck.

Wirtschaftsminister Alphandéry und sein Zentralbankchef Jacques de Larosiere wußten, wie verletzlich die Bundesbank in dieser Situation war. Sie sahen die Chance, die Deutsche Bundesbank zu erpressen. Mit dem Verzicht auf eine drastische Zinserhöhung wollten sie die Krise der eigenen Währung dazu nutzen, die Bundesbank in Frankfurt zu Zinssenkungen zu zwingen. Paris wollte endlich den Beweis antreten, daß die Deutsche Bundesbank keineswegs so unabhängig sei, wie sie immer vorgab. Vielmehr sollte das Exempel statuiert werden, daß die deutsche Geldpolitik von Paris aus zu steuern sei.

Doch bei diesem riskanten Poker hatten sich die Währungsstrategen in Paris gründlich übernommen. Noch am Freitag rief Bundesfinanzminister Theo Waigel für das Wochenende eine Sitzung des EWS-Währungsausschusses ein. Die Krisensitzung in Brüssel am Sonntag, dem 1. August 1993, endete für Frankreich nicht mit dem erhofften Sieg, sondern mit einer weiteren währungspolitischen Niederlage. Mit den Worten: »So wie es am Freitag war, kann es am Montag nicht weitergehen«, eröffnete Bundesfinanzminister Theo Waigel das Treffen der Währungsstrategen in Brüssel. Dann folgte eine Nacht der langen Messer.

Verbindlich im Ton, gerieten die Kontrahenten in der Sache um so härter aneinander. Die Probleme im EWS, so die französische Sicht, wären vor allem von Deutschland verursacht. Die Regierung in Bonn, hatte Premierminister Edouard Balladur schon im Vorfeld der Krisensitzung verlauten lassen, hätte eben die ökologischen Folgen der Einheit noch nicht im Griff. Der spätere französische Zentralbankchef Jean-Claude Trichet überraschte die Runde der Notenbankchefs und Finanzminister mit dem Vorschlag, die Deutschen sollten doch für eine begrenzte Zeit aus dem EWS aussteigen und die D-Mark gegenüber allen anderen EWS-Währungen frei floaten lassen. Die neue Ankerwährung, der französische Franc, werde den restlichen Stabilitätsverbund dann schon zusammenhalten.

Mit diesem Plan wollten die Franzosen endlich erreichen, wonach sie sich schon zehn Jahre lang vergeblich gesehnt hatten: die Befreiung von der geldpolitischen Fremdherrschaft durch die Deutsche Bundesbank.

Doch mit diesem kuriosen Plan hatte der Franzose die Rechnung ohne den Wirt gemacht. Die vermeintlichen Verbündeten ergriffen die Flucht. »Niemals werden wir die Bindung an die Mark aufgeben«, versicherte etwa der niederländische Zentralbankchef Wim Duisenberg. Wenn die D-Mark das EWS verlassen sollte, gehe der Gulden mit, erklärte auch der niederländische Finanzminister Wim Kok. Den Niederländern blieb auch gar keine andere Wahl. Schließlich wäre der Gulden nach dem Ausscheiden der D-Mark zur stärksten Währung des EWS avanciert und hätte in der Folge auch die Hauptlast künftiger Wechselkursstützungen für den Franc und für die restlichen EWS-Währungen zu tragen gehabt. Schon die nächste Attacke gegen den Franc hätte dann auch den seit Jahrzehnten stabilen Gulden mit in den Strudel der Währungsspekulation reißen können.

Nach den Niederländern machten zum Entsetzen der Franzosen auch die Belgier klar, welche Währung für sie die Nummer Eins in Europa bleibt: die D-Mark. Als dann auch die Dänen und Iren einen

Treueschwur in Richtung Frankfurt abgaben, gab die Grande Nation klein bei. Zähneknirschend akzeptierten Alphandéry und Trichet die währungspolitische Vorherrschaft Deutschlands und drängten dann nur noch darauf, daß die neuen erweiterten Bandbreiten soviel Spielraum nach unten lassen, daß der Franc in absehbarer Zeit nicht schon wieder in Bedrängnis geraten kann.

Finanzminister Theo Waigel und Bundesbankpräsident Helmut Schlesinger, denen es vor allem darauf ankam, die Bundesbank aus der Interventionspflicht zu befreien und dabei das Regelwerk des EWS so wenig wie möglich zu ramponieren, verließen das Brüsseler Währungsschlachtfeld dagegen als Sieger. Gegen zwei Uhr nachts, unmittelbar vor der Öffnung der Devisenmärkte in Tokio, präsentierten sie das Ergebnis: Die D-Mark und alle anderen Währungen bleiben de facto im EWS, doch die Bandbreiten für Wechselkursschwankungen werden für alle beteiligten Währungen auf jeweils 15 Prozent nach unten und oben erweitert. Die so zustande gekommene Schwankungsbreite von insgesamt 30 Prozent bedeutete praktisch das Ende des Europäischen Währungssystems.

Theoretisch und rein rechtlich bewahrte das »begrenzte Floaten«, so Bundesbankpräsident Helmut Schlesinger, jedoch die Option, zu einem späteren Zeitpunkt die Wechselkursbandbreiten wieder enger zu fassen. Gegebenenfalls könnten dann auch die unverändert gebliebenen, aber faktisch bedeutungslos gewordenen Leitkurse der neuen Entwicklung angepaßt werden. Da das Ausmaß der Bandbreiten zwar im Vertrag geregelt ist, konnten die beteiligten Regierungen darüber hinaus auch das Ziel einer Europäischen Währungsunion aufrechterhalten.

Chronologie der Krise im Europäischen Währungssystem

2. Juni 1992	Dänemark lehnt in einer Volksabstimmung den Maastrichter Vertrag ab.
16. Juli 1992	Deutsche Bundesbank erhöht Diskontsatz auf 8,75 Prozent, Lombardsatz bleibt bei 9,75 Prozent. Die deutschen Zinsen erreichen das höchste Niveau seit 1931.
14. August 1992	Pfund Sterling fällt auf Rekordtief gegenüber der D-Mark.
27. August 1992	Rekordinterventionen können das Pfund Sterling nicht stabilisieren.
28. August 1992	Lira fällt unter die Interventionslinie.
2. September 1992	US-Dollar fällt gegenüber D-Mark auf ein Rekordtief von 1,3862.
3. September 1992	Englische Nationalbank nimmt Währungskredit in Höhe von 14,5 Milliarden Dollar auf.
6. September 1992	Tagung der EG-Finanzminister in Bath endet ohne konkrete Beschlüsse.
11. September 1992	Lira verharrt trotz Interventionen unterhalb der Interventionslinie.
12. September 1992	Abwertung der Lira um 7 Prozent, Deutsche Bundesbank lockert Zinspolitik.
15. September 1992	Lira fällt erneut unter die Interventionslinie, Pfund Sterling fällt auf neues Rekordtief gegenüber der D-Mark, Spanische Peseta fällt unter die Interventionslinie.
16. September 1992	Englische Nationalbank erhöht Leitzinsen auf 12 Prozent, weitere Erhöhung auf 15 Prozent wird für den folgenden Tag angekündigt und anschließend widerrufen. Pfund Sterling verläßt auf unbestimmte Zeit das EWS.
17. September 1992	Lira verläßt auf unbestimmte Zeit das EWS.
20. September 1992	Frankreich billigt in einer Volksabstimmung mit 51,1 Prozent den Maastrichter Vertrag.
21. September 1992	Franc fällt trotz Interventionen.
23. September 1992	Französische Nationalbank erhöht Leitzinsen auf 13 Prozent, Zinsen in Deutschland geben leicht nach.

5. November 1992	Französische Nationalbank lockert Zinspolitik.
22. November 1992	Peseta und Escudo werten um 6 Prozent ab.
5. Januar 1993	Druck auf den Franc – Französische Nationalbank erhöht Zinsen.
23. Januar 1993	Irisches Pfund fällt unter Interventionslinie, Leitzins steigt auf 100 Prozent.
30. Januar 1993	Irisches Pfund wertet um 10 Prozent ab.
5. Mai 1993	Nach Zinssenkungen in Frankreich Schwäche der D-Mark gegenüber anderen EWS-Währungen.
13. Mai 1993	Peseta und Escudo werten um 8 beziehungsweise 6,5 Prozent ab.
18. Mai 1993	Dänemark ratifiziert in zweiter Volksabstimmung den Maastrichter Vertrag.
24. Juni 1993	Deutscher Finanzminister lehnt von Paris angeregte konzertierte Zinssenkung ab. D-Mark fällt gegenüber dem Franc.
8. Juli 1993	Verbesserte Konjunkturdaten in Deutschland. D-Mark erholt sich, Franc fällt.
12. Juli 1993	Franc fällt trotz Interventionen nahezu auf Interventionslinie.
22. Juli 1993	Konzertierte Interventionen und Zinssenkungen in Europa zur Stützung des Franc.
28. Juli 1993	Deutsche Bundesbank lockert Zinspolitik. Märkte erwarten weitere Zinssenkungen.
29. Juli 1993	Deutsche Bundesbank läßt Diskontsatz unverändert, reduziert Lombardsatz um 0,5 Prozentpunkte. Franc trotz Interventionen nahe der Interventionslinie.
30. Juli 1993	Franc fällt trotz Interventionen unter Interventionslinie, ebenso der belgische Franc und die dänische Krone.
1. August 1993	Finanzminister und Notenbankchefs erweitern die Bandbreiten für Wechselkursschwankungen im EWS auf jeweils 15 Prozent nach unten und oben.

6. Kapitel: Der Club der Starken bestimmt das Tempo

»Der Starke ist am mächtigsten allein.«
Helmut Schmidt, 1993

Die Hürde der Konvergenz

Mit der Entscheidung von Maastricht sollten die Spielregeln der künftigen Währungsunion für alle Mitglieder der Europäischen Gemeinschaft klar und eindeutig sein. So betonte der deutsche Bundesfinanzminister Theo Waigel in seiner ersten Regierungserklärung nach dem Maastricht-Gipfel im Deutschen Bundestag, die Verträge hätten »Gewißheit und klare Perspektiven für alle Europäer« geschaffen. Und weiter: »Niemand hat Grund, sich um Besitz oder Einkommen zu sorgen.«

Den Vertrag von Maastricht verband der Finanzminister zudem mit einem hohen Anspruch: »Wir bringen die deutsche Währungsordnung nach Europa.« Mit dieser Beschwichtigung zielte Waigel auf die weitverbreiteten Vorbehalte der Deutschen, die um ihr wichtigstes Gut der Nachkriegszeit – um die stabile D-Mark – bangen. Zwei Inflationen, vor allem die schwere Depression während der zwanziger Jahre, die Tausende von Existenzen vernichtete, haben bei den Deutschen ein noch immer wirkendes Trauma hinterlassen. Dazu kommt, daß das deutsche Wirtschaftswunder nach dem Zweiten Weltkrieg unauflösbar mit dem Erfolg der D-Mark als einer der stabilsten Währungen der Welt verbunden ist. Wie sonst nur noch der Schweizer Franken sicherte die Stärke der deutschen Währung ihren Besitzern im Ausland Vertrauen, Respekt und eine nahezu ständig steigende Kaufkraft. Darauf sind die Deutschen stolz, darauf möchten sie nicht verzichten.

An diesem deutschen Wesen soll nun Europa genesen? Wohl kaum. Auch wenn alle Mitgliedsländer sich bei der Verabschiedung der

Maastrichter Verträge über die Statuten und über den Zeitplan zur EWU einig waren: Nicht wenige der Regierungschefs wußten oder mußten fürchten, daß dieses Vertragswerk für ihr Land wohl kaum so schnell Gültigkeit erlangen wird. Gewißheit und klare Perspektiven gibt es also nach Maastricht allenfalls für die wirtschaftliche Elite Europas, keinesfalls, wie Waigel sagt, »für alle«. Im Gegenteil: Für eine ganze Reihe der europäischen Länder ist es noch immer fraglich, ob sie überhaupt – und wenn ja, wann und zu welchem Preis – an der Europäischen Währungsunion teilnehmen können – sofern sie es überhaupt wollen.

Eine Bestandsaufnahme für 1992 zeigt, daß nach einer strengen Befolgung der Maastrichter Kriterien allein Luxemburg den stabilitätspolitischen Voraussetzungen für die Teilnahme an der Europäischen Währungsunion genügte. Zwar konnte auch Frankreich einen ökonomischen Datenkranz präsentieren, der den strengen quantifizierbaren Kriterien des Maastrichter Vertrages gerecht wurde, doch der französische Franc stand während der EWS-Krise und zum Jahreswechsel 1992/1993 derart unter Druck, daß das letzte Kriterium, das einen spannungsfreien Wechselkurs innerhalb der letzten beiden Jahre vor dem Eintritt in die Währungsunion voraussetzt, deutlich verletzt war.

Deutschland konnte die Kriterien gleich aus zwei Gründen nicht erfüllen. Mit dem Nachtragshaushalt 1992, der die laufende Neuverschuldung des Jahres auf 3,2 Prozent hob, war die erlaubte Quote von höchstens 3,0 Prozent überschritten worden. Auch die Inflationsrate lag mit 4,8 Prozent deutlich über dem erlaubten Höchstwert. Zwar spiegelt sich in diesem Wert auch die besonders hohe Preissteigerungsrate in den neuen Bundesländern wider, doch auch ohne diesen Sondereinfluß hätte Deutschland das inflationsbezogene Konvergenzziel – wenn auch äußerst knapp – verfehlt. In den alten Bundesländern lag die Inflationsrate bei 4,0 Prozent. Weil aber die drei Länder mit der größten Preisstabilität 1992 im Durchschnitt auf einen Wert in Höhe von 2,4 Prozent kamen, ergab sich zusammen mit der erlaubten Toleranz von 1,5 Prozentpunkten eine Obergrenze für die Inflation in Höhe von nur 3,9 Prozent.

Zwei Jahre zuvor, 1990, sah das Bild noch anders aus. Neben

Luxemburg konnten zu diesem Zeitpunkt auch Frankreich und Deutschland bereits die geforderten Konvergenzkriterien erfüllen. Griechenland, Portugal und Italien verfehlten dagegen sowohl 1990 als auch 1992 sämtliche Konvergenzkriterien derart massiv, daß diese Länder in absehbarer Zeit keinesfalls in die Lage kommen werden, die Stabilitätsstandards zu erfüllen.

In den Jahren 1991 und 1992 fiel es den EG-Ländern ohnehin schwer, unter dem Druck der Rezession ihre wirtschaftliche Lage weiter in Richtung der geforderten Konvergenz zu konsolidieren. Dies zeigte sich schon bei dem Ziel, die Inflation in der Gemeinschaft so zu bekämpfen, daß dieses Kriterium von zusätzlichen Ländern erfüllt werden kann. Zwar sanken zwischen diesen beiden Jahren außer in Luxemburg und in Deutschland in sämtlichen anderen Ländern der Gemeinschaft die Preise, so daß die Teuerung im EG-Durchschnitt 1992 mit 4,6 Prozent deutlich unter dem Vorjahreswert von 5,3 Prozent lag. Doch trotz dieses Erfolges hatte sich die Zahl der Länder, die das Inflationskriterium erfüllten, nicht erhöht.

Dafür sorgten die drei Länder, die 1992 die niedrigsten Inflationsraten hatten: Dänemark, Belgien und Frankreich. Weil sich 1992 die maximal erlaubte Steigerungsrate für die Inflation am Durchschnittswert dieser drei Länder orientierte, in denen die Preissteigerungsrate ebenfalls zurückging, wurde das Inflationskriterium insgesamt anspruchsvoller und schloß deshalb mit Deutschland ein Land mehr aus, als zwei Jahre zuvor. Waren es 1990 noch eine Mehrheit von sieben Ländern, die den Inflationstest bestanden, reduzierte sich diese Zahl 1992 auf sechs.

Zum eigentlichen Stolperstein auf dem Weg in die Währungsunion dürften sich jedoch die beiden Verschuldenskriterien entwickeln. Auch hier sorgte die Rezession zu Beginn dieses Jahrzehnts dafür, daß sich die entscheidenden Daten zunächst einmal in die falsche Richtung entwickelten. So hatten sich die laufenden Budgetdefizite im Durchschnitt der Gemeinschaft zwischen 1990 und 1992 von 4,1 Prozent des Bruttoinlandsprodukts auf 5,3 erhöht. Für 1993 rechnete die EG-Kommission in ihrem Jahreswirtschaftsbericht damit, daß sich das durchschnittliche Budgetdefizit der Gemeinschaft nochmals auf 5,75 Prozent erhöhen würde.

Tabelle 5: Wichtigste Konvergenzkriterien

	Veränderung der Verbraucherpreise ggb. Vorjahr in vH			Finanzierungssaldo öffentlicher Haushalte in vH des BIP			Bruttoschuldenstand öffentlicher Haushalte in vH des BIP			Rendite langfristiger öffentlicher Anleihen in vH p. a.		
Jahresdurchschnitt	1991	1992	1993[a]	1991	1992	1993[b]	1991	1992	1993[b]	1991	1992	1993[c]
Referenzwert[1]	4,4	3,9	3,1	−3	−3	−3	60	60	60	11,4	11,1	10,8
Belgien	3,2	2,4	2,8	−6,6	−6,9	−6,2	130,1	132,2	134,3	9,3	8,6	7,5
Dänemark	2,4	2,1	1,5	−2,2	−2,3	−2,7	72,2	74,0	76,2	10,1	10,1	9,9
Deutschland[2]	3,5	4,0	4,4	−3,2	−3,2	−3,6	42,0	43,4	46,2	8,6	8,0	7,0
Frankreich	3,2	2,8	1,7	−1,9	−2,8	−3,2	48,5	50,1	52,4	9,0	8,6	7,8
Griechenland	19,5	15,9	14,5	−15,2	−13,4	−9,8	100,9	105,6	106,0	...	...	...
Großbritannien	5,9	3,7	1,7	−2,8	−6,2	−8,3	41,1	45,9	52,6	9,9	9,1	8,8
Irland	3,1	3,1	2,3	−2,1	−2,7	−3,0	100,9	99,0	98,7	9,2	9,1	9,6
Italien	6,4	5,2	4,3	−10,2	−10,5	−10,2	101,3	106,8	112,2	13,0	13,7	13,6
Luxemburg	3,1	3,2	3,5	−0,8	−0,4	−1,0	6,1	6,8	7,8	...	...	...

Niederlande	4,0	3,7	2,6	−2,5	−3,5	−3,5	78,3	79,8	81,7	8,7	8,1	7,2
Portugal	10,9	9,0	8,5	−6,4	−5,6	−4,8	68,5	66,2	66,3	17,1	15,0	13,8
Spanien	6,0	5,9	3,8	−4,9	−4,6	−4,2	45,6	47,4	49,5	12,4	12,2	12,5

Kriterium erfüllt

[1] a: Die Inflationsrate darf den Durchschnitt der Inflationsrate der – höchstens drei – preisstabilsten Länder um nicht mehr als 1,5 Prozentpunkte übersteigen.
b: Das Finanzierungsdefizit der öffentlichen Haushalte soll 3 vH des BIP nicht übersteigen oder muß sich in diese Richtung bewegen.
c: Der Bruttoschuldenstand der öffentlichen Haushalte soll 60 vH des BIP nicht übersteigen oder muß sich diesem Stand in ausreichend großen Schritten annähern.
d: Die Rendite langfristiger öffentlicher Anleihen darf den Durchschnitt der entsprechenden Renditen der – höchstens drei – preisstabilsten Länder um nicht mehr als 2 Prozentpunkte übersteigen.

[2] Alte Bundesländer für Inflationsrate und Anleiherendite, neuer Gebietsstand für Finanzierungssaldo und Bruttoschuldenstand öffentlicher Haushalte

[a] Januar 1993 ggb. Januar 1992
[b] Schätzung für das Gesamtjahr
[c] Januar 1993

Quelle: Kommission der Europäischen Gemeinschaft

Deutschland und Großbritannien gehörten noch 1990 zu den Ländern, die gemeinsam mit Dänemark, Frankreich und Irland die Höchstgrenze für das laufende Budgetdefizit unterschreiten konnten. Zwei Jahre später fielen die Briten und die Deutschen in diesem Punkt bereits durch.

Das laufende Budgetdefizit, das nach den Maastricht-Kriterien die Relation von 3,0 Prozent zum Bruttoinlandsprodukt nicht überschreiten darf, ist dem deutschen Bundesfinanzminister Theo Waigel bereits 1991 deutlich aus dem Ruder gelaufen. Dabei sind die offiziellen Angaben der Bundesregierung – 3,6 Prozent für 1991 und 3,2 Prozent für 1992 – bereits kräftig geschönt. Tatsächlich sind die deutschen Schulden – wegen der deutschen Einheit – in dieser Zeit wesentlich stärker gestiegen, als es in den offiziellen Statistiken zum Ausdruck kommt. Doch weil die Bundesregierung diese Einheitsschulden in Schatten- und Nebenhaushalte versteckt hat, die sie nicht der volkswirtschaftlichen Gesamtrechnung, sondern dem Unternehmensbereich zuordnet, wurden sie bei der Erfassung der Staatsschulden nicht mitgezählt. Dagegen bezog die Bundesregierung das in den neuen Ländern erzielte Bruttoinlandsprodukt zur ganzen Höhe mit in die Berechnung der Quote ein.

Nach den Regeln der Mathematik ist das so zustande gekommene Ergebnis nicht angreifbar. Politisch bewertet, ist es ein Desaster. Schließlich müssen Zins und Tilgung dieser Schulden – wenn auch erst ab 1994 beziehungsweise 1995 – aus den öffentlichen Haushalten beglichen werden. Bei einer umfassenden und objektiven Bewertung der öffentlichen Haushaltslage im Sinne der Konvergenzkriterien müßten diese Schulden also mit berücksichtigt werden.

In Waigels Rechnung tauchten jedoch auch 1992 weder die zusätzliche Kreditaufnahme der Treuhandanstalt noch die Neuverschuldung des Altschuldenfonds der ehemaligen DDR-Wohnungswirtschaft auf. Diese betrugen 1992 und 1993 jeweils rund weitere 35 Milliarden Mark, die als staatliche Kreditaufnahme ebenfalls den Kapitalmarkt und in der Folge die öffentlichen Haushalte belasten. Die tatsächliche Nettokreditaufnahme des Staates lag – diese beiden Posten mit eingerechnet – schon 1992 bei 5,0 Prozent des Bruttoinlandsprodukts und stieg 1993 auf 5,9 Prozent. Wird die Neuverschuldung der Bundesunternehmen Bahn und Post ebenfalls berücksichtigt, steigen die Relationen für 1992 und 1993 sogar auf 6,1 und 6,8 Prozent. Mit diesem Problem waren die Deutschen freilich nicht allein: Bis auf die Niederlande stiegen zwischen 1990 und 1992 in allen Ländern, deren laufende Verschuldung zunächst noch unter drei Prozent lag, die Budgetdefizite an.

Die gleiche Entwicklung zeigte sich auch bei dem zweiten Schuldenkriterium, der absoluten Verschuldung in Prozent vom Bruttoinlandsprodukt. Aufgrund der Rezession erwartete die EG-Kommission einen Anstieg des durchschnittlichen öffentlichen Schuldenstandes in der Gemeinschaft auf mehr als 65 Prozent des europäischen Bruttoinlandsprodukts. Mit Ausnahme von Irland, Luxemburg und Portugal haben sich die staatlichen Schulden zwischen 1990 und 1992 in allen Ländern der Gemeinschaft erhöht. Nur scheinbar gehört nach der offiziellen EG-Statistik (siehe Tabelle 5) auch Deutschland zu den Ländern, deren Schulden in diesen drei Jahren zurückgegangen sind. Für 1991 beziffert die EG den deutschen Schuldenstand auf 42 Prozent des Bruttoinlandsprodukts, für 1992 auf 43,4 Prozent.

Auch hier ergab die offizielle Darstellung des absoluten staatlichen Schuldenstandes in Deutschland ein schiefes Bild. Erneut waren die Schulden der Treuhandanstalt und die Wohnungsbau-Altschulden nicht berücksichtigt. Die Relation der Staatsverschuldung in Prozent des Bruttoinlandsprodukts fiel so im Lichte der Maastricht-Kriterien nur scheinbar niedriger aus.

So betrug die Staatsverschuldung nach offizieller Version 1992 lediglich 44,4 Prozent des Bruttoinlandsprodukts. Die Schulden von Treuhandanstalt und Wohnungswirtschaft – insgesamt rund 193 Milliarden D-Mark – mit eingerechnet, lag die Verschuldensrelation in Wahrheit schon bei rund 50 Prozent.

Bis 1995, so errechneten die sechs führenden deutschen Wirtschaftsforschungsinstitute in ihrem Frühjahrsgutachten von 1993 aufgrund der bis dahin vorliegenden Eckdaten des Finanzministeriums, wird der Schuldenstand des öffentlichen Gesamthaushalts in Deutschland die durch den Maastrichter Vertrag vorgegebene Höchstgrenze von 60 Prozent zumindest erreicht haben. Da der mittelfristige Finanzplan des Bundes jedoch auch für die Jahre 1995 und

1996 nochmals kräftige Neuverschuldungen in Höhe von mindestens 63 und 55 Milliarden Mark vorsieht und die Rezession eher weiteren Aufstockungsbedarf mit sich bringt, wird 1996 die 60-Prozent-Marke von Deutschland deutlich überschritten werden, falls bis dahin keine grundlegende Kehrtwende in der deutschen Finanzpolitik eintritt.

Ein Mogeln mit Hilfe finanztechnischer Abgrenzungen ist dann jedenfalls kaum noch möglich. Immerhin sieht der Einigungsvertrag vor, daß die Schulden des Kreditabwicklungsfonds ab 1994 (rund 140 Milliarden Mark) und der Treuhandanstalt (mindestens 270 Milliarden Mark) ab 1995 in die öffentlichen Haushalte eingestellt und somit – anders als in den Jahren davor – von der volkswirtschaftlichen Gesamtrechnung erfaßt werden.

Nicht nur für Deutschland, auch für die überwiegende Mehrheit der EG-Länder macht es die Kombination der beiden finanzwirtschaftlichen Kriterien nahezu unmöglich, in absehbarer Zeit die Qualifikation für die Europäische Währungsunion attestiert zu bekommen. So verzeichnen zwar Irland, Dänemark und die Niederlande vergleichsweise geringe laufende Budgetdefizite, jedoch liegen diese Länder beim absoluten Schuldenstand deutlich über der zulässigen Grenze. Umgekehrt verhält es sich mit Großbritannien und Spanien. Für diese beiden Länder stellt zwar das Kriterium der absoluten Staatsschulden kein Problem dar, statt dessen scheitern sie deutlich an der Höchstgrenze für die laufenden Haushaltsdefizite.

Damit könnten – einschneidende Sparprogramme vorausgesetzt – 1996 höchstens vier europäische Länder die Kriterien erfüllen: Luxemburg, Frankreich und Großbritannien; und mit einem außergewöhnlichen Kraftakt könnte es auch Spanien theoretisch gelingen, das laufende Budgetdefizit und die Inflationsrate bis 1996 unter die jeweiligen Höchstgrenzen zu drücken. Allerdings müßten die Spanier für die vollständige Qualifizierung das zusätzliche Kunststück fertigbringen, den drastischen Deflationsprozeß so zu gestalten, daß der Kurs der Peseta im Europäischen Währungssystem ab 1994 nicht mehr unter Druck gerät. Dies ist zwar nach den kräftigen Abwertungen von 1992 und 1993 nicht völlig unmöglich, aber höchst unwahrscheinlich.

Finanzwirtschaftliche Konvergenzindikatoren 1992
(in Prozent des Bruttoinlandsprodukts)

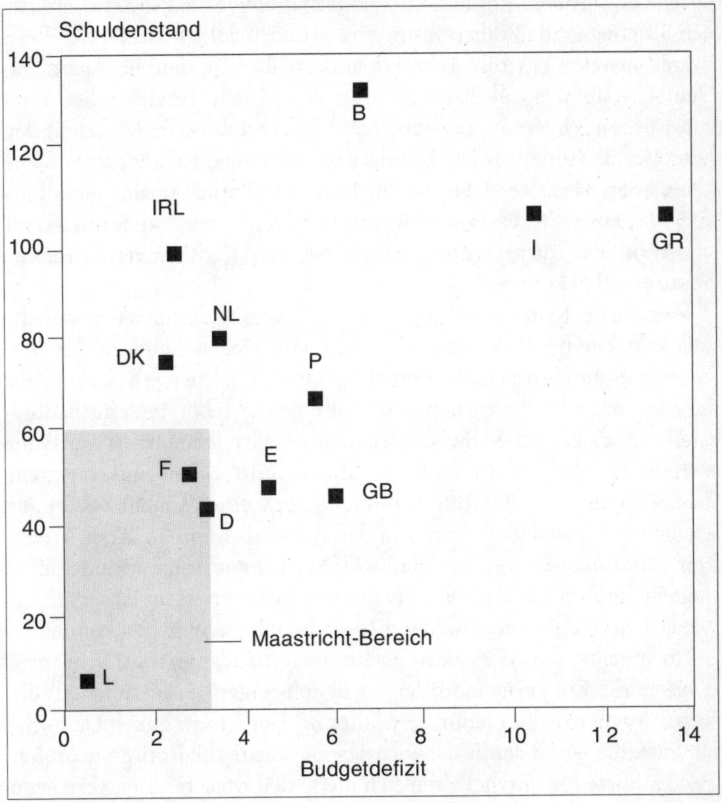

Quelle: EG-Kommission

Zweifel am Zeitplan

Diese Perspektive zeigt, daß der Maastrichter Vertrag die Hürden für den Einstieg in die Währungsunion sehr hoch gelegt hat. Der frühere Bundeskanzler Helmut Schmidt äußerte bereits den Verdacht, die Deutsche Bundesbank habe dies mit der Absicht bewirkt, die Währungsunion insgesamt zu sabotieren. Er schrieb: »Die Mehrheit der leitenden Personen in der Bundesbank war schon früher vom EWS keineswegs begeistert. Sie hat auch mit Fleiß und Akribie geholfen, den Weg zur späteren Währungsunion mit so hohen Hindernissen zu pflastern, daß nicht einmal wir selbst die ›Konvergenz-Kriterien‹ heute erfüllen könnten.«[1]

Werden die Kriterien streng ausgelegt, ist es tatsächlich unmöglich, daß sich bereits 1996 eine Mehrheit von sieben Ländern für den Eintritt in die Europäische Währungsunion qualifizieren kann. Weil sich der britische Premierminister John Major schon jetzt ausbedungen hat, daß bei der Mehrheitsfeststellung Großbritannien nur dann mitgezählt wird, wenn es auch wirklich mitmachen will, ist nicht auszuschließen, daß Großbritannien trotz einer Qualifikation als Zählkandidat ausfallen wird. Da das Zustandekommen einer Mehrheit von mindestens sieben der zwölf EG-Länder jedoch eine wesentliche Bedingung für den Start der dritten Stufe bereits im Jahr 1997 ist, wird es die Währungsunion zu diesem Termin nicht geben können.

Doch selbst für 1999 wird es für viele Länder extrem schwierig werden, die Konvergenzhürden zu überspringen. Spätestens seit die Rezession der frühen neunziger Jahre im Herbst 1992 auch Deutschland erfaßte – und damit die wichtigste europäische Konjunkturlokomotive ausfiel –, entwickelten sich die in den Maastrichter Verträgen niedergelegten Konvergenzkriterien zu einer ernsten Bedrohung für das europäische Wirtschaftswachstum. Schließlich schreibt der Fahrplan zur Europäischen Währungsunion den EG-Ländern ohne Rücksicht auf die Konjunktur mehrjährige Deflationsprogramme vor, die dazu führen sollen, daß spätestens 1999 die Qualifikationskriterien von möglichst vielen Ländern erreicht werden können.

1 Helmut Schmidt, »Deutschland wird zum Störenfried«, in: *Die Zeit*, Nr. 51/1992.

Die Europäische Währungsunion zeigt daher schon lange vor ihrem Inkrafttreten eine drastische Wirkung auf die Wirtschaftspolitik in den einzelnen Ländern Europas. Sowohl die Länder mit hoher Staatsverschuldung als auch die Länder mit hohen Inflationsraten können die geforderten Richtgrößen nur um den Preis einer drastischen Stabilitätskrise erreichen. So ist in ganz Europa eine grundlegende Tendenz zu einer prozyklischen Geld- und Fiskalpolitik angelegt. Statt – basierend auf dem Prinzip des Deficit-spending des britischen Ökonomen John Maynard Keynes – der Wirtschaftskrise mit einer Ausweitung der staatlichen Kreditaufnahme und einer entsprechend expansiven Ausgabenpolitik zu begegnen, müssen die krisengeplagten Länder, um den Konvergenzkriterien näherzurükken, einen restriktiven geldpolitischen Kurs fahren. Nur so lassen sich Staatsschulden, Haushaltsdefizite und Inflationsraten senken.

Wegen dieser negativen Wirkung auf die Konjunktur – gerade in der Zeit einer weltweiten Rezession – kritisierte der saarländische Ministerpräsident und stellvertretende SPD-Vorsitzende Oskar Lafontaine die Kriterien für die Währungsunion als »nicht durchdacht« und »schädlich«. Um diesen negativen Einfluß zu begrenzen, sprach sich Lafontaine daher für eine Verschiebung des Starts in die Europäische Währungsunion aus.

Selbst die EG-Kommission in Brüssel beschlichen angesichts der wirtschaftlichen Entwicklung Zweifel, ob sich der in Maastricht beschlossene Fahrplan einhalten läßt. So gestand die EG-Kommission im Februar 1992 erstmals öffentlich ein, daß die gegenwärtige Rezession und die anhaltend düsteren Aussichten für die Volkswirtschaften der Gemeinschaft die geplante Europäische Wirtschafts- und Währungsunion in ernsthafte Gefahr bringen könnte. Die Glaubwürdigkeit und den Zeitplan für die Währungsunion sah die Kommission auch durch die Währungsturbulenzen der zweiten Jahreshälfte 1992 bedroht.

Die Skepsis der Eurokraten stützte sich auf den Wirtschaftsbericht für 1992, in dem es hieß, daß ausgehend von einem sehr schwachen Wachstumspotential die europäische Wirtschaft 1993 auf Wachstumsraten zwischen 0,75 und 1,75 Prozent zurückfallen werde. Die zu befürchtende Rekord-Arbeitslosigkeit und damit verbundene Zukunftsängste, so die Kommission in ihrem Bericht weiter, können »viele der Projekte, auf die die Gemeinschaft ihre wirtschaftliche Zukunft stützt, ernsthaft in Gefahr bringen: die volle Verwirklichung des Binnenmarkts, die Wirtschafts- und Währungsunion und die Liberalisierung des Welthandels«.[1] Immerhin bedeutete diese Prognose der Kommission, daß 1993 in der gesamten Gemeinschaft 17 Millionen EG-Bürger keine Arbeit haben werden, was einer Arbeitslosenquote von 11,5 Prozent gleichkommt.

Vor dem Hintergrund dieser Rezession bedarf es schon einschneidender Konsolidierungsprogramme, um die Haushalte der Gemeinschaft bis zum Ende der neunziger Jahre auf den Stand vor der Rezession zurückzuführen. Doch selbst 1990 erfüllten lediglich drei Länder – Deutschland, Großbritannien und Frankreich – jeweils beide finanzwirtschaftlichen Kriterien. Falls sich Großbritannien nicht zur Teilnahme an der Währungsunion entscheiden sollte und die Konvergenzkriterien nicht noch aufgeweicht werden – was aus politischen Gründen durchaus möglich ist –, könnte die dritte Stufe der Europäischen Währungsunion durchaus nur mit den Ländern Deutschland, Frankreich, Luxemburg, Spanien und Portugal beginnen.

Für die übrigen Länder der Gemeinschaft stellt der Abbau der absoluten staatlichen Verschuldensquote eine in absehbarer Zeit nahezu unüberwindbare Hürde dar. Nach einer Modellrechnung des Instituts der Deutschen Wirtschaft (IW)[2] wird es jedenfalls Jahrzehnte dauern, bis die Quoten der höher verschuldeten Länder Europas das Maastricht-Kriterium erreichen können.

Bei einem in der Modellrechnung unterstellten Wachstum des nominalen Bruttoinlandsprodukts von sechs Prozent (drei Prozent reales Wachstum, drei Prozent Inflation) und einem laufenden Budgetdefizit von nicht mehr als drei Prozent wird es immerhin mehr als 20 Jahre dauern, bis Dänemark und die Niederlande ihre Verschuldung auf 60 Prozent des Bruttoinlandsprodukts reduzieren können. Für Irland, Italien und Griechenland rechnet das IW mit einem Kon-

1 EG-Kommission, Brüssel, Wirtschaftsbericht 1992
2 Institut der deutschen Wirtschaft, »Die wirtschaftliche Konvergenz in Europa im Spiegel der Maastricht-Kriterien«, in: *IW-Trends* 2/1993

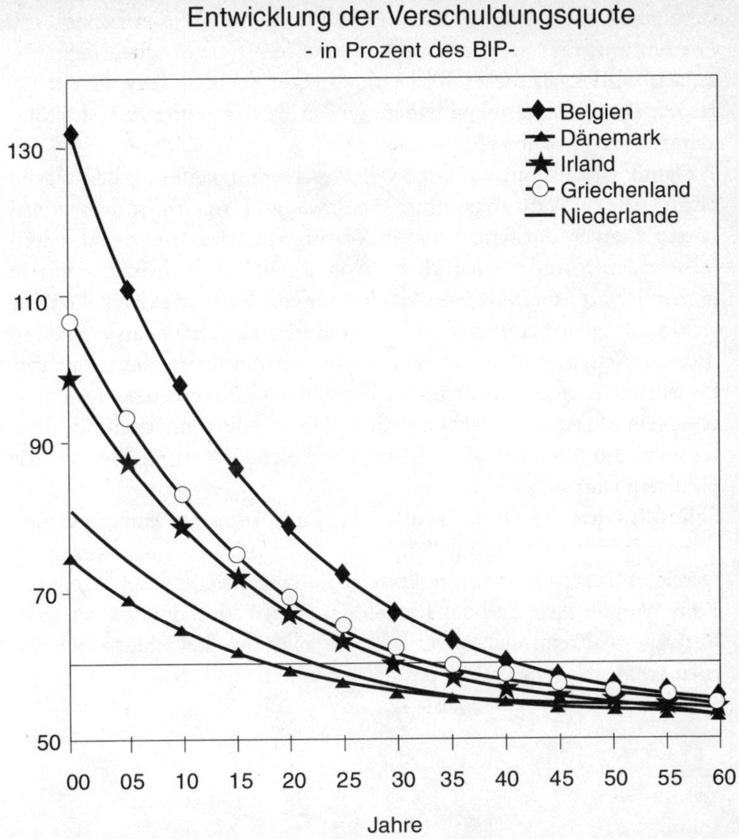

Annahmen: jährliches Haushaltsdefizit von 3 Prozent des BIP; jährliche Wachstumsrate des nominalen BIP von 6 Prozent (3 Prozent reales Wachstum, 3 Prozent Inflation).

Quelle: IW

solidierungszeitraum von rund 35 Jahren. Belgien, das mit knapp 130 Prozent am stärksten verschuldete Land der Europäischen Gemeinschaft, wird nach dieser Rechnung seinen Schuldenberg erst in 40 Jahren so weit abgetragen haben, wie es die Maastrichter Stabilitätskriterien vorschreiben.

Damit ist das Europa der zwei Geschwindigkeiten, jedenfalls in bezug auf die Währungsunion, eine zwangsläufige Folge der vereinbarten Konvergenzkriterien. Der Vertrag von Maastricht geht jedenfalls eindeutig und ausdrücklich davon aus, daß auch ab 1999 in einem ersten Schritt nur diejenigen Länder mit von der Partie sein sollen, die sich dafür qualifiziert haben. Die anderen Länder sollen erst dann hinzustoßen, wenn sie zu einem späteren Zeitpunkt die Qualifikationskriterien ebenfalls erfüllen. Werden die Konvergenzkriterien, so wie sie in Maastricht beschlossen wurden, befolgt, wird es mindestens bis zum Jahr 2030 dauern, bis die Europäische Währungsunion komplett sein kann.

Damit hätte jedoch das Projekt der Europäischen Währungsunion seine wesentliche politische Funktion völlig verfehlt. Statt zu einigen, würde es Europa bis weit in das nächste Jahrtausend hinein trennen. Kein Wunder also, daß der Prozeß der Ratifikation der Maastrichter Verträge während des Jahres 1992 in zahlreichen Ländern der Gemeinschaft für erheblichen politischen Zündstoff sorgte.

7. Kapitel: Die Ratifizierung – ein politisches Nachbeben

»Die deutsche Einheit und die europäische Einigung sind für uns zwei Seiten ein und derselben Medaille.« *Helmut Kohl, 1992*

Maastricht tritt verspätet in Kraft

Am 7. Februar 1992 wurde der neue EG-Vertrag von den Finanz- und Außenministern der zwölf EG-Staaten in Maastricht feierlich unterzeichnet. Bis zum Jahresende 1992 sollte auch die Ratifizierung, also die Zustimmung in den jeweiligen nationalen Parlamenten, erfolgt sein. Diejenigen Länder, die mit einer Volksabstimmung über die Politische Union und die Europäische Währungsunion entscheiden wollten, versprachen, dies ebenfalls in der vorgegebenen Zeit durchzuführen. Nach erfolgter Ratifizierung sollten die entsprechenden Urkunden bei der italienischen Regierung – dem Gastgeberland der EG-Gründungszeremonie – hinterlegt werden.

Erst wenn alle zwölf Urkunden von den jeweiligen Staatsoberhäuptern unterzeichnet und in Rom eingetroffen sind, kann der Maastrichter Vertrag in Kraft treten. Dies sollte ursprünglich – zeitgleich mit dem Europäischen Binnenmarkt – am 1. Januar 1993 geschehen. Doch dazu kam es nicht.

In mehreren Ländern der Gemeinschaft stieß die Ratifizierung auf unerwartete Probleme. In Frankreich und Dänemark drohten Volksabstimmungen das gesamte Vertragswerk zu kippen, in Großbritannien lag diese Gefahr ebenfalls sehr nahe.

Zu einer unerwarteten Komplikation kam es aber auch in Deutschland. Zwar waren sich alle im Deutschen Bundestag vertretenen Parteien einig, die Frist für die Ratifikation einzuhalten und dem Vertrag zuzustimmen. Doch der föderale Aufbau der Bundesrepublik machte es erst einmal nötig, daß sich die Bundesregierung in Bonn mit den Regierungen der Bundesländer darüber einigte, wie deren

Interessen künftig in Brüssel zu wahren sind. Als dies geregelt war, stimmte zwar der Bundestag noch im Dezember 1992 der Ratifizierung zu, doch inzwischen waren beim Bundesverfassungsgericht zahlreiche Beschwerden von Bürgern und Parteien gegen die Ratifikation eingegangen. Bundespräsident Richard von Weizsäcker konnte und wollte dem Spruch der Verfassungsrichter nicht vorgreifen und mußte die Unterzeichnung des Maastrichter Vertrags erst einmal vertagen.

In einigen Ländern der Gemeinschaft lief der Ratifikationsprozeß dagegen weitgehend reibungslos ab. Die Länder des Südens versprachen sich sowohl von der Politischen Union als auch von der Währungsunion große Vorteile. Die Aussicht auf eine künftig stabile Währung und auf gewaltige finanzielle Hilfestellungen durch die Gemeinschaft waren für Italien, Spanien und Portugal verlockende Perspektiven. Somit stand der Ratifizierung des Maastrichter Vertrags in diesen Ländern nichts im Wege. In Italien ergab sich jedoch eine andere Konsequenz. Der Versuch, das marode Finanzsystem endlich in Ordnung zu bringen, führte zur Aufdeckung einer Unzahl von Schmiergeldaffären und Korruptionsskandalen, die die gesamte politische Führungsschicht des Landes hinwegfegte.

Dänemark – David gegen Goliath

Daß die Dänen ihren Weg in die Europäische Gemeinschaft mit Volksabstimmungen ebnen, hat in dem bislang nördlichsten Mitglied der Gemeinschaft eine gute Tradition. Als die Dänen 1953 ihre Verfassung reformierten, stärkten sie auch die direkten demokratischen Rechte des Volkes. Aus dieser Zeit stammt auch ein Verfassungsartikel, nach dem nationale Hoheitsrechte nur durch eine Fünfsechstelmehrheit im Parlament oder durch das mehrheitliche Votum einer Volksabstimmung an supranationale Organisationen und Bündnisse übertragen werden können.

Aufgrund dieser Verfassungsbestimmung sprachen sich 1972 gut 63 Prozent der Dänen für den Beitritt ihres Landes zur Gemeinschaft aus. Zugunsten des europäischen Binnenmarkts entschieden sich

1986 immerhin noch 56 Prozent der dänischen Wähler. Für die Zustimmung zum Maastrichter Vertrag war ebenfalls eine Volksabstimmung erforderlich. Immerhin galt es, neben anderen Souveränitätsrechten, auch die Hoheit über die eigene Landeswährung, die Dänische Krone, an Europa abzutreten. Daß auch der Volksentscheid am 2. Juni 1992, mit dem die Nachbarn im Norden Deutschlands über die in dem Maastrichter Vertrag formulierte »Europäische Union« entscheiden sollten, in dieser proeuropäischen Tradition verliefe, galt in der Hauptstadt Kopenhagen genauso wie in der Euro-Zentrale in Brüssel als ausgemachte Sache.

Dabei hätten die Brüsseler Euro-Strategen gewarnt sein können. Schon mehrfach waren Störmanöver gegen die europäische Integration, die in London auf den Weg gebracht wurden, von Kopenhagen aus unterstützt worden. Schließlich waren es auch die Dänen, die gemeinsam mit den Briten die in dem Maastrichter Vertrag vereinbarte Politische Union und die Wirtschafts- und Währungsunion nicht vorbehaltlos mit unterschreiben wollten. So setzten die Dänen durch, daß sie beispielsweise im Rahmen der Wirtschaftsunion ihre restriktiven Rechtsvorschriften über den Erwerb von Zweitwohnungen durch Ausländer beibehalten dürfen. Und während die Briten in einer Opting-out-Klausel ihre Teilnahme an der Währungsunion in Frage stellten, machte Dänemark seinen Beitritt zur Währungsunion und die Einführung der gemeinsamen Währung Ecu von einer weiteren Volksabstimmung abhängig, die irgendwann später in diesem Jahrzehnt, und zwar unmittelbar vor dem Beginn der dritten Stufe der Währungsunion, erfolgen sollte.[1] Entsprechend dieser vorsichtigen Haltung Dänemarks sollte sich die Volksabstimmung vorerst ausschließlich auf die Teilnahme Dänemarks an der in dem Maastrichter Vertrag noch ziemlich vage beschriebenen Politischen Union beziehen.

Dennoch glaubte selbst der damals regierende konservative Ministerpräsident Poul Schlüter, daß die von der Verfassung vorgeschriebene Volksabstimmung eher eine Formalie sei, die es auf dem weiteren

1 EG-Vertrag (i. d. F. vom 7. 2. 1992), »Protokoll über einige Bestimmungen betreffend Dänemark«

Weg Dänemarks in die Gemeinschaft zu erledigen gelte. Seinen Optimismus leitete Schlüter dabei vor allem aus dem wirtschaftlichen Erfolg des Nordstaates ab, den Dänemark seit – und nicht zuletzt dank – seinem Eintritt in die Europäische Gemeinschaft aufweisen konnte. Fast schon vergessen waren die dramatischen Schieflagen der Leistungsbilanzen, die in früheren Jahren riesige Löcher in den Staatshaushalt rissen und die Inflation stark ansteigen ließen. Nach der sogenannten Kartoffelkrise der späten siebziger Jahre war Dänemark mit Hilfe der Gemeinschaft und unter dem Schutz des Europäischen Währungssystems zur Stabilität zurückgekehrt. Erst die wirtschaftliche Integration in die Gemeinschaft hatte die einst ärmliche nördliche Randregion Europas aus ihrem wirtschaftlichen Dornröschenschlaf geweckt.

Der Maastrichter Vertrag galt in den Augen des dänischen Ministerpräsidenten außerdem als guter Kompromiß, dem einige »dänische Fingerabdrücke« aufgetragen wurden.[1] Dazu zählte Schlüter insbesondere die Verankerung des Subsidiaritätsprinzips, das besagt, daß Entscheidungen im Grundsatz auf der niedrigstmöglichen regionalen Ebene getroffen werden sollten. Dem kleinen und selbstbewußten Dänemark mit seinen gerade mal vier Millionen Einwohnern lag dieses Prinzip besonders am Herzen. Schließlich kann nur so das Entstehen eines übermächtigen Euro-Zentralismus, der die kleineren Staaten hemmungslos dominiert, verhindert werden.

Skeptisch standen die Dänen daher weniger den ökonomischen Aspekten des Maastrichter Vertrags gegenüber, zumal für sie – wegen des Vorbehalts einer weiteren Volksabstimmung – die Entscheidung über die Währungsunion ohnehin noch nicht anstand. Vielmehr waren es die Visionen einer gemeinsamen Sicherheits- und Außenpolitik, die eine Mehrheit der Dänen so nicht teilen wollte.

So kam es, daß am 2. Juni 1992 genau 1652999 Dänen bei der Abstimmung über die »Europäische Union« mit Nein stimmten. Dies reichte aus, um der Europäischen Gemeinschaft eine unerwartete Abfuhr zu erteilen. 46269 Stimmberechtigte – um so viele Stimmen

1 »Halbe Lösungen besser als keine«, in: *Handelsblatt* vom 24. 3. 1992

überwogen die Gegner – gaben den Ausschlag: 50,7 Prozent der Bevölkerung Dänemarks stimmten gegen der Maastrichter Vertrag.

Mit dem Ausgang dieser Abstimmung hatte der David Dänemark den Goliath Europäische Gemeinschaft das Fürchten gelehrt. Hektische Betriebsamkeit machte sich in der Brüsseler EG-Zentrale breit. Die Juristen entwarfen Krisenstrategien, mit deren Hilfe die Europäische Integration auch ohne Dänemark weitergehen sollte. Der damals amtierende Ratspräsident, der portugiesische Außenminister Joao de Deus Pinheiro, und der französische Kommissionspräsident arbeiteten unverzüglich vier mögliche Krisenstrategien aus:[1]

1. Der Maastrichter Vertrag könnte neu verhandelt werden, wobei der neue Text dänischen Bedenken Rechnung trägt.
2. Die übrigen elf Mitgliedsländer der Europäischen Gemeinschaft unterschreiben den Vertrag erneut. Dann bliebe zwar Dänemark Mitglied der Gemeinschaft auf der Basis der Römischen Verträge und der Einheitlichen Europäischen Akte, würde aber an der Politischen Union und an der Währungsunion nicht teilhaben können.
3. Die Dänen erhalten innerhalb der in dem Maastrichter Vertrag beschlossenen Politischen Union einen Sonderstatus, die Teilhabe an der Währungsunion bleibt von der für später ohnehin vorgesehenen Volksabstimmung abhängig.
4. Dänemark verabschiedet sich freiwillig aus der Europäischen Gemeinschaft. Wie die EFTA-Länder könnte Dänemark dann jedoch dem Europäischen Wirtschaftsraum beitreten und so immerhin am Binnenmarkt teilnehmen.

Durch die Brille des Völkerrechts gesehen, waren jedoch alle diese Überlegungen höchst problematisch. Der Maastrichter Vertrag bildet eine Einheit, die nur dann gültig werden kann, wenn er von allen zwölf Unterzeichnerländern rechtsverbindlich ratifiziert worden ist. Nach der Ablehnung Dänemarks konnte diese Bedingung bereits nicht mehr erfüllt werden. Der Maastrichter Vertrag war damit – im Sinne des Völkerrechts – bereits gescheitert.

Dieser politische Schwebezustand konnte natürlich die Politiker, die sich um die weitergehende Integration der europäischen Nationen

1 »Der dänische Sprengsatz«, in: *Der Spiegel*, 24/1992

in eine Europäische Union bemühten, nicht zufriedenstellen. Die EG steckte in einer schweren Krise. Jede der vier von der EG-Kommission skizzierten Strategien hätte eine für die Gemeinschaft höchst verhängnisvolle Entwicklung einleiten können, an deren Ende das politische Ausfasern ganz Europas drohte. Erstmals in der Geschichte der Gemeinschaft wäre ein Mitglied auf dem langen und mühsamen Weg zur Europäischen Union zurückgelassen worden. Zum ersten Mal wäre so der Boden des Gemeinschaftsrechts verlassen worden, wonach Vertragsänderungen nur gemeinsam in Kraft gesetzt werden können – oder eben gar nicht.

In Bonn und Paris wurden diese Brüsseler Szenarien daher schnell verworfen. Hätte man eine dieser Möglichkeiten zugelassen, wer weiß, wie viele Länder dann noch auf der Strecke bleiben könnten oder – aus welchen Gründen auch immer – auf halber Strecke den Ausstieg wagen würden. Zwei Gründe sprachen eindeutig gegen diese Optionen: Die Vision eines geeinten Europas, der Europäischen Union, bliebe letztlich dem Zufall überlassen. Niemand könnte jetzt sagen, wer am Ende noch mit von der Partie sein würde. Schwerer vielleicht wog noch das Argument: Die Gemeinschaft könnte erpreßbar werden. Die Drohung eines oder mehrerer Mitglieder, wegen politischer Differenzen aus dem europäischen Geleitzug auszusteigen oder gar eine Art Konkurrenzgemeinschaft zu gründen, würde die Vision der europäischen Integration bis hin zu einer wirklichen Union aller europäischen Nationen ad absurdum führen.

Nachbesserungen oder ein Nachverhandeln des Maastrichter Vertrags stießen jedoch auch auf den entschlossenen Widerstand der elf übrigen Partner, insbesondere aber auf den Widerspruch des deutschen Bundeskanzlers Helmut Kohl. Er fürchtete um das Ganze. Die Einigung auf den Maastrichter Vertrag war in seinen Augen eine Sternstunde Europas, wie sie sich nicht wiederholen könnte. Ein Aufbrechen dieses Vertragswerks, so fürchtete Kohl, könnte daher nur zu Rückschritten führen.

Gespannt warteten die Staats- und Regierungschefs nach dem Nein der Dänen ab, wie sich die Iren und kurze Zeit später die Portugiesen entscheiden würden. Auch hier standen Volksabstimmungen über den Maastrichter Vertrag an. Sollten auch die Iren oder Portugiesen das Vertragswerk ablehnen, dann wäre der Zug ohnehin abgefahren. Europa wäre zwar nicht am Ziel angelangt – doch immerhin würde der Binnenmarkt so und so pünktlich in Kraft treten, das gesamte Regelwerk der europäischen Institutionen und Ordnungen weiterhin unangefochten Bestand haben. Nur: Wie schon 1954, als das französische Parlament den fertig ausgehandelten Vertrag über die Europäische Verteidigungsgemeinschaft platzen ließ, wäre die politische Integration Europas erneut in einer Sackgasse gelandet. Der Weg zurück zu einem mehrversprechenden Ansatz hätte wahrscheinlich wiederum Jahrzehnte gekostet.

Zwei Gipfeltreffen – ein außerordentliches im Oktober 1992 in Birmingham und ein ordentliches im Dezember des gleichen Jahres im schottischen Edinburgh – nutzten die Staats- und Regierungschefs der Zwölfergemeinschaft, um einen praktikablen Ausweg aus dem schweren Dilemma zu suchen. In Birmingham deutete sich die Lösung schon an, die in Edinburgh dann beschlossen wurde. In der europäischen Außen- und Sicherheitspolitik wurden Dänemark Sonderrechte eingeräumt, so daß die dänische Regierung ihren Wählern zwar einen modifizierten Text zur erneuten Abstimmung vorlegen kann, der Maastrichter Vertrag selbst aber nicht verändert wurde. Damit hatte die Gemeinschaft Nachverhandlungen vermieden und die bereits erfolgten Ratifizierungen mußten nicht wiederholt werden.

Die angeblichen Änderungen, die Dänemark erreichte, waren tatsächlich nur eine Bekräftigung der ohnehin schon vorgesehenen Sonderklauseln. Sie besagten, daß die Dänen über das eigentliche Herzstück des Maastrichter Vertrages, die Europäische Währungsunion, zu einem späteren Zeitpunkt in einem Volksentscheid befinden dürfen. Außerdem erhielt Dänemark die schriftliche Zusicherung, bei der Ausarbeitung und Errichtung einer gemeinsamen Verteidigungsunion nicht in die Politik der Gemeinschaft eingebunden zu sein. Drittens bleiben die dänischen Staatsbürger von allen Maßnahmen, die in Zusammenhang mit einer eigenständigen EG-Staatsbürgerschaft stehen, unberührt.[1] Darüber hinaus hat Dänemark die Gele-

1 »Legalistic acrobatics rescue Denmark«, in: *Financial Times* vom 14. 12. 1992

genheit noch einmal benutzt, um zu betonen, daß die Einführung einer gemeinsamen Asyl- und Einwanderungspolitik nur möglich ist, wenn vorher die jeweiligen gesetzgebenden Körperschaften der einzelnen Mitgliedsländer ihre Zustimmung dazu geben.

Gestützt auf diesen diplomatischen Kniff griff die Zwölfergemeinschaft letzten Endes zu dem einfachsten Mittel, das gewählte Repräsentanten anwenden, wenn sich das Volk einmal verwählt hat. Sie ließen noch einmal abstimmen. Am 18. Mai 1993 lieferten die Dänen dann das gewünschte Ergebnis: 57 Prozent der Stimmberechtigten stimmten mit Ja und retteten so den Maastrichter Vertrag.

Auf den ersten Blick haben die mit der zweiten Volksabstimmung erreichten Sonderrechte wenig konkrete Relevanz. Die Europäische Verteidigungsunion steht ohnehin in den Sternen, die militärische Zusammenarbeit in Europa wird weit stärker von der Nato reglementiert, der Dänemark ebenfalls angehört. Auch die erreichte Ausnahme von einer EG-Staatsbürgerschaft ist insofern eine Formalie, als die Regeln des Europäischen Binnenmarktes sowieso eine grenzenlose Mobilität der Bürger sowie aller anderen wichtigen Produktionsfaktoren erlauben.

Dennoch geht die politische Bedeutung dieser Ausnahmen weit über die dänischen Grenzen hinaus. Sie stellen in einem exemplarischen Fall klar, daß ein Mitgliedsland der Gemeinschaft einen Vertrag unterschreiben und ratifizieren kann und sich gleichzeitig von den wichtigsten Vertragsbestandteilen lossagt. Damit liegt ein Schatten über der Relevanz des neuen EG-Vertrags, und es kommt nun darauf an, wie sehr sich die übrigen Staaten an den Text der Vereinbarungen halten wollen.

Frankreich – Die Grande Nation spielt Schicksal

Ebenso wie in Dänemark stand das Schicksal der Gemeinschaft auch in Frankreich auf dem Spiel. Ein »Non« der Franzosen bei dem Referendum über Maastricht am 20. September 1992 hätte den Integrationsprozeß der Gemeinschaft um Jahrzehnte zurückgeworfen.

Dabei sah es nach der Unterzeichnung des Maastrichter Vertrags in

Frankreich über Monate hin so aus, als würden die Europäische Währungsunion und die Politische Union kaum eine Schlagzeile wert sein. Die Politiker maßen diesen Themen in ihren Reden keine große Bedeutung bei. Und auch in der Bevölkerung herrschte ein gewisses Desinteresse vor, das – wie politische Beobachter meinten – vor allem von der Unwissenheit über die enorme Tragweite dieses Vertragswerks getragen war.

Doch nach etwa vier Monaten war es mit der Ruhe auf einen Schlag vorbei. Mitte April 1992 drohte der Maastrichter Vertrag dann doch noch zum bestimmenden Thema des Wahlkampfes für die Nationalversammlung im März 1993 zu werden. Auslöser dieser plötzlichen Wende war der Führer der damals oppositionellen Gaullisten, Jacques Chirac, der ohne dringenden Anlaß eine Volksbefragung über den Maastrichter Vertrag verlangte. Dabei gehörte Chirac – der sowohl unter dem bürgerlichen Präsidenten Giscard d'Estaing als auch unter dem sozialistischen Präsidenten Mitterrand die Rolle eines Regierungschefs gespielt hatte – ganz und gar nicht zu den Gegnern des Maastrichter Vertrags. Vielmehr begründete er seine Forderung öffentlich damit, daß das französische Volk in einem solchen Referendum seine klare Haltung über die mit der Ratifizierung des Maastrichter Vertrags notwendig werdenden Verfassungsänderungen zum Ausdruck bringen sollte.

Dahinter stand jedoch die taktische Absicht des Gaullistenführers, die Abstimmung über Maastricht in eine Abstimmung gegen Mitterrand umzumünzen. Die Sozialisten galten ohnehin bereits als politisch erheblich angeschlagen. Präsident François Mitterrand nahm die Herausforderung an. Obwohl er bis dahin erklärt hatte, er würde einer Ratifikation des Maastrichter Vertrags im Parlament den Vorzug vor einer Volksabstimmung geben, kündigte er am 2. Juni 1992 überraschend und ohne Not das Referendum an.

Der Präsident – im elften Jahr seiner Regentschaft schon etwas der Stimmung an der Basis entfremdet – stützte seine Entscheidung auf eine Meinungsumfrage, die ihm eine bequeme Zweidrittelmehrheit in Aussicht stellte. Diese überwältigende Zustimmung der Franzosen zu dem Maastrichter Vertrag wollte Mitterrand in einen Vertrauensbeweis für seine Politik ummünzen. Davon, so sein Kalkül, könnten die Sozialisten bei den dann folgenden Wahlen nur profitieren.

Mitterrand ernannte seinen jugendlich-populären Erziehungsminister Jack Lang zum Chef der Kampagne für das »Ja«. Auf die Frage, ob seine Landsleute auch mit einem »Nein« stimmen könnten, zeigte sich Lang noch im August 1992 völlig zuversichtlich: »Dies ist unvorstellbar. Es wäre absolut gegen die Herzen der Menschen in Frankreich«, zitierte der französische Korrespondent des britischen Wirtschaftsmagazins *The Economist* den Pro-Maastricht-Kämpfer. Doch die erste Meinungsumfrage nach der öffentlichen Ankündigung des Referendums brachte die Überraschung: 51 Prozent der Franzosen, die sich schon eine Meinung gebildet hatten, plädierten für ein Nein, 49 Prozent dagegen für ein Ja.[1]

Dieses knappe und im Ergebnis völlig überraschende Ergebnis heizte die Auseinandersetzung über das Pro und Contra Maastricht natürlich zusätzlich stark an. Die Regierungen in Paris sowie in allen europäischen Partnerstaaten und die EG-Kommission in Brüssel wurden erneut über Nacht in höchste Alarmbereitschaft versetzt. In der Folge überboten sich die Meinungsumfragen. Mal lag »Nein« knapp in Front, dann wieder »Ja«. Nur eines war sicher: Der Ausgang des Referendums war völlig offen – es würde ein hartes Kopf-an-Kopf-Rennen geben, für dessen Ausgang es auf jede Stimme ankam.

Am politischen Horizont drohte plötzlich eine Wiederholung der Geschichte. Wie schon 1954, als die bereits ausgehandelten und von den Staats- und Regierungschefs 1952 unterzeichneten Verträge über die Europäische Verteidigungsgemeinschaft am plötzlichen Widerstand im französischen Parlament scheiterten und so die europäische Integration um Jahrzehnte zurückgeworfen wurde, war nun wieder die Gefahr mit Händen greifbar, daß ein »Non« der Franzosen den europäischen Zug aus dem Gleis warf. Und wieder waren es ausschließlich nationalistische Gründe, die auf beiden Seiten die Debatte bestimmten.

An der Frage, welche Rolle Deutschland in der Europäischen Union und insbesondere in der Europäischen Währungsunion spielen

1 »Nearer to No«, in: *The Economist* vom 29. 8. 1992

würde, schieden sich die Geister. Spätestens die deutsche Einheit hatte in Frankreich alte Zweifel geweckt, ob das nun größere und ökonomisch wie politisch noch stärker gewordene Deutschland Europa dominieren werde. Dazu kam die Furcht, die über das EWS schon alles beherrschende Deutsche Bundesbank könnte auch in einer Währungsunion die europäische Geld- und Währungspolitik weiterhin maßgeblich bestimmen.

Dagegen verwiesen die Protagonisten eines Ja darauf, daß Deutschland nur durch eine enge europäische Integration davon abgehalten werden könne, seine Interessen wieder verstärkt über die seiner Nachbarn zu stellen. Für den Fall des Scheiterns des Vertrags in der Abstimmung malten Konservative wie Sozialisten das Schreckgespenst einer Renaissance des deutschen Nationalismus an die Wand.

Das französische Satireblatt *Le Canard Enchainé* brachte diese Sorge mit einem Witz auf den Punkt. Es schrieb: »Im Jahr 2010 unterhalten sich ein amerikanischer und ein deutscher Diplomat in Paris. Fragt der Amerikaner: ›Was machen die Probleme in Deutschland?‹ Die Antwort: ›Wir haben keine Probleme – nur einige kleine Spannungen an der chinesischen Grenze.‹«

Dennoch wurde der Widerstand gegen Maastricht über die politischen Lager der extremen Nationalisten vom Schlage eines Jean-Marie Le Pen bis hin zu den Kommunisten, aber auch im bürgerlichen Lager salonfähig. Zum Wortführer der Non-Kampagne schwang sich Philippe Seguin auf, ein prominenter Vertreter der Neo-Gaullisten. Er argumentierte damit, daß Maastricht zu einem umfassenden Verlust an Souveränität führe und Frankreichs Chance, den Lauf der Geschichte zu beeinflussen, drastisch aushöhlen würde. Der »eiserne Vorhang«, der Europa während des kalten Kriegs geteilt habe, werde durch Maastricht von einer »Mauer des Geldes« ersetzt. Seguin traf die Meinung einer großen Zahl seiner Landsleute, indem er sagte, er sei zwar nicht gegen Europa und auch nicht gegen die europäische Integration, habe aber Zweifel daran, ob der in Maastricht beschrittene Weg in die richtige Richtung führe.[1]

Jean-Marie Le Pen, der Führer der rechtsradikalen Nationalisti-

1 ebenda

schen Front, erhielt während seines Feldzuges enormen Zulauf. Für ihn waren die »beschämenden Verträge« der »Anfang vom Ende Frankreichs« und der Beginn eines neuen supranationalen Staates, in dem »der Präsident von Frankreich weniger Macht haben wird als der Gouverneur von Texas«.

Dennoch hielten Präsident Mitterrand und seine sozialistische Regierung unbeirrt an dem Maastrichter Vertrag fest. Neue Verhandlungen darüber kamen nicht in Betracht. Eine Ablehnung des Vertrags, so äußerte sich der Präsident, würde Europa zerbrechen lassen und Frankreich in die Isolation führen. Verwüstete Bauernhöfe, ein kollabierender Aktienmarkt und eine europaweite wirtschaftliche Depression seien die unausweichliche Folge, malte Jack Lang ein Schrekkensgemälde an die Wand, wenn Frankreich die Verträge nicht annehmen würde.

Auch der Präsident der Europäischen Kommission in Brüssel, der Franzose Jacques Delors, warf sein ganzes politisches Gewicht zugunsten des Maastrichter Vertrags in die Debatte. Er kündigte bereits im Vorfeld seinen Rücktritt für den Fall an, daß die Bevölkerung überwiegend mit Nein abstimmen würde. Anstatt daß er in Brüssel »die Scherben zu kitten« habe, so Delors, sei es besser, daß jemand seinen Platz einnehme, der mit Nein gestimmt habe.[1]

So flüchteten sich Frankreichs proeuropäische Politiker schon fast ins Mystische, um ihre Landsleute davon abzubringen, den Maastrichter Vertrag abzulehnen. Der ehemalige französische Premierminister Michel Rocard erklärte, der Verzicht der Deutschen auf die D-Mark zugunsten einer gemeinsamen europäischen Währung sei aus historischen Gründen das »kostbarste« Geschenk, das Deutschland Europa habe machen können.

Schließlich mußte der französische Ministerpräsident François Mitterrand am 4. September 1992 in einer mehrstündigen Fernsehsendung – in der als Gast auch Bundeskanzler Helmut Kohl auftrat – sein ganzes persönliches und politisches Gewicht in die Waagschale werfen, um das öffentliche Meinungsklima zugunsten Maastrichts zu

1 »Delors droht mit seinem Rücktritt«, in: *Frankfurter Allgemeine Zeitung* vom 2. 9. 1992

drehen. So erkannte Mitterrand rückhaltlos kritische Argumente an und gestand ein, daß der Maastrichter Vertrag auch Schwächen habe. Zugleich machte er aber auch deutlich, welch böse Folgen ein abruptes Ende der europäischen Integration für den Verursacher haben werde. Er habe, so Mitterrand, die Franzosen in dem Referendum nicht um Zustimmung für seine Person oder für seine Tagespolitik gebeten, vielmehr gehe es um ein zukunftsweisendes »Plebiszit für Europa«.[1]

Die Fernsehsendung verfehlte ihre Wirkung nicht. Die Umfragen signalisierten plötzlich einen Vorsprung für das Ja – an der Pariser Börse kam es zu einer kräftigen Aktienhausse, die die Zustimmung der Franzosen zu dem Maastrichter Vertrag bereits vorwegnahm.

Eine Welle der Erleichterung ging schließlich durch Europa, als am 20. September 1992 das Abstimmungsergebnis in Frankreich bekannt wurde: 70 Prozent der Wahlberechtigten hatten ihre Stimme abgegeben. 50,5 Prozent stimmten mit »Ja«, 49,5 Prozent mit »Nein«. Damit war – wenn auch denkbar knapp – die zweite schwere Hürde vor dem Inkrafttreten des Maastrichter Vertrags genommen. Die europäische Integration konnte weitergehen.

Die Briten – Halb zog es sie, halb sanken sie

Schon unmittelbar nach dem knappen Ausgang des französischen Referendums lud der britische Premierminister John Major zu einem Sonder-Gipfeltreffen in Birmingham ein. Zu beschließen hatten die Regierungschefs bei diesem Treffen im Oktober 1992 nicht viel, vielmehr sollte lediglich der Wille der Gemeinschaft unterstrichen werden, nach der Beinahekatastrophe den vereinbarten Weg unbeirrt fortzusetzen.

Um die versammelten Staats- und Regierungschefs zu beruhigen, ließ der Premierminister seinen Außenminister Douglas Hurd bereits Ende September verkünden, daß die britische Regierung nicht daran denke, die Entscheidung über das künftige Schicksal der europäischen

1 »Mitterrand wirbt für ein Ja zu Maastricht«, in: *Frankfurter Allgemeine Zeitung* vom 5. 9. 1992

Integrationspolitik ebenfalls dem zufälligen Ausgang eines Referendums zu überlassen. Für Major war es auch so schon schwierig genug, britische Bedenken gegen das Vertragswerk von Maastricht auszuräumen. Vorsichtshalber ließ der Premierminister sogar das bereits eingeleitete Ratifizierungsverfahren erst einmal wieder aussetzen, da er – wie in Dänemark – eine Abstimmungsniederlage befürchten mußte. Offiziell wurde das britische Zögern freilich ganz anders begründet. So erklärte der britische Außenminister Douglas Hurd wiederholt, für seine Regierung sei immer klar gewesen, daß es keine Ratifizierung geben könne, solange die Dänen nicht in einer zweiten Volksabstimmung endgültig über das Schicksal des Maastrichter Vertrags entschieden haben.

Hinter dieser Haltung der britischen Regierung steckte ein leicht durchschaubares politisches Kalkül. Hätten die Dänen auch in der zweiten Volksabstimmung die Ratifizierung des Maastrichter Vertrags abgelehnt, wäre die Ratifizierung in Großbritannien überflüssig geworden. Angesichts der nicht geringen Schar der Europagegner im britischen Parlament – von denen rund 70 sogar in seiner eigenen Tory-Partei saßen – hätte sich der Regierungschef Major die schwierige Prozedur der Ratifizierung ersparen können.

Zu den prominenteren Wortführern der britischen Opposition zählte immerhin auch die frühere Regierungschefin Margret Thatcher. Mit dem Vertrag von Maastricht, kritisierte die Vormieterin von Downing Street 10, sei Major immerhin »einen Vertrag zu weit« gegangen. Zu dem Maastrichter Vertrag sagte sie: »Dies ist ein Vertrag, den wir nicht benötigen und den wir nicht wollen.«

Aus dem Mund von Margret Thatcher sprach offensichtlich Volkes Stimme. In Meinungsumfragen befürworteten immerhin zwei von drei Briten eine Volksabstimmung. Rund 69 Prozent, so ergaben die Umfragen, würden in einem solchen Referendum gegen die Übertragung von Hoheitsrechten an die Europäische Gemeinschaft votieren, nur 21 Prozent dafür stimmen.[1]

Die britischen Vorbehalte wurden noch unterstützt durch den dra-

1 »Umfragen zeigen den Widerstand auch der Briten gegen Maastricht«, in: *Handelsblatt* vom 8. 9. 1992

matischen Verfall des Pfund Sterling im September 1992. Die Pfund-Krise, die fast das ganze Europäische Währungssystem sprengte, wirkte wie ein Fallbeil an den Wurzeln des Selbstbewußtseins der stolzen britischen Nation. Wie in Deutschland die D-Mark und in Frankreich der Franc, so ist natürlich auch in England das Pfund Sterling die Visitenkarte der Nation.

Diese Abwertung war aber nicht nur eine nationale Blamage, sondern auch ein ganz persönliches Desaster für den Regierungschef John Major. Immerhin war er es, der noch als Schatzkanzler seine zögernde damalige Regierungschefin Margret Thatcher 1990 zum Eintritt in das EWS überredete und der vor allem für die Festlegung der Referenzkurse verantwortlich war, die viele schon zu der damaligen Zeit für überbewertet hielten. So stand John Major an diesem Tag vor den Trümmern seiner Politik: Das Pfund war aus dem EWS katapultiert, die hohen Zinsen hatten ihre Wirkung verfehlt – die Konjunktur war im Keller –, und wie zur Bestätigung wurde am gleichen Tag die neue Arbeitslosenstatistik veröffentlicht. Sie zählte 2,8 Millionen Erwerbslose – das war die bis dahin höchste Zahl seit 1987.

Gleichwohl suchten die Briten die Schuld für das Desaster nicht bei sich, sondern bei den Deutschen. In der altehrwürdigen *Times* erschien eine Karikatur, die den Kopf von John Major auf einem Richtblock abbildete. Darüber schwebte ein Beil, geführt von einem Scharfrichter, auf dessen Kutte das Wort »Bundesbank« stand. Das Boulevardblatt *Sun* drückte die allgemeine Stimmung mit der Schlagzeile aus: »Jetzt sind wir ALLE vom Kabinett beschissen worden!«[1]

In dieser Stimmung fuhren die Tories vom 6. bis zum 9. Oktober 1992 zu dem denkwürdigsten Parteitag ihrer Geschichte nach Brighton. »Die Tories waren vier Tage lang zwei Parteien und haben sich geschlagen wie noch nie«, schrieb über das Treffen die *Süddeutsche Zeitung*.[2] Schatzkanzler Norman Lamont mußte um sein politisches Überleben kämpfen. Unter dem Jubel der Parteitagsdelegierten sagte die Abgeordnete Patricia Morris, nach dem Flirt mit dem EWS und der

1 *Frankfurter Allgemeine Zeitung* vom 18. 9. 1992
2 »Sie haben sich geschlagen wie noch nie«, in: *Süddeutsche Zeitung* vom 10. 11. 1992

kurzen unglücklichen Ehe sei das Tischtuch nun zerschnitten. Eine andere Delegierte, Dee-Dee Dobell aus Cornwall, zog den Vergleich: »Mir scheint, wir hätten uns im Nebel verfahren. Wir scheinen keinen Kapitän zu haben und keinen Navigator. Und der Zahlmeister hat keine Ahnung, wie er die Heimreise finanzieren soll.«

Um den Parteitag nicht mit einer Katastrophe für die Regierung Major enden zu lassen, durfte sich die streitbare Ex-Regierungschefin zwar vom Parteivolk mit frenetischem Beifall feiern lassen – reden durfte sie aber nicht. Doch was sie dachte, wußte ohnehin jeder. Nur wenige Tage vor Beginn des Brightoner Tory-Treffens hatte sie in einem flammenden Anti-Europa-Artikel in der Zeitschrift *European* die These vertreten, Maastricht sei »eine Vision von gestern«. Den früheren Parteichef und »elder statesman« Sir Edward Heath veranlaßte dies zu der Replik: »Sie haßt Europa, alles was europäisch ist, alle Europäer.«

Für Premierminister John Major war es dann keineswegs ein Triumph, als das Unterhaus nach einer insgesamt 200 Stunden währenden quälenden Debatte, in der rund 450 Zusatz- und Änderungsanträge gestellt wurden, im Mai 1993 der Ratifikation des Maastrichter Vertrags zustimmte. Ihre Mehrheit verdankte die Regierung dabei nur der proeuropäischen Labour-Partei, die sich in der Abstimmung weitgehend der Stimme enthielt. Aus dem Regierungslager stimmten 41 Maastricht-Gegner gegen die Ratifizierung.

Italien – Eine Nation räumt auf

Der Endspurt in die Europäische Wirtschafts- und Währungsunion löste in Italien politische Umstürze aus, denen nahezu die gesamte politische Elite des Landes zum Opfer fiel. Daß die jahrzehntelang in Finanzfragen ziemlich lotterhafte italienische Regierung plötzlich auf einen konsequenten Spar- und Konsolidierungskurs einzuschwenken versuchte, war der Anfang vom Ende eines maroden politischen Staatswesens, das Korruption und Schmiergeldzahlungen zum allgemeinen Politikprinzip erhoben hatte. Auch der Mafia, die im Süden Staatsgelder traditionsgemäß wie eine sichere Beute betrachtete, und der im Norden vorherrschenden Korruption in der öffentlichen Verwaltung sollte das Handwerk gelegt werden.

Italiens Wirtschaft stand am Scheideweg. Eine Politik des »weiter wie gehabt« hätte die südlich der Alpen stärkste Volkswirtschaft der Gemeinschaft unweigerlich in die politische und ökonomische Zweitklassigkeit geführt. So stellte der Maastrichter Vertrag Italien vor die Nagelprobe, ob der Staat und die öffentliche Wirtschaft in Italien überhaupt noch reform- und sanierungsfähig sind.

Nicht zuletzt eine beispiellos spektakuläre Terrorwelle der Mafia hatte den Italienern die Augen geöffnet. Die feigen und brutalen Mordanschläge auf den Richter und Generaldirektor im römischen Justizministerium für Strafsachen Giovanni Falcone im Mai 1992, auf den Staatsanwalt Paolo Borsellino und fünf seiner Leibwächter Ende Juli 1992 in Palermo und auf den Polizeioffizier Lizzio in Catania rückte die schiefe Bahn, auf der sich Italien befand, allen deutlich ins Bewußtsein.

Die Italiener sahen am Ende dieses Weges die Gefahr, von Europa wegzudriften und sich drittklassigen Verhältnissen zu nähern. Also entschlossen sie sich zu dem längst überfälligen und schmerzhaften Versuch, Opfer und Einschränkungen in Kauf zu nehmen, um Politik und Wirtschaft ihres Landes zu sanieren. Im Parlament sprachen sich nahezu alle Parteien einhellig für die Ratifizierung des Maastrichter Vertrags aus. Nur ein versprengtes Häuflein, die orthodoxen Überbleibsel der ehemaligen Kommunistischen Partei Italiens, votierte dagegen.

Der italienische Außenminister Emilio Colombo beschrieb die plötzliche Einsicht so: »Wir müssen Maastricht ratifizieren. Wenn das nicht geschehen sollte, besteht die Gefahr, daß Europa auseinanderbricht. Dies wäre nicht nur für Europa, sondern auch für Italien gefährlich.«[1]

Wie wenig Italien die Qualifikationskriterien erfüllte, zeigen die Zahlen für 1991. So lag die Inflationsrate bei 6,4 Prozent, die Nettoneuverschuldung des Staates überschritt zehn Prozent des Bruttosozial-

1 »Für Rom bietet sich keine Alternative zum Maastricht-Kurs an«, in: *Handelsblatt* vom 17. 9. 1992

produkts. Entsprechend drastisch waren daher auch die eingeleiteten Maßnahmen, die die italienische Regierung in einem »Notstandsplan« einen Tag vor dem Weltwirtschaftsgipfel des Jahres 1992 in München verkündete:

Dazu gehörten immerhin Einsparungen bei den Staatsausgaben in Höhe von 40 Milliarden Mark, eine drastische Erhöhung der Benzinpreise, die ohnehin schon zu den höchsten Europas zählten, und vieles mehr. Ziel des Sparplans war auch, die Inflation einzudämmen. So setzte sich die Regierung Amato das ehrgeizige Ziel, die jährliche Teuerungsrate bis 1994 auf 2,5 Prozent und bis 1995 auf nur noch zwei Prozent zu senken.

Als ersten Schritt in diese Richtung fror die Regierung alle öffentlichen Tarife ein und verkündete einen Lohn- und Gehaltsstopp im öffentlichen Dienst. Hintergrund der Sparaktion: Das laufende Haushaltsdefizit für 1992, das eine Höhe von 180 Milliarden Mark nicht überschreiten sollte, drohte um 40 Milliarden Mark über das selbstgesteckte Ziel hinauszuschießen. An strukturellen Reformen leitete die Regierung darüber hinaus eine Neuordnung des öffentlichen Gesundheitswesens, der Pensionen, der Gemeindefinanzierung und der Beschäftigung im öffentlichen Dienst ein.

Auch die Arbeitnehmer kamen nicht ungeschoren davon. Gewerkschaften und Arbeitgeber einigten sich im August 1992 auf einen Lohnstopp für die Jahre 1992 und 1993. Außerdem schafften sie die »Scala mobile«, die automatische Lohnanpassung entsprechend der Teuerungsrate, endgültig ab.

Diese angeblich soziale Errungenschaft hatte zwar schon 1991 ihre gesetzliche Grundlage verloren, war aber durch tarifvertragliche Regelungen noch künstlich am Leben gehalten worden. Doch anstatt für einen Lohnausgleich für die Teuerung zu sorgen, wirkte die Scala mobile wie eine institutionalisierte Lohn-Preis-Spirale, die die Inflation erst recht in Gang setzte und so die Ersparnisse und Einkommen der kleinen Leute auffraß.

Neue Zeiten sollten auch für die umfangreichen Industriebeteiligungen des Staates, die in verschiedenen Holdings zusammengefaßt sind, anbrechen. Die größte Industrieholding des Landes, die IRI, diente vor allem den Politikern der Christlichen Demokraten als

Dukatenesel, Versorgungs- und Pensionsverein. Weil die italienischen Politikergehälter im Vergleich zu deutschen Verhältnissen außerordentlich gering waren, versorgten sich die Staatsmänner mit Pöstchen und Titeln aus dem staatlichen Industrieimperium. Möglichkeiten dazu gab es genug, immerhin kontrollierte die IRI eine so große Anzahl von Unternehmen, daß ihre konsolidierte Bilanz mehr als 4,5 Prozent des gesamten italienischen Bruttoinlandsprodukts repräsentierte und auf der Liste der 500 größten Unternehmen der Welt an siebter Stelle rangierte. Damit die Sache keine politische Schlagseite bekam, durften sich die Sozialdemokraten bei der ENI bedienen, die Sozialisten wurden mit der kleineren Staatsholding EFIM abgefunden.

Den Industrieholdings gemeinsam war nur eines: Sie sorgten für ein auskömmliches Leben der Politiker, zweigten Milliarden von Lire in die Parteikassen ab und brachten dem Staat ansonsten nur Schulden ein. Manchmal wurden die Staatsunternehmen auch dazu benutzt, daß Politiker auf Kosten der Steuerzahler ihren Wahlkreisen vermeintlich lukrative Geschenke machen konnten. Eklatantestes Beispiel ist etwa die zur EFIM gehörende Firmengruppe Alumix, die in Cagliari auf Sardinien 6300 Menschen in einer Aluminiumhütte beschäftigt. Aus geographischen Gründen sind dort aber die Energiepreise so hoch, daß die Hütte nicht rentabel betrieben werden kann. So sammelten sich beispielsweise 1992 in dem unsinnigen Prestigeprojekt zwei Drittel des gesamten jährlichen Verlustes der Alumix-Gruppe an.

Die enge Verquickung zwischen politischem und wirtschaftlichem Sektor ist das größte Hindernis auf dem Weg zu einer wirklich umfassenden Privatisierung. Dabei wäre dies der einzige Weg, auf dem Italien seine Staatsschuld überhaupt in die Richtung der von den Konvergenzkriterien geforderten 60 Prozent bringen könnte. Doch weil sich die politische Klasse nur ungern von ihren Pfründen trennen wollte, beließen es die italienischen Politiker zunächst bei kosmetischen Operationen.

Als erster Schritt auf diesem Weg sollten zwar große Teile der Staatswirtschaft, so zum Beispiel der Mischkonzern IRI, die Energieholding ENI, die Stromversorgung ENEL und die Versicherungsgruppe INA, in Aktiengesellschaften umgewandelt werden. Den Aktienwert dieser Gesellschaften bezifferte das Finanzministerum auf umgerechnet rund 81 Milliarden Mark, wobei Regierungschef Giuliano Amato daran dachte, zunächst 45 bis 49 Prozent der Papiere bei privaten Anlegern zu streuen. Damit kann von einer echten Privatisierung natürlich keine Rede sein, da der Staat in allen Fällen die Aktienmehrheit und damit auch die unmittelbare Herrschaft über den Industriebesitz behält. Vielmehr handelte es sich um den Versuch, die riesigen Verlustbringer auf Kosten der Privatwirtschaft zu refinanzieren, ohne die staatliche Pfründenwirtschaft wirklich abzuschaffen.

Für die Staatsholding EFIM, deren laufender Verlust sich 1992 auf acht Billionen Lire oder 10,5 Milliarden Mark belief, sollte nach dem Willen des christdemokratischen italienischen Ministers für Industrie und Staatsbeteiligungen eine »globale Lösung« gesucht werden. Mit anderen Worten: Der mit insgesamt 115 Milliarden Mark verschuldete und von den Sozialisten kontrollierte Staatskonzern sollte sich ganz in Luft auflösen.

Währenddessen entfaltete die eingeleitete wirtschaftliche wie politische Säuberung eine derart gewaltige Eigendynamik, daß nahezu das gesamte politische System Italiens mit in den Strudel des Niedergangs gezogen wurde. Nachdem die ersten Korruptions- und Schmiergeldaffären ans Tageslicht gekommen waren, zeigte sich schnell, daß alle Parteien und so gut wie alle Politiker bis in die höchsten Regierungsämter hinein in die schmutzigen Machenschaften verwickelt waren. Nahezu täglich wurden neue Fälle von Bestechung, Erpressung im Amt und illegaler Parteienfinanzierung bekannt, in denen die Justiz gegen korrupte Politiker ermittelte.

In den ersten acht Monaten seiner Amtszeit mußte Regierungschef Amato bereits ein Drittel seiner Minister ersetzen. Wenige Monate später mußte er selbst den Hut nehmen. Selbst vor dem christdemokratischen Spitzenpolitiker Giulio Andreotti, der immerhin sieben Mal das Amt des Premierministers bekleidete, machte die Skandalwelle nicht halt. Gegen ihn wurde ein Ermittlungsverfahren eingeleitet, das ihn beschuldigt, mit der Mafia in Kontakt gestanden zu haben.

Auf den Finanz- und Devisenmärkten rechnete daher niemand mehr damit, daß die Regierung ihr Notstandsprogramm auch nur ansatzweise würde durchsetzen können. Der Staatsnotstand schlug sich in der internationalen Bewertung der italienischen Lira nieder. Sie sank, nachdem sie das Europäische Währungssystem verlassen mußte, auf den tiefsten Stand aller Zeiten.

Deutschland – Der Integrator gerät ins Straucheln

Eine umfassende und sachliche Diskussion über den Maastrichter Vertrag – wie beispielsweise in jenen Ländern, in denen es darüber eine Volksabstimmung gab – hat es in Deutschland nicht gegeben. Während der deutsche Bundeskanzler Helmut Kohl im Ausland, wo immer es gerade nötig war, für den Maastrichter Vertrag warb und die übrigen Regierungen während des Ratifikationsprozesses immer wieder zu großer Eile antrieb, hielt er zu Hause solche Bemühungen ganz offensichtlich für höchst überflüssig. Obwohl Deutschland über Jahre hinweg die europäische Geldpolitik beherrschte und sich anschickt, in einer Europäischen Währungsunion erneut die Führungsmacht zu spielen, blieb eine breite öffentliche Debatte über diesen Anspruch und über die damit verbundenen Konsequenzen aus.

Diese Diskussion konnte nur deshalb unterbleiben, weil sich alle im deutschen Bundestag vertretenen Parteien zwar einhellig für die Europäische Union und für die Europäische Währungsunion aussprachen, in der Öffentlichkeit dieses Thema jedoch nur höchst oberflächlich anschnitten. Die Politiker wußten: Der Gedanke an die Europäische Währungsunion und an den Abschied von der D-Mark war und ist in Deutschland höchst unpopulär. Für einen Politiker, der dies propagierte, gab es in Deutschland keinen Blumentopf zu gewinnen. Also wurde das Thema so behandelt wie in den Jahrzehnten davor das Thema der deutschen Einheit: Es wurde in Sonntagsreden rhetorisch als großes und erstrebenswertes Ziel proklamiert, doch jede ernsthafte Auseinandersetzung, zumal jegliche Kritik, wurde mit Totschlagsargumenten im Keim erstickt.

Das Ergebnis ist dementsprechend: Wohl keine Nation in Europa

Allensbach-Umfrage über Maastricht

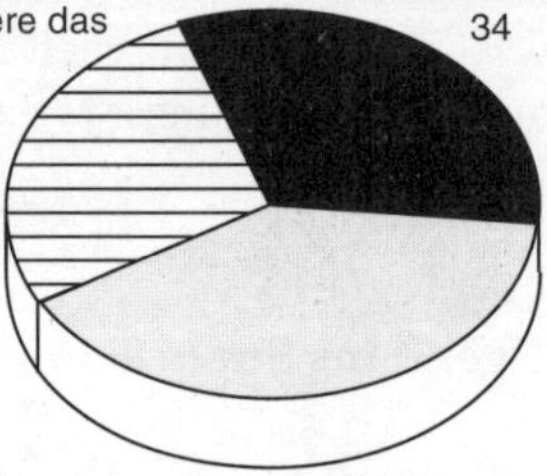

Quelle: Allensbacher Archiv, IfD-Umfrage

ist in bezug auf das Thema Europäische Währungsunion so schlecht informiert und so wenig entschlossen wie die deutsche. Dies belegt eine Umfrage des Instituts für Demoskopie in Allensbach, die sechs Monate nach der Unterzeichnung des Maastrichter Vertrags im Dezember 1991 erhoben wurde. Obwohl die Bundesbürger ein halbes Jahr lang Zeit hatten, sich zu informieren und sich eine eigene fundierte Meinung zu bilden, blieb das Urteil über den Maastrichter Vertrag äußerst diffus.

Auf die Frage: »Die dänische Bevölkerung hat ja die Beschlüsse zur Europäischen Einheit und zur Europäischen Währung abgelehnt. Freut Sie das, finden Sie es gut, daß die Dänen das abgelehnt haben, oder bedauern Sie das?« wußten 40 Prozent keine Antwort. 34 Prozent antworteten »Freut mich, finde ich gut«. Aber nur 26 Prozent der Bürger gaben sich als Anhänger des Maastrichter Vertrags zu erkennen und äußerten ihr Bedauern über den negativen Ausgang des ersten dänischen Referendums.

Die skeptische Haltung der Deutschen zu dem Maastrichter Vertrag hatte die Allensbacher Meinungsforscher nicht überrascht. Bereits im Januar 1992 hatten sie herausgefunden, daß sowohl in der Bevölkerung als auch unter den Führungskräften der Wirtschaft die

Allensbach-Umfrage über die Stabilität einer künftigen europäischen Währung

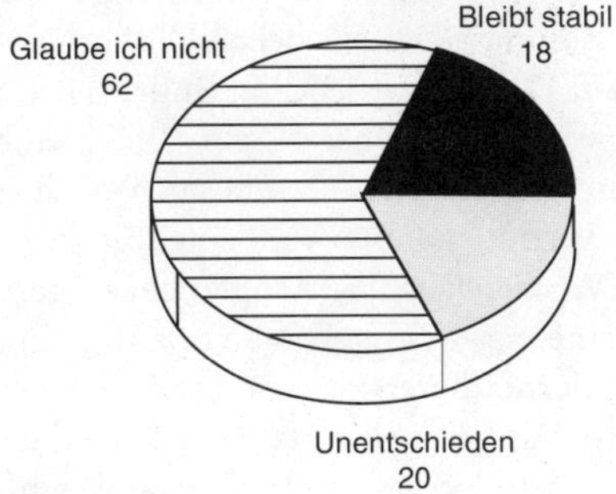

Quelle: Allensbacher Archiv

spätestens für 1999 geplante Währungsunion überwiegend Besorgnis auslöst. Damals äußerten 62 Prozent der Bevölkerung und 69 Prozent der Elite aus Wirtschaft, Politik und Verwaltung die – durchaus realistische – Befürchtung, daß sich der Ecu als zukünftige europäische Währung kaum im gleichen Maß stabil halten läßt wie die D-Mark.

Zusätzlich kamen die Meinungsforscher zu dem Ergebnis, die D-Mark sei »in der Bundesrepublik eines der wenigen Nationalsymbole, mit dem die Deutschen keine emotionalen Schwierigkeiten haben. Vielmehr würden sie es sich erlauben, darauf – anders als auf die Bundesflagge oder auf die Nationalhymne – stolz zu sein.«[1]

Kein Wunder also, daß die deutschen Politiker jeglicher Couleur – von einigen rechten Splittergruppen abgesehen – mit diesem Thema keine schlafenden Hunde wecken wollen. Schon die Vorbereitung der Maastrichter Verhandlungen gestaltete Bundeskanzler Helmut Kohl im Stile der Geheimdiplomatie, so als gehe es bei der Europäischen Währungsunion um des Kanzlers Privatschatulle. Parlament und

1 »Die Maastrichter Beschlüsse«, in: *Allensbacher Berichte* 12/1992

Öffentlichkeit blieben bei den Vorbereitungen des Maastrichter Gipfeltreffens weitgehend außen vor.

So wurden die Regierungsentwürfe für den Maastrichter Vertrag sowohl von der Bundesregierung als auch von der Deutschen Bundesbank als geheime Kommandosache behandelt, bis sie – nach der Unterzeichnung – am 12. Februar 1992 im Bulletin der Bundesregierung veröffentlicht wurden. Der bereits am 10. Dezember 1991 von der Bundesregierung abgesegnete – wenn auch noch nicht offiziell unterschriebene – Vertrag konnte von einer größeren deutschen Öffentlichkeit zwei Wochen lang überhaupt nicht eingesehen werden, weil zunächst nur eine englischsprachige vorläufige Endfassung des Vertragswerkes existierte, die erst zeitraubend übersetzt und autorisiert werden mußte. Das häufig benutzte Argument, die Kritiker der Europäischen Währungsunion hätten ihre Einwände schließlich schon vor der Unterzeichnung vorbringen sollen, läuft somit ins Leere.

Statt dessen durfte die deutsche Öffentlichkeit lediglich das fertige Ergebnis bestaunen. Wer es wagte, daran Kritik zu äußern, galt sofort als ewig gestriger Nationalist und Querulant.

Die kompromißlose Haltung, mit der Bundeskanzler Helmut Kohl für den Maastrichter Vertrag eintritt, wurde auch in seiner Rede zur 2. und 3. Lesung des »Ratifikationsgesetzes zum Vertrag über die Europäische Union und des Gesetzes über die Verfassungsänderungen« am 2. Dezember 1992 im Deutschen Bundestag deutlich: »In der Präambel unseres Grundgesetzes hatten die Verfassungsväter und -mütter uns aufgegeben, als gleichberechtigtes Glied in einem vereinten Europa dem Frieden der Welt zu dienen. Mit dem Vertrag von Maastricht rücken wir diesem Ziel ein entscheidendes Stück näher.« Außerdem meinte der Kanzler: »Vor allem wir Deutschen sollten eines nie vergessen: Ohne die feste Einbettung der Bundesrepublik Deutschland in die europäische Integration wäre auch die friedliche Vereinigung unseres Vaterlandes so schnell und problemlos nicht zu verwirklichen gewesen. Deshalb sind deutsche Einheit und europäische Einigung für uns zwei Seiten ein und derselben Medaille.«[1]

1 Bundeskanzler Helmut Kohl, Rede vor dem Deutschen Bundestag am 2. 12. 1992

So einfach ist das also: Wer für den Maastrichter Vertrag ist, der ist auch für Frieden in Europa und für die deutsche Einheit. Wer aber dagegen ist, der ist dann wohl auch gegen Frieden in Europa und gegen die deutsche Einheit. Wer dieses Thema so platt behandelt, kann an einer sachlichen und kritischen Diskussion kein wirkliches Interesse haben.

Das Tempo, mit dem die Ratifizierung im Bundestag und Bundesrat durchgezogen wurde, führte dazu, daß eine Reihe von Fragen unbeantwortet blieben. Eine Diskussion über die ökonomischen Folgen und Konsequenzen der Währungsunion für Deutschland und für Europa unterblieb völlig – als ob es solche Folgen gar nicht gäbe. Auch die Frage, wie das Maastrichter Vertragswerk mit dem Grundgesetz der Bundesrepublik Deutschland in Einklang zu bringen ist, wurde von der Bundesregierung nur höchst oberflächlich und somit lückenhaft beantwortet.

Zu einer ernsthaften Auseinandersetzung über verfassungsrechtliche Probleme kam es lediglich zwischen der Bundesregierung und den Bundesländern. Weil in Brüssel auch über viele Bereiche entschieden wird, die in die Gesetzgebungskompetenz der deutschen Landesregierungen fallen – beispielsweise die Kultur- und Bildungspolitik –, meldeten die Bundesländer den Anspruch an, bei diesen Themen in Brüssel mitreden zu dürfen. Außerdem waren die Länder der Ansicht, daß die künftige Europäische Union nicht mehr – wie etwa die frühere Europäische Wirtschaftsgemeinschaft (EWG) – als zwischenstaatliche Einrichtung angesehen werden könne, sondern ein neues völkerrechtliches Gebilde darstelle, dessen Rechtsqualität irgendwo zwischen der eines Nationalstaates und der eines neuen Bundesstaates stehe. Für weitere Übertragungen von Hoheitsrechten müsse es also zumindest eine verfassungsändernde Mehrheit im Bundestag und im Bundesrat geben. Für den Bund bedeutete dieser Vorstoß der Länder jedoch den Eingriff in einen Politikbereich, den er für sich reklamiert und eifersüchtig hütet: Die Vertretung der Bundesrepublik Deutschland im Ausland.

Der Kompetenzstreit endete mit einem Sieg der bundesdeutschen föderalen Ordnung. In einem Europa-Artikel (Artikel 23, Absatz 1) wurde neu in das Grundgesetz aufgenommen, daß nicht nur der

Bundestag, sondern auch die Vertretung der Bundesländer, also der Bundesrat, künftig der Übertragung von Hoheitsrechten auf die Ebene der Europäischen Gemeinschaft mit verfassungsändernder Mehrheit zustimmen müssen. Außerdem wurde festgelegt, daß in Angelegenheiten, die in die vorrangige Zuständigkeit der Bundesländer fallen, die Auffassung der Länder von der Bundesregierung »maßgeblich zu berücksichtigen« ist. Im bestimmten Fällen kann sogar die Vertretung der Bundesrepublik in europäischen Organen von einem Landesminister vorgenommen werden, der dann stellvertretend für alle anderen Bundesländer auftritt.

Dennoch kam es zum Jahreswechsel 1992/1993 zu der für Bundeskanzler Helmut Kohl blamablen und ziemlich einzigartigen Situation, daß Bundespräsident Richard von Weizsäcker die Unterschrift unter das Ratifikationsgesetz zu dem Maastrichter Vertrag verweigern mußte. Das Bundesverfassungsgericht in Karlsruhe hatte sehr zum Erstaunen der Bundesregierung gleich 20 Verfassungsbeschwerden und eine Organklage gegen die Ratifizierung des Maastrichter Vertrags als berechtigt anerkannt. Vor Herbst 1993 war der Richterspruch nicht zu erwarten. Der Präsident des Europaparlaments, Egon Klepsch, behielt so mit seiner Prognose, »die Deutschen könnten die letzten sein, die ihre Ratifikationsurkunde bei der italienischen Regierung hinterlegen«, recht.

Genau ein Jahr nach der Unterzeichnung des Vertrags, während die europäischen Staats- und Regierungschefs in Edinburgh die Einigung mit Dänemark feierten, kündigten in Bonn die »Grünen« ihre Verfassungsbeschwerde an. Sie stützte sich auf die Sorge, die in dem Maastrichter Vertrag vorgesehene »Eingliederung und das Aufgehen der Bundesrepublik Deutschland in einem zentralistischen europäischen Bundesstaat« nehme der Bevölkerung »auf Dauer demokratische Gestaltungsmöglichkeiten, die nach dem Grundgesetz garantiert sind«. Damit aber, so die Grünen, führe der Maastrichter Vertrag zu einer »Entdemokratisierung« und setze »wesentliche demokratische Elemente der Verfassung de facto außer Kraft«. Außerdem kritisierten die Grünen, daß eine so weitreichende Entscheidung inklusive der nötigen Verfassungsänderungen nicht lediglich – wie geschehen – durch einfachen Parlamentsbeschluß vollzogen werden könne, sondern daß dazu eine Volksabstimmung erforderlich sei.

Die Argumentation der Grünen ist stichhaltig. Immerhin schreibt die bundesdeutsche Nachkriegsverfassung der Geld- und Währungspolitik einen hohen Stellenwert zu. So ist im Artikel 73 Grundgesetz eindeutig und zweifelsfrei geregelt, daß der Bundesregierung die ausschließliche Gesetzgebungsgewalt über die Währungs-, Geld- und Münzpolitik zusteht. Gestützt auf diesen Verfassungsauftrag verabschiedete der Deutsche Bundestag 1957 das »Gesetz über die Errichtung einer Deutschen Bundesbank«, die nach diesem Gesetz zwar in ihren geldpolitischen Tagesentscheidungen weitgehend unabhängig ist, ansonsten aber der gesetzlichen Verpflichtung unterliegt, die Wirtschafts- und Währungspolitik der Bundesregierung zu unterstützen.

Damit hat die vielgerühmte Autonomie der Deutschen Bundesbank nach der geltenden Verfassung dort ihre Grenzen, wo ihre vom Gesetz vorgegebenen Aufgaben enden und die Gesetzgebungskompetenz des Bundes beginnt.

Mit ihrer Unterschrift unter den Maastrichter Vertrag hat sich die Bundesregierung jedoch dazu verpflichtet, ab dem Beginn der Europäischen Währungsunion die Geld- und Währungspolitik der demokratischen Kontrolle durch den deutschen Gesetzgeber zu entziehen. Dieses Recht wird dann vielmehr der Europäischen Kommission und dem Europäischen Rat zugeordnet, die ihrerseits überhaupt keiner demokratischen Kontrolle unterliegen, sondern ausschließlich aus Regierungsvertretern, also Mitgliedern der exekutiven Gewalt bestehen. Damit wird diese Staatsaufgabe nicht nur der in der Verfassung festgelegten nationalen Kontrolle entzogen, sondern zusätzlich wird auch das Prinzip der Gewaltenteilung durchbrochen, indem die Verantwortung für die Geld- und Währungspolitik auf europäischer Ebene allein auf die ausführende Gewalt (Exekutive) übergeht, auf die der Deutsche Bundestag als gesetzgebendes Organ (Legislative) keine Einflußmöglichkeiten mehr hat.

Eine zweite Verfassungsbeschwerde, die von den Karlsruher Verfassungsrichtern zugelassen worden ist, stammt von einem Mann, der selbst eindrucksvoll erfahren hat, was es heißt, den Maastrichter

Vertrag zu kritisieren: von dem Münchner Rechtsanwalt Manfred Brunner. Der FDP-Politiker hatte es gewagt, in seiner beruflichen Eigenschaft als Kabinettsreferent des EG-Kommissars und früheren FDP-Wirtschaftsministers, Martin Bangemann, Nachbesserungen zu dem Maastrichter Vertrag und eine Volksabstimmung auch in der Bundesrepublik zu fordern. Daraufhin wurde er »wegen unüberbrückbarer Differenzen in der politischen Beurteilung des Maastrichter Vertrags« umgehend aus der EG-Bürokratie entlassen.

Ähnlich wie die Grünen argumentieren Brunner und sein Prozeßbevollmächtigter, der Ordinarius für Öffentliches Recht und Europarecht an der Universität Erlangen-Nürnberg, Professor Karl Albrecht Schachtschneider, der Maastrichter Vertrag würde die deutsche Staatlichkeit aushöhlen. Wichtige und wesentliche Staatsfunktionen würden auf einen neuen Oberstaat – eben auf die Europäischen Gemeinschaften – übertragen werden, der selbst wiederum nicht hinreichend demokratisch legitimiert sei. So werde rechts- und demokratiewidrig ein »Europa der Führer« geschaffen. Dies jedoch, so Brunner und Schachtschneider, verstoße gegen Artikel 20 des Grundgesetzes, der festlegt, daß die (deutsche) Staatsgewalt vom (deutschen) Volke ausgeht. Voraussetzung für die europäische Integration sei daher, daß sich zunächst das deutsche Volk eine neue Verfassung gebe, in der es sich – wie beispielsweise Dänemark – die Möglichkeit einräumt, das in der Verfassung definierte deutsche Staatswesen in einem übernationalen Oberstaat »Europäische Gemeinschaften« aufgehen zu lassen.

Artikel 20 des Grundgesetzes, der die Bundesrepublik Deutschland als »demokratischen und sozialen Bundesstaat« definiert, bestimmt: »Alle Staatsgewalt geht vom Volke aus.« Auch schreibt er die Gewaltenteilung fest. Die Verfassungsväter hielten diesen Artikel für so wichtig, daß sie ihn in Artikel 79 mit einer Ewigkeitsgarantie ausstatteten. Damit ist er durch keine parlamentarische Mehrheit zu ändern. Mehr noch: »Gegen jeden, der es unternimmt, diese Ordnung zu beseitigen, haben alle Deutschen das Recht zum Widerstand.«

Darauf beriefen sich die Beschwerdeführer. Der Vertrag über die Europäische Union, so der Tenor zahlreicher weiterer beim Bundesverfassungsgericht eingereichter Schriftsätze, sei der Anfang vom Ende des souveränen deutschen Bundesstaats. Mit der Übertragung der Währungshoheit auf die EG, argumentieren auch die Grünen, werde der »point of no return in Richtung auf die Entwicklung eines europäischen Bundesstaates überschritten«. Denn »ohne eine politische und soziale Union«, so die Grünen, sei eine Währungsunion »auf Dauer nicht lebensfähig«.

Werden dann auch noch, wie im Maastrichter Vertrag vorgesehen, die Außen- und Sicherheitspolitik der Europäischen Gemeinschaft überantwortet, würde das deutsche Volk – so sehen es die Beschwerdeführer von rechts bis links übereinstimmend – von einer Macht kontrolliert, die es selbst durch Abstimmungen und Wahlen nicht mehr unter Kontrolle halten könnte. Dann spätestens sinke die Bundesrepublik Deutschland auf einen Status herab, den jetzt ein Bundesland innerhalb der Bundesrepublik habe. Nicht mehr vom »deutschen Volk«, wie es die Verfassung vorschreibt, sondern von zufälligen Mehrheiten anderer Nationen im Ministerrat oder im Europäischen Parlament würde dann die Staatsgewalt ausgehen.

Am 12. Oktober 1993 konnte Bundeskanzler Helmut Kohl endlich aufatmen. Das Bundesverfassungsgericht in Karlsruhe billigte den Maastrichter Vertrag. Damit konnten die Deutschen die Ratifizierungsurkunde – wenn auch mit fast zweijähriger Verspätung – in Rom hinterlegen und der Maastrichter Vertrag am 1. November 1993 in Kraft treten. Die so geschaffene Europäische Union, urteilten die Richter, sei jedoch immer noch ein Staatenbund, aus dem Deutschland wie jedes andere Mitglied auch wieder austreten könne – und kein europäischer Bundesstaat.

Allerdings gaben die Karlsruher Verfassungsrichter der Bundesregierung für die weitere Integration Deutschlands in die Europäische Union einige Orientierungslinien mit auf den Weg: So stärkten die Richter die Rolle des deutschen Parlaments, das die Übernahme und Ausübung von bislang nationalen Hoheitsrechten durch die Europäische Kommission zu legitimieren und zu überwachen habe. Insbesondere über den Eintritt Deutschlands in die Europäische Währungsunion, so das Gericht, müsse der Bundestag – wenn es einmal so weit ist – nochmals befinden.

8. Kapitel: Die Vorteile der Währungsunion

»Der Weg zur Europäischen Union und zu einer gemeinsamen Währung ist der Weg zu mehr Wohlstand und Beschäftigung.«

Theo Waigel, 1992

Die Kosten des Geldwechselns

Die ökonomischen Vorteile der Europäischen Währungsunion hat die EG-Kommission im Oktober 1990 in einer Analyse mit dem Titel »Ein Markt, eine Währung« untersucht.[1] Die Studie kommt zu dem Schluß, daß in den Ländern, die einmal zur Währungsunion gehören werden, vor allem die Unternehmen von einer einheitlichen Währung profitieren. An erster Stelle heben die Autoren Effizienzgewinne hervor, die daraus entstehen, daß die Gebühren für den Umtausch einer Währung in eine andere künftig entfallen werden.

Weitere Vorteile könnten sich theoretisch daraus ergeben, daß es innerhalb einer Währungsunion naturgemäß kein Wechselkursrisiko mehr geben kann, wovon vor allem grenzüberschreitende Investitionen und langfristige Handelsgeschäfte profitieren. Die Europäische Währungsunion ist so gesehen ein perfektes Wechselkurs-Sicherungssystem, das aus Sicht der Unternehmen von den beteiligten Staaten zum Nulltarif angeboten wird.

Darüber hinaus gibt es aber auch indirekt wirkende Vorteile, die sich im Gegensatz zu den direkten Kostenersparnissen nur schwer beziffern lassen. So ist zum Beispiel damit zu rechnen, daß die wachstumsfördernden Effekte des bereits seit dem 1. Januar 1993 existierenden Europäischen Binnenmarkts durch die Ergänzung mit der Währungsunion einen zusätzlichen Schub bekommen.

Eine längerfristige Vorausschau läßt darüber hinaus den Schluß zu, daß die Währungsunion unter Umständen auch den Aufbau des

1 Michael Emerson u. a., »Ein Markt, eine Währung«, Bonn, Heidelberg/Brüssel 1991

volkswirtschaftlichen Kapitalstocks beschleunigen kann. Werden nämlich die erhofften Kostenersparnisse im produzierenden Gewerbe und im Handel tatsächlich realisiert und in den Unternehmen zusätzlich investiert, könnte sich dies in den beteiligten Ländern in einer erhöhten Produktivität und Wettbewerbsfähigkeit niederschlagen, was neue Wachstumschancen eröffnen und zu einem zusätzlichen Gewinn an Arbeitsplätzen führen kann.

Der frühere Bundeskanzler Helmut Schmidt illustriert den wesentlichen Vorzug der einheitlichen Europäischen Währung mit einem Beispiel, das auf einer Rechnung des Europäischen Büros der Verbraucherverbände (BEUC) basiert: Darin wurde unterstellt, daß sich ein Geschäftsmann mit 40000 belgischen Franc in der Tasche von Belgien aus auf eine Rundreise durch zehn Länder der EG begibt. Der Mann unternimmt auf dieser Fahrt nichts anderes, als sein Geld in jedem Land, das er erreicht, in die jeweilige Landeswährung umzuwechseln.

Allein wegen der dabei anfallenden Gebühren (Transaktionskosten) besitzt der Mann am Ende seiner Reise nur noch wenig mehr als die Hälfte seines ursprünglich eingesetzten Startkapitals. Der Rest landete in den Kassen der Banken und Wechselstuben.

Beim Umtausch von Bargeld entstehen tatsächlich die höchsten Transaktionskosten. Besonders dann, wenn eine schwache Währung in eine relativ starke Währung, also zum Beispiel griechische Drachmen oder portugiesische Escudos in D-Mark gewechselt werden, können die dabei entstehenden Verluste nach einer Erhebung des BEUC zwischen 14 und 21 Prozent betragen. Generell gilt: Je stärker die beteiligten Währungen sind, desto geringer sind die Tauschgebühren. Auch die Banken lassen sich also das mit dem Sortengeschäft verbundene Kursrisiko bezahlen. Im gewogenen europäischen Durchschnitt – der auch berücksichtigt, wieviel Geld zu bestimmten Konditionen gewechselt wird – liegen die Umtauschgebühren daher nur bei 2,5 Prozent. Dennoch addieren sich die dabei anfallenden Kosten in der EG insgesamt auf schätzungsweise 1,3 bis 2 Milliarden ECU. Da eine ECU grob gerechnet dem Gegenwert von zwei D-Mark entspricht, sind dies rund 2,6 bis 4 Milliarden D-Mark.

Helmut Schmidts Handelsreisendem hätte allerdings geholfen

Tabelle 6: Währungstransaktionsverluste auf einer (theoretischen) Rundreise durch zehn Länder

Am 1. März 1988 umgetauscht in	Wechselkurs in der Landeswährung		Beträge nach Umtausch	in ECU[1]	Verlust in Prozent
B (Start)			40 000 BFR	925,18	
UK	1 UK£	= 64,95 BFR	615,86 UK£	891,30	– 3,66[2]
F	9,8065 FF	= 1 UK£	6039,43 FF	863,55	– 3,11[2]
E	19,47 PTA	= 1 FF	117 587,49 PTA	843,69	– 2,30[2]
P	1,18 ESC	= 1 PTA	138 753,491 ESC	820,35	– 2,77
I	7,75 LIT	= 1 ESC	1 075 339,52 LIT	706,43	– 13,89[2]
GR	10,575 DR	= 100 LIT	113 717,15 DR	686,97	– 2,75
D	0,98 DM	= 100 DR	1 114,43 DM	539,42	– 21,46[2]
DK	378,44 DKR	= 100 DM	4 217,45 DKR	534,42	– 0,95[2]
NL	27,75 HFL	= 100 DKR	1 170,34 HFL	504,71	– 5,56[2]
B (Ziel)	18,14 BFR	= 1 HFL	21 300 BFR	492,66	– 2,39
Insgesamt					– 46,75

[1] Im Amtsblatt der Europäischen Gemeinschaften veröffentlichter amtlicher Wechselkurs vom 1. März 1988.
[2] Es können zusätzliche Bankgebühren erhoben werden.

Quelle: BEUC (1988b)

werden können. Statt Bargeld hätte er auch Euro- oder Reiseschecks beziehungsweise eine Kreditkarte mitnehmen können. In jedem Land der Gemeinschaft wäre er damit zu weitaus geringeren Kosten flüssig gewesen. So berechnen die Banken für Euroschecks, die in ausländischer Währung ausgestellt werden, zwischen zwei und drei Prozent des Nennbetrags. Da innerhalb der Gemeinschaft pro Jahr rund 40 Millionen Euroschecks im Gegenwert von durchschnittlich je 125 ECU eingelöst werden, würde eine gemeinsame Währung zu einer Ersparnis von insgesamt rund 100 bis 150 Millionen ECU führen. Weitere 150 Millionen ECU würden die Besitzer von Reiseschecks sparen, die Abrechnungen von Kreditkartenbesitzern würden sich durch den Wegfall der Gebühren insgesamt um 150 bis 200 Millionen ECU verringern.

Wesentlich höhere Kosten fallen dagegen beim Zahlungsverkehr zwischen den Unternehmen in verschiedenen EG-Ländern an, die gewöhnlich in Form von Überweisungen abgewickelt werden. Weil hier die Grundgebühren relativ hoch sind, fallen die Transaktionskosten um so mehr ins Gewicht, je geringer der zu überweisende Betrag ist. Bei einem Überweisungsvolumen von 5000 Milliarden ECU pro Jahr, das zwischen den EG-Ländern eher die Untergrenze darstellt, würde eine einheitliche Währung zu Kostenersparnissen zwischen 6,2 und 10,4 Milliarden ECU führen.

Insgesamt belaufen sich so die gesamten Transaktionskosten, also die Kosten des Umtausches von einer EG-Währung in eine andere, in ganz Europa nach vorsichtigen Schätzungen der EG auf 13 bis 19 Milliarden ECU (rund 26 bis 38 Milliarden Mark) pro Jahr. Diese Summe entspricht immerhin einem halben Prozentpunkt des europäischen Bruttoinlandsprodukts.

Allerdings kann man nicht davon ausgehen, daß ohne diese Transaktionskosten das reale Wirtschaftswachstum in Europa um ein halbes Prozent höher ausfallen würde. Die Umtauschkosten sorgen immerhin bei den zahlreich beteiligten Banken und Wechselstuben durchaus für Einkommen und Beschäftigung. Würde der Umtausch entfallen, wäre das Ergebnis lediglich eine andere Verteilung dieses Einkommens. Das Geld würde bei den Importeuren und Exporteuren, bei den produzierenden Unternehmen oder bei den Touristen und

Tabelle 7: Einsparungen bei Transaktionen zwischen Mitgliedsländern durch eine einheitliche Währung (in Milliarden ECU, Stand 1990)		
	Geschätzter Bereich	
1. Finanzielle Transaktionskosten		
Banküberweisungen	6,4	10,6
Banknoten, Euroschecks, Reiseschecks, Kreditkarten	1,8	2,5
Insgesamt	8,2	13,1
2. Unternehmensinterne Kosten	3,6	4,8
3. Verringerung grenzüberschreitender Zahlungskosten	1,3	1,3
Insgesamt	13,1	19,2

Quelle: EG-Kommission

Geschäftsreisenden verbleiben, anstatt in den Kassen der Wechselstuben zu landen.

Volkswirtschaftlich gesehen wäre daher der Verzicht auf Umtausch höchstens dann ein Gewinn, wenn man zu der Auffassung gelangt, daß das Geld von der produzierenden oder Handel treibenden Wirtschaft mit einer größeren Effizienz wieder ausgegeben wird als von den Banken und Wechselstuben. Der Beweis dafür, daß eine einheitliche Währung allein schon aufgrund ihrer Existenz zu einem größeren Wirtschaftswachstum führt, dürfte daher schwerfallen.

Anders sieht jedoch die betriebswirtschaftliche Komponente aus der Sicht betroffener Unternehmen aus. Vor allem, wenn ein Unternehmen besonders rege Kontakte jenseits der Währungsgrenzen hat – weil es zum Beispiel in einem kleinen Land tätig ist oder in einem Land mit einer schwachen Währung, die von seinen Geschäftspartnern eher gemieden wird –, können sich die Umtauschkosten auf bis zu vier Prozent der Gewinne aus Verkäufen in andere EG-Länder summieren.[1] Die Studie der EG-Kommission kommt zu dem Schluß,

1 ebenda

daß in solchen Ländern die Transaktionskosten auf bis zu ein Prozent des Bruttoinlandsprodukts (BIP) steigen können.

Große Hartwährungsländer – allen voran die Bundesrepublik – haben in dieser Hinsicht natürlich einen Vorteil. Weil die D-Mark von den deutschen Unternehmen weitgehend als Handelswährung durchgesetzt werden konnte, die Transaktionskosten also in jeweiligen importierenden Ländern anfallen, liegt der deutsche Anteil der Transaktionskosten am BIP mit rund 0,1 Prozent weit unter dem europäischen Durchschnitt.

Die Kosten der Währungssicherung

Nur eine in ganz Europa einheitliche Währung schließt Wechselkursrisiken auf Dauer aus und schafft so eine verbesserte Plan- und Kalkulierbarkeit. Theoretisch könnten davon sowohl der Handel als auch grenzüberschreitende Investitionen profitieren. Da zwischen der Bestellung, dem Kaufvertrag und der Übergabe einer Ware bis hin zur Bezahlung normalerweise einige Monate – bei größeren Industrieanlagen, ganzen Fabriken oder Kraftwerken auch mehrere Jahre – vergehen können, birgt ein internationales Handelsgeschäft normalerweise für beide Partner ein Risiko. So ist in der Regel an dem Tag, an dem das Geschäft vereinbart wird, nicht klar, wie sich die Wechselkurse der beteiligten Währungen in der Zeit bis zur abschließenden Erfüllung verhalten werden. Kommt es zum Beispiel zur Aufwertung der Fremdwährung, mit der ein Importeur seine Rechnung bezahlen muß, verteuert sich seine Bestellung entsprechend. Kommt es dagegen zu einer Abwertung der Fremdwährung, hat er Glück und muß für die bestellte Lieferung weniger tief in die Tasche greifen.

Da dieses Risiko umgekehrt auch für den Exporteur gilt, haben die Banken ein breites Instrumentarium entwickelt, mit dessen Hilfe sich die Wirtschaft gegen Wechselkursschwankungen – die oft unerwartet kommen – absichern kann. So werden Handelsgeschäfte in Fremdwährungen, bei denen ein Wechselkursrisiko nicht ausgeschlossen werden kann, in aller Regel durch Termin- oder Devisentermingeschäfte abgesichert.

So können sich deutsche Exporteure gegen Einbußen, die aus einer eventuellen Aufwertung der D-Mark resultieren könnten, absichern, indem sie Devisen im Umfang ihrer Auslandsforderungen per Termin verkaufen. Umgekehrt kann sich ein Importeur gegen die Abwertung der eigenen Währung schützen, indem er entsprechend Devisen per Termingeschäft kauft. Bei größeren Beträgen, etwa für Investitionen, können Unternehmen das Wechselkursrisiko auch durch den Kauf von Devisenoptionen minimieren. Mit einer solchen Option können Devisen zu einem späteren Zeitpunkt zu vorher festgelegten Konditionen ge- oder verkauft werden. Im Gegensatz zum Termingeschäft besteht bei Fälligkeit kein Erfüllungszwang. Der Erwerber kann eine Option also auch verfallen lassen, etwa weil der Geschäftsabschluß in der Zwischenzeit storniert worden ist. Deutsche Exporteure können sich zusätzlich auch bei der staatlichen Exportversicherung »Hermes Kreditversicherungs AG« gegen Wechselkursrisiken bei Exportgeschäften mit einer Laufzeit von mehr als zwei Jahren absichern.

Besser als eine noch so gute Versicherung ist es aber, die Risiken selbst auszuschalten. In einem wirklichen Binnenmarkt, der diesen Namen auch verdient, sind Wechselkurs-Sicherungsgeschäfte auf jeden Fall ein Anachronismus. Allerdings dürfte der endgültige Wegfall von Wechselkursschwankungen innerhalb der Europäischen Währungsunion grenzüberschreitende Investitionen und den innereuropäischen Handel kaum merklich beflügeln. Das Europäische Währungssystem, in dem über weite Strecken eine beachtliche Kursstabilität herrschte, reduzierte – zumindest bis zur EWS-Krise des Jahres 1993 – die Gefahr von unerwartet hohen Währungsschwankungen bereits erheblich. Das Restrisiko wurde von den Unternehmen entweder toleriert oder durch entsprechende Devisengeschäfte ausgeschlossen. Diese Sicherheit hatte allerdings auch ihren Preis – und der würde mit der Währungsunion entfallen.

Der Langfristeffekt

Gibt es in einer Währungsunion naturgemäß keine Wechselkursschwankungen mehr, dann könnten theoretisch auch die bislang noch vorherrschenden Zinsdifferenzen zwischen den beteiligten Ländern verschwinden. Diese Zinsdifferenzen – die auch innerhalb des Europäischen Währungssystems an der Tagesordnung sind – berücksichtigen zum einen die Inflationsdifferenz, zum anderen aber auch das Risiko oder die Chance, daß die betreffende Währung ab- oder aufgewertet werden könnte.

Beide Gründe sind innerhalb einer Währungsunion so nicht mehr gültig. Zwar kann es regional durchaus noch zu unterschiedlichen Preisentwicklungen kommen (so wie es auch innerhalb eines nationalen Währungsgebietes zu regional unterschiedlichen Preisentwicklungen kommen kann), doch eine Veränderung der Wechselkurse ist für alle Zeit ausgeschlossen. In der Folge werden sich also auch die nominalen Zinsen in den an der Währungsunion beteiligten Ländern auf einem einheitlichen Niveau einpendeln.

Betrachtet man die Zinsdifferenzen im EWS, dann fällt auf, daß die langfristig niedrigsten Zinsen in Deutschland anfielen. Selbst in den Niederlanden lagen die Zinsen für dreimonatige Anleihen im Schnitt noch um einen halben Prozentpunkt über dem deutschen Niveau, obwohl der Gulden zwischen 1983 und 1992 gegenüber der D-Mark überhaupt nicht an Wert verloren hat.

Diese wechselkursbedingten Risikoaufschläge auf das Zinsniveau sind für investierende Unternehmen jedoch nichts anderes als zusätzliche Kapitalkosten. Kredite, die zur Finanzierung von Investitionen benutzt werden, verteuern sich damit um ebendiesen Zuschlag. In einer Währungsunion würden sich also – Stabilität vorausgesetzt – die Zinssätze in allen anderen beteiligten Ländern dem niedrigeren deutschen Niveau annähern. Für die Unternehmen wäre dies eine zusätzliche finanzielle Entlastung.

Damit würde eine Währungsunion den wachstumsfördernden Effekt des Europäischen Binnenmarktes zusätzlich verstärken. Zu der Vergrößerung des Absatzgebietes kämen noch Einsparungen hinzu, die sich aus dem Wegfall von Transaktionskosten und Wechselkurs-

Sicherungsgeschäften sowie aus günstigeren Finanzierungskosten zusammensetzen.

Diese Kostenvorteile fallen zunächst in Form von höheren Unternehmensgewinnen an. Werden diese Extragewinne nicht konsumiert, sondern zusätzlich investiert, dann steigt nicht nur das Wachstum und damit auch die Zahl der Arbeitsplätze, sondern auch die Produktivität des Kapitalstocks und damit die internationale Wettbewerbsfähigkeit der Währungsunion. Mittelfristig kann sich diese Entwicklung dann in einem höheren Wachstumspfad niederschlagen.

Allerdings wird die Europäische Währungsunion, wenn sie 1997 oder 1999 tatsächlich eingeführt wird, weder Helmut Schmidts beispielhaft angeführten Handelsreisenden noch Europas Urlaubern oder den unter Transaktionskosten leidenden Unternehmen helfen können. Die von der EG-Kommission gerne ins Feld geführten Modellrechnungen bezüglich der finanziellen Vorteile einer einheitlichen Währung für den Unternehmenssektor gehen nämlich davon aus, daß alle zwölf EG-Länder der Währungsunion auch wirklich beitreten. Nur dann können die europäischen Unternehmen die geschätzten Kostenersparnisse in der angeführten vollen Höhe tatsächlich realisieren.

Dies ist allerdings schon deshalb völlig unmöglich, weil, wie schon gezeigt, selbst 1999 allenfalls die Hälfte der europäischen Länder in der Lage sein wird, die Konvergenzkriterien zu erfüllen. Solange aber nicht bekannt ist, welche Länder an der Währungsunion teilnehmen werden, lassen sich die Auswirkungen auch nicht exakt quantifizieren. Da die potentiellen Ersparnisse aber in den Ländern, die zunächst draußen bleiben müssen, höher sind als in den Ländern, die teilnehmen können, werden sich die tatsächlichen Einsparungen nur in der Höhe eines Bruchteils der von der EG-Kommission genannten Beträge einstellen können.

Damit werden auch die zusätzlichen Vorteile der Einheitswährung zunächst den ohnehin wirtschaftlich starken Ländern zugute kommen. Die ökonomisch schwächeren Länder müssen dagegen weiterhin mit dem Manko zusätzlicher Risikozuschläge sowohl bei den Transaktionskosten als auch beim Wechselkurs – und damit auch beim Zinsniveau – leben. So gaukelt die Europäische Währungsunion gerade den Unternehmen in denjenigen Ländern die größten Vorteile vor, die auf absehbare Zeit überhaupt nicht daran teilnehmen können. Vielmehr wird es im künftigen Europäischen Binnenmarkt ein Zwei-Klassen-System geben, das die starken Länder gegenüber den schwächeren zusätzlich privilegiert.

Eine Währungsunion ohne Währung

Mit Beginn der dritten Stufe der Währungsunion werden jedoch zunächst lediglich die Wechselkurse der teilnehmenden Währungen unwiderruflich festgeschrieben. Die unterschiedlichen nationalen Geldscheine und Münzen bleiben jedoch weiterhin – ähnlich wie bei der deutschen Reichsgründung 1871 – als nationales Zahlungsmittel erhalten.

Auf den Umtausch von Banknoten der einen Währung in Geldscheine einer anderen Währung wird also vorerst sowieso niemand verzichten können, wenn er von einem EG-Staat in einen anderen reist. Dieser Vorteil wird sich also erst irgendwann in der Zukunft einstellen, wenn sich die Mitglieder der Europäischen Währungsunion tatsächlich auf ein einheitliches Geld geeinigt haben, das dann in allen teilnehmenden Ländern die bisher gültigen nationalen Zahlungsmittel ersetzen wird.

Der Verzicht auf eine einheitliche Währung gleich vom Start der Währungsunion an ist schon insofern unausweichlich, weil es allen Notendruckereien und Münzprägeanstalten der Gemeinschaft zusammen nicht gelingen würde, die Masse der dafür benötigten Geldmünzen und Geldscheine bis zu den Stichtagen überhaupt herzustellen. Zumal es in der Gemeinschaft über das Aussehen und über die Gestaltung des künftigen Ecu bis jetzt nicht die geringsten Vorstellungen gibt. Da in dem Maastrichter Vertrag über die neue Euro-Währung nur bestimmt wird, daß bei ihrer Erstellung nationale Belange berücksichtigt werden, müßten also zuerst die Teilnehmer der Währungsunion feststehen, damit Klarheit darüber besteht, wessen nationale Eigenarten denn überhaupt zu berücksichtigen sind. Erst dann könne ein einheitliches Geld hergestellt werden.

Daß die Europäische Währungsunion nicht mit einer, sondern im Extremfall mit elf oder noch mehr Währungen beginnt, ist mehr als nur ein Schönheitsfehler. Es führt dazu, daß auf eine noch unbestimmte Zeit – trotz Währungsunion –

- die Transaktionskosten für den Währungsumtausch – zumindest teilweise – weiterhin anfallen,
- die Transparenz der Preise innerhalb der Gemeinschaft weiterhin durch Umrechnungen erschwert wird,
- die Vereinheitlichung der Kapitalmärkte erschwert wird,
- der harte Schnitt der Einführung einer einheitlichen Währung und einer einheitlichen Geldpolitik für den einzelnen Verbraucher nicht konkret sichtbar wird und nicht zuletzt auch
- auf dem internationalen Kapitalmarkt gegenüber Dollar und Yen kein einheitlicher Konkurrent auftritt, sondern die Nachfrage nach Ecu immer noch in D-Mark, französischem Franc oder einer anderen nationalen Währung befriedigt werden muß,
- der Austritt eines Landes aus der Währungsunion oder eine Wechselkursveränderung, aus welchem Grund auch immer, technisch noch möglich ist.

Damit sind der Europäischen Währungsunion, so wie sie im Maastrichter Vertrag konzipiert ist, wesentliche Argumente genommen, die durchaus für eine einheitliche Währung in Europa sprechen würden.

9. Kapitel: Wirtschaftliche Konsequenzen der Währungsunion

»Eine gemeinsame europäische Währung würde nicht nur Vorteile bringen. Unter den gegebenen Umständen würden wir mit der Deutschen Mark eine harte Währung auf dem europäischen Altar opfern, ohne zu wissen, was wir dafür bekommen.«

Karl Otto Pöhl, 1990

Der Ecu – das »goldene Schild«?

Trotz vieler unbestreitbarer Vorteile, die eine Währungsunion in Europa haben könnte, kann Kritik an dem Maastrichter Vertrag nicht ausbleiben. Vieles ist noch nicht gut genug durchdacht, geht nicht weit genug oder bedarf der Nachbesserung. Genauso wichtig ist: Man darf sich keinen Illusionen hingeben. Eine sich neu formierende Europäische Zentralbank kann unmöglich eine neue künstliche Währung vom Start weg so stabil halten, wie es die Deutschen jahrzehntelang von der erfahrenen Deutschen Bundesbank gewöhnt sind.

Warum sollte sie auch? Schließlich werden an die künftige EZB andere Anforderungen gestellt als an die deutsche Notenbank. Die neue Einheitswährung Ecu – eine Bezeichnung, die an die älteste französische Goldmünze, die »Ecu d'or« (goldenes Schild) erinnert, die im Jahr 1266 unter König Ludwig IX. erstmals geprägt wurde – muß sich auf den internationalen Devisenmärkten ihr Image erst aufbauen. Der künftige Ecu ist auch etwas völlig anderes als die bislang bekannte Europäische Rechnungseinheit (European Currency Unit – ECU). Während die künftige Einheitswährung Ecu alle Elemente eines eigenständigen Zahlungsmittels erhalten soll, ist der ECU bislang nicht viel mehr als ein Index, dessen Wert sich rechnerisch aus den ihm angeschlossenen Währungen ergibt. Der Gedanke, die neue Euro-Währung könne die führende Rolle der D-Mark einfach erben, ist daher durch nichts gerechtfertigt.

Die volkswirtschaftlichen Eckdaten der Europäischen Gemeinschaft weichen erheblich von den entsprechenden Werten der deutschen Volkswirtschaft ab. Zwar konnte die Deutsche Bundesbank über das EWS die deutsche Stabilitätskultur nach Europa exportieren, doch fällt dieses Sanktionsinstrument weg, ist der weitere Erfolg dieses Bemühens zumindest offen.

Sind in einer Währungsunion die Wechselkurse zwischen den beteiligten Ländern einmal endgültig und unwiderruflich fixiert, gibt es naturgemäß auch keine Auf- oder Abwertungen mehr, mit denen sich – aus welchen Gründen auch immer – neu auftretende Unterschiede in der Wettbewerbsfähigkeit verschiedener Länder ausgleichen ließen. Wie zur Zeit des Goldstandards erfolgen die dann fälligen Anpassungen wieder in Form von nationalen Beschäftigungskrisen. Dann aber steht die EG vor neuen Problemen, auf die sie bislang noch keine zufriedenstellenden Antworten gefunden hat.

Schwachpunkt 1: Die Konvergenzkriterien

Schon das Versprechen, an der Europäischen Währungsunion werden nur diejenigen Länder teilnehmen, die alle Konvergenzkriterien peinlich genau erfüllen, wird sich aus politischen Gründen nicht halten lassen. Vorsorglich ist in dem Maastrichter Vertrag – entgegen vielfachen Behauptungen – nämlich keineswegs verbindlich vorgeschrieben, daß ein Land zum Zeitpunkt der Prüfung tatsächlich alle Kriterien auch einhalten muß, um in die Europäische Währungsunion aufgenommen zu werden.

Zwar schreiben die Kriterien vor, daß sowohl das Europäische Währungsinstitut als auch die EG-Kommission die Qualifikation eines Landes nur dann bestätigen kann, wenn gewisse Voraussetzungen erfüllt sind (im einzelnen siehe S. 90), doch diese Bedingungen gelten lediglich als Grundlage der Empfehlungen des Europäischen Währungsinstituts und der EG-Kommission an den Europäischen Rat. Die endgültige Auswahl, welche Länder an der Europäischen Währungsunion tatsächlich teilnehmen werden, bleibt allein dem Rat der Staats- und Regierungschefs vorbehalten. Dieser darf nach dem Maastrichter Vertrag ein Land auch dann in die Währungsunion aufnehmen, wenn es nicht allen Kriterien entspricht. Der Rat kann also Verstöße gegen die Konvergenzkriterien tolerieren, wenn diese bei der Beurteilung »der Gesamtlage« als vertretbar erachtet werden.

Dies ist zum Beispiel dann der Fall, wenn das Verhältnis zwischen dem geplanten oder tatsächlichen öffentlichen Defizit zum Bruttoinlandsprodukt zwar den Referenzwert von drei Prozent überschreitet, »aber erheblich und laufend zurückgegangen ist und einen Wert in der Nähe des Referenzwertes erreicht hat«. Eine weitere Ausnahme ist zulässig, wenn »der Referenzwert nur ausnahmsweise und vorübergehend überschritten wird und das Verhältnis in der Nähe des Referenzwertes bleibt«. Ein Auge zudrücken darf der Rat auch dann, wenn der öffentliche Schuldenstand den Referenzwert von 60 Prozent überschreitet, aber »das Verhältnis hinreichend rückläufig ist und sich rasch genug dem Referenzwert nähert«.[1] In strittigen Fällen genügt die Zustimmung einer qualifizierten Mehrheit, um im Europäischen Rat eine Entscheidung über die Teilnahme eines Landes an der Währungsunion herbeizuführen.

Diese Abschwächung des strengen Konvergenzmechanismus war bei den Maastrichter Verhandlungen nur auf das intensive Drängen der italienischen Regierungsvertreter aufgenommen worden. Ganz offensichtlich sahen die Italiener die durchaus realistische Gefahr, daß für ihr Land auf absehbare Zeit keine Chance besteht, den strengen Regeln gerecht zu werden. Durch Ausschluß von der Europäischen Währungsunion offen deklassiert zu werden, das paßt jedoch so gar nicht zu dem Selbstverständnis der wirtschaftlich stärksten Nation Europas südlich der Alpen, die sich immerhin auch schon einen Sitz in der G-7-Gruppe der größten westlichen Industrienationen erkämpft hat.

Auch das Kriterium der Preisstabilität läßt noch erhebliche Spielräume offen. So ist die Obergrenze für die Inflationsrate – wie auch für das Zinsniveau – nur relativ bestimmt. Zwar darf die Inflationsrate eines beitrittswilligen Landes nur 1,5 Prozentpunkte über den Inflationsraten der drei Länder mit der größten Preisstabilität liegen, doch für die absolute Höhe dieser Basis gibt es weder in dem Vertrag

1 EG-Vertrag (i. d. F. vom 7. 2. 1992), Artikel 104c

noch in den dazugehörenden Protokollen irgendeine Begrenzung. So ist nicht ausgeschlossen, daß die künftige Einheitswährung Ecu bereits mit einem relativ hohen Inflationssockel an den Start geht.

Für die Deutsche Bundesbank sind dies die entscheidenden Schwachstellen, an denen die Konvergenzkriterien bereits jetzt aufgeweicht worden sind. Die Sorge, daß an der Währungsunion am Ende auch Länder teilnehmen werden, die den Konvergenzkriterien nicht genügen, ist nur allzu berechtigt. Denn wenn die Staats- und Regierungschefs der Gemeinschaft spätestens 1998 gezwungen werden, die Spreu vom Weizen zu trennen, geraten sie unweigerlich in ein erhebliches politisches Dilemma.

Das einzige Land, das sich zweifellos für den Beitritt zur Währungsunion qualifiziert haben wird, ist das Großherzogtum Luxemburg. Die Inflationsrate entwickelte sich zu Beginn der neunziger Jahre ausgesprochen moderat. Die Verschuldung in Prozent vom Bruttoinlandsprodukt lag 1993 mit nur knapp acht Prozent meilenweit unter dem geforderten Referenzwert, die Finanzlage insgesamt gilt als geradezu mustergültig. Auch bei Luxemburgs Währungspartner Belgien besteht kein Zweifel daran, daß es seit seinem wirtschaftspolitischen Paradigmenwechsel 1982 eine ausgesprochen erfolgreiche stabilitätsorientierte Politik betrieben hat.

Zwischen 1991 und 1993 lag Belgiens Inflationsrate deutlich unter der Deutschlands, so daß auch die langfristigen Renditen öffentlicher Anleihen in diesen Jahren durchwegs die Konvergenzkriterien erfüllten. Ein ehrgeiziges Sparprogramm ist durchaus in der Lage, bis 1996 auch die laufende Verschuldung des Staatshaushalts auf höchstens drei Prozent zu drücken. Lediglich der Bruttoschuldenstand in Prozent des Bruttoinlandsprodukts liegt mit mehr als 130 Prozent bei dem Doppelten des erlaubten Wertes. Diesen Schuldenberg schleppt die belgische Regierung freilich schon seit der zweiten Ölkrise von 1979 mit sich herum, auf die die belgische Regierung mit einer falschen Finanz- und Wirtschaftspolitik reagierte. In der Folge kam es dann in Belgien bis zu dem wirtschaftspolitischen Kurswechsel 1982 zu einer schweren Wirtschafts- und Währungskrise.

Selbst wenn Belgien den nominalen Schuldenstand auf dem heutigen Niveau einfrieren würde, würde es Jahrzehnte dauern, bis es dieses Stabilitätskriterium erfüllen könnte. Kein verantwortlicher Währungspolitiker würde dem Land jedoch zu einem solchen brutalen Deflationskurs raten.

Ginge es streng nach den Kriterien, könnte Luxemburg der Währungsunion beitreten, Belgien jedoch nicht. In der Praxis wirft dies aber ein Bündel von höchst komplizierten Fragen auf: Belgien und Luxemburg haben nämlich bereits eine gemeinsame Währung, den belgischen Franc. Die europäische Währungsunion, die Europa weiter zusammenfügen soll, würde nach strenger Auslegung des Maastrichter Vertrages in diesem Fall das Gegenteil bewirken und eine bewährte Gemeinsamkeit ohne Not auseinanderreißen. Luxemburg müßte nämlich die Währungskooperation mit Belgien aufkündigen, auf den belgischen Franc als Zahlungsmittel und Recheneinheit verzichten und gleich zwei neue Währungskooperationen eingehen.

Weil auf Ecu lautende Scheine und Münzen erst lange nach dem Beginn der Währungsunion parallel zu den nationalen Zahlungsmitteln ausgegeben werden, die bisherigen nationalen Währungen also im täglichen Verkehr bleiben, müßte Luxemburg erst einmal einen Ersatz für den ausgemusterten belgischen Franc suchen und seinen gesamten Zahlungsverkehr und das gesamte Rechnungswesen vorerst auf eine Währung umstellen, die der Europäischen Währungsunion ebenfalls vom ersten Tag an beitritt. Welche Währung das ist – als Nachbarwährungen böten sich der französische Franc, die D-Mark oder auch der niederländische Gulden an –, wäre letztlich egal. Ein Kursrisiko könnte es ja nicht mehr geben. Schließlich gelten zwischen allen Gemeinschaftswährungen, die nur noch stellvertretend für den Ecu im Umlauf sind, unwiderruflich feste Relationen. Irgendwann später, wenn der Ecu als offizielles Zahlungsmittel der Gemeinschaft auch in Form von Scheinen und Münzen in Umlauf gebracht wird, müßten sich die Luxemburger dann noch einmal umgewöhnen.

Daß sich die Staats- und Regierungschefs 1996 oder später auf dieses umständliche Szenario verständigen, ist jedoch ziemlich unwahrscheinlich. Zumal das Kriterium für die absolute Verschuldung – wogegen Belgien verstößt – ohnehin wenig über die tatsächliche Stabilitätspolitik eines Landes aussagt. Alte Schulden belasten die laufenden Ausgaben des Staatshaushalts nämlich nur insofern, als dafür Zinsen und Tilgung bezahlt werden müssen. Dafür muß sich der Staat zwar gegebenenfalls neu verschulden und somit den Kapitalmarkt belasten. Doch dieses Problem ist bereits mit der Vorschrift, daß die laufende Verschuldung drei Prozent des Bruttoinlandsprodukts nicht überschreiten darf, geregelt. Die alten Schulden dagegen belasten den Kapitalmarkt überhaupt nicht und können somit auch nicht stabilitätsgefährdend wirken.

In Belgien zerbricht sich über dieses Problem allerdings niemand den Kopf. Die Teilnahme an der Währungsunion gilt als absolut sicher. Auch in den anderen europäischen Ländern ist Belgien immer dann mit dabei, wenn über die Kernländer einer Währungsunion nachgedacht wird. Mehr noch: »Wenn die EWU tatsächlich eine Stabilitätsgemeinschaft werden soll, wird man auf ein Land wie Belgien kaum verzichten können«, urteilte das Kölner Institut der deutschen Wirtschaft.[1]

Belgien ist damit das erste Land, auf das die Ausnahmeregel nach Art. 104 des Maastrichter Vertrages angewandt wird. Dann aber stehen die europäischen Staats- und Regierungschefs vor dem nächsten Problem: Ist die Meßlatte für den Einstieg in die Währungsunion erst mal verrückt, wird es wohl niemandem gelingen, den Italienern, deren Schuldenquote am Bruttoinlandsprodukt »nur« bei 100 Prozent liegt, den Einstieg zu verwehren.

Im Europäischen Rat dürfte es jedenfalls sehr schwer werden, zu begründen, weshalb für Italien, die drittstärkste Volkswirtschaft Europas und ein Gründungsmitglied der EG, andere Regeln gelten sollen als für Belgien. Immerhin könnten auch die Italiener auf ernsthafte und einschneidende Anstrengungen verweisen, ihre Staatsfinanzen in Ordnung zu bringen. Außerdem würde eine Währungsunion ohne Italien einen scharfen Trennungsstrich zwischen dem reichen Norden und dem armen Süden Europas ziehen. Von einer wirklichen Europäischen Währungsunion könnte in diesem Fall jedenfalls nicht mehr gesprochen werden. Bleibt die EG dabei, einem

1 »Belgien: Zur Stabilität keine Alternative« in: *Beiträge zur Wirtschafts- und Sozialpolitik*, 3/1993.

möglichst stabilen Ecu Priorität einzuräumen, dann hätte sie mit der Währungsunion das Gegenteil von dem erreicht, was ihr eigentliches Ziel war: Die gemeinsame Währung würde trennen, statt zu verbinden. Die Folge wäre eine unkalkulierbare Zerreißprobe innerhalb der Gemeinschaft an einer neuen Nord-Süd-Front.

Schwachpunkt 2: Die Fundamentals

Viel wahrscheinlicher ist: Tritt am 1. Januar 1999 – ein früherer Termin ist mit Sicherheit ausgeschlossen – die europäische Einheitswährung in Kraft, werden dank großzügiger Auslegung der Konvergenzkriterien möglichst viele EG-Länder dazugehören. Damit ist die Welt auf einen Schlag um eine internationale krisenfeste Reservewährung ärmer geworden. Ob sie eine neue hinzugewinnt, wird sich ab diesem Zeitpunkt erst noch erweisen müssen.

Die D-Mark hatte sich ja nur deshalb als nach dem Dollar zweitstärkste Anlage- und Reservewährung in der internationalen Finanzwelt durchsetzen können, weil hinter ihr nicht nur die Deutsche Bundesbank, sondern auch die über Jahrzehnte vergleichsweise solide deutsche Finanzpolitik stand. Das war aber noch lange nicht alles. Die D-Mark konnte nur deshalb langfristig so stabil bleiben und international an Wert gewinnen, weil auch die deutsche Wirtschaft insgesamt im Vergleich zu den konkurrierenden großen Industrienationen eine herausragende Stellung einnahm. Die Funktion der D-Mark als nach dem Dollar zweitstärkste Weltreservewährung wurde so auch dadurch gestützt, daß die deutsche Wirtschaft seit der Währungsreform von 1948 fast überwiegend einen Überschuß in der Leistungsbilanz und vor allem ein nahezu permanentes Plus in der Handelsbilanz aufwies.

Damit war Deutschland über Jahrzehnte Nettokapitalexporteur gegenüber dem Rest der Welt. Diese Position verschaffte der Deutschen Bundesbank – vor allem während der langen Jahre des Währungssystems von Bretton-Woods – zwar viele ernste Probleme, legte jedoch den Grundstein für den internationalen Erfolg der D-Mark. Ihre Stärke im Ausland trug auch wesentlich zu einem ruhigen

Preisklima im Inland bei. Schließlich führte jede Aufwertung der Mark, auch im EWS, aus deutscher Sicht zu billigeren Einfuhrrechnungen und damit zu einem nicht unerheblichen Stabilitätsimport.

Diese Grundpfeiler der Stabilität der D-Mark gehen jedoch mit ihrer Auflösung in einer gesamteuropäischen Währung Ecu in die Brüche. Nicht mehr die deutschen fundamentalen Wirtschaftsdaten bestimmen dann den Wert der in Deutschland umlaufenden Währung, sondern die europäische Finanzpolitik, die europäische Handels- und Leistungsbilanz und die europäische Geldpolitik. Nicht mehr die deutschen Gewerkschaften, die trotz aller Schärfe in den Tarifverhandlungen das Stabilitätsziel nie völlig aus den Augen verloren, würden die Härte der gemeinsamen Währung testen, sondern auch die Gewerkschaften in Italien, in Spanien oder in Großbritannien. Die D-Mark ist im internationalen Umfeld damit vom ersten Tag der Währungsunion an nicht bedeutender als – die Teilnahme Portugals oder Italiens vorausgesetzt – der Escudo oder die Lira. Die einzige Währung, die dann noch zählt, ist der Ecu. Die D-Mark, die Lira, der französische Franc und alle anderen beteiligten Subwährungen wären dann nur noch verschiedene Recheneinheiten, die jeweils einen bestimmten Ecu-Wert repräsentieren.

Die Devisenhändler auf den internationalen Finanzmärkten, die es im Währungshandel gewohnt sind, mit spitzem Stift und der vierten Stelle hinter dem Komma zu rechnen, werden diese Entwicklung bereits lange im Vorfeld der Europäischen Währungsunion berücksichtigen. Sie werden ihre D-Mark-Anlagen abziehen, sobald der Termin für den Eintritt in die dritte Stufe der Europäischen Währungsunion auch nur halbwegs absehbar ist.

Dafür spricht schon die Logik des Marktes, die den Wert einer Währung an den fundamentalen Daten der ihr zugrundeliegenden Volkswirtschaft mißt. Ein Vergleich zwischen den ökonomischen Eckdaten der Bundesrepublik Deutschland – fairerweise vor dem ökonomischen Schock der deutschen Einheit – und denen der EG spricht da eine deutliche Sprache:

Schon die Produktivität der Wirtschaften in den einzelnen Ländern der EG zeigt deutliche Unterschiede. So lag das Bruttoinlandsprodukt (BIP) je Einwohner 1990 in der Europäischen Gemeinschaft, gemes-

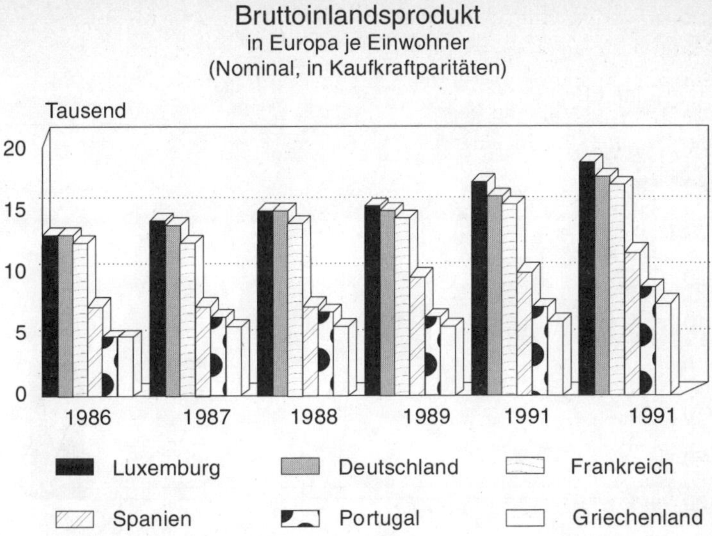

Quelle: eurostat

sen an einem für alle Mitgliedsländer gleichen Kaufkraftstandard (KKS) bei 14488 KKS. Doch hinter diesem Durchschnittswert stehen gewaltige nationale Differenzen. Mit einem BIP in Höhe von 17928 KKS steht Luxemburg an erster Stelle bei der Wertschöpfung, gefolgt von der alten Bundesrepublik (16954 KKS), Frankreich (16157 KKS) und Dänemark (15539 KKS). Am unteren Ende der Wertschöpfungsskala liegen dagegen Länder wie Irland mit einem BIP pro Einwohner in Höhe von 9885 KKS und Portugal mit nur 8136 KKS. Im täglichen Leben bedeuten diese statistischen Meßzahlen nichts anderes, als daß sich im Durchschnitt ein Portugiese – ungeachtet der verschiedenen Preisniveaus – gerade mal halb soviel leisten kann wie ein Bewohner der alten Bundesrepublik.

Auch in den Handelsbilanzen der Zwölf zeigen sich deutliche Unterschiede. In dem Exportüberschuß der Bundesrepublik in Höhe von 55,4 Milliarden ECU (Stand 1990) drückt sich deutlich die potentielle

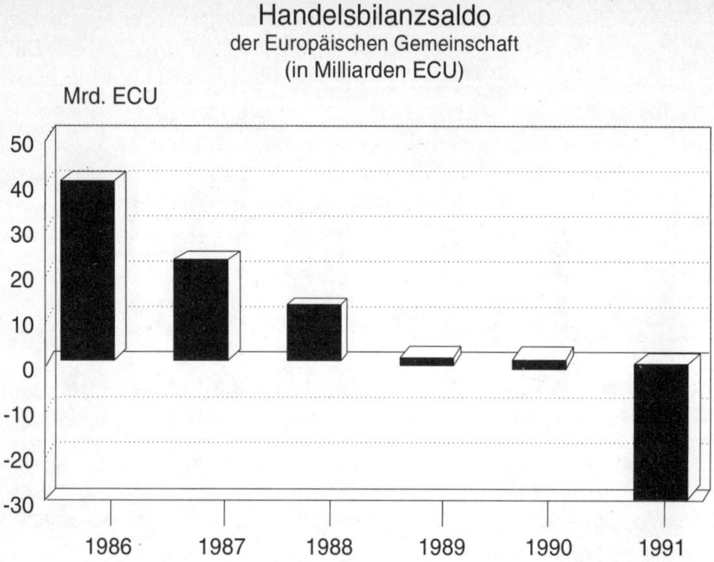

Quelle: eurostat

Stärke und Überlegenheit der deutschen Wirtschaft auf dem europäischen und auf dem Weltmarkt aus. Mit diesem Erfolg im Außenhandel steht die Bundesrepublik dagegen in der Gemeinschaft allein auf weiter Flur. Nächstgrößte Nettoexporteure sind die Niederlande und Dänemark, die 1990 allerdings nur Handelsüberschüsse in Höhe von 8,1 Milliarden ECU beziehungsweise 3,6 Milliarden ECU erzielten. Dagegen verzeichnete die nach Deutschland nächstgrößte Industrienation, Frankreich, in der gleichen Zeit ein Defizit in Höhe von 10,7 Milliarden ECU, die Spanier kamen gar auf ein Minus im Außenhandel in Höhe von 23,3 Milliarden ECU. Insgesamt dominieren also in der Gemeinschaft die Nettoimporteure, so daß der Handelsbilanzsaldo der Zwölfergemeinschaft 1991 mit einem Defizit in Höhe von gut 28 Milliarden ECU abschloß.

Diese höchst unterschiedliche Präsenz auf den Auslandsmärkten führt jedoch zu einer ganzen Reihe von fundamental anderen Interessenlagen und praktischen Auswirkungen in der Währungspolitik. Ein Land mit hohem Exportanteil – wie die Bundesrepublik – ist naturgemäß daran interessiert, einen möglichst ungehinderten Außenhandel zu betreiben. Es muß einen weitgehend freien Zugang zu Auslandsmärkten suchen, damit die heimische Exportwirtschaft keinen Rückschlag erleidet und womöglich Arbeitskräfte entlassen muß. Da Handelspolitik jedoch immer zwei Wege kennt, ist ein Überschußland auch immer daran interessiert, die eigenen Handelsbarrieren gegenüber den Partnerländern möglichst niedrig zu halten.

Genau umgekehrt liegen jedoch die Interessen in einem Land, das mit einem Defizit im Außenhandel leben muß. Ein Handelsbilanzdefizit bedeutet immer, daß Arbeitsplätze im Ausland zu Lasten des heimischen Arbeitsmarktes gesichert werden. Die Neigung zu Protektionismus ist daher schon deswegen groß und erfolgversprechend, weil so im Inland Beschäftigung erhalten oder gar neu geschaffen werden kann.

Diametral entgegengesetzt sind auch die Wirkungen, die von einem Überschuß oder Defizit in der Handelsbilanz auf den Außenwert einer Währung ausgehen. So neigt die Währung eines Überschußlandes, wie das Beispiel der D-Mark seit der Währungsreform zeigt, immer zur Stärke und wirkt in Richtung auf ein handelspolitisches Gleichgewicht. Denn je stärker die eigene Währung im Vergleich zu den Währungen der Handelspartner wird, um so teurer werden die Exporte und um so billiger werden die Importe. Genau umgekehrt führen aber Defizite im Außenhandel zu einer schwachen Währung, was den Export beflügelt und den Import bremst.

Für den Ecu als europäische Einheitswährung werden diese Gesetze des Marktes nicht außer Kraft gesetzt. Während also der Außenwert der D-Mark über Jahrzehnte von einem gewaltigen Überschuß im Außenhandel stetig in die Höhe getrieben wurde – und die Bundesrepublik so Stabilität importierte –, ist für den Ecu das genaue Gegenteil programmiert: Weil sich die Entwicklung der EG-Außenhandelsbilanz in den vergangenen Jahren rapide verschlechtert hat, ist für den Ecu eher eine Schwächeperiode angezeigt, die das europäische Preisniveau unter Druck setzen wird.

Tabelle 8: Entwicklung der Leistungsbilanzen in den Ländern der EG, in den USA und in Japan (in Milliarden ECU)

Länder	1986	1987	1988	1989	1990	1991
Belgien/Luxemburg	3107	2405	2979	2915	3013	3562
Dänemark	−4576	−2568	−1123	−1016	1045	1789
Deutschland	40421	39809	42854	52133	37135	−16027
Griechenland	−1763	−1039	−727	−2311	−2844	−1069
Spanien	4008	−86	−3135	−9927	−9522	−12884
Frankreich	1839	−4331	−4084	−5095	−11947	−5241
Irland	−696	321	79	−444	45	1201
Italien	2525	−1294	−4892	−9727	−11611	−17092
Luxemburg	–	–	–	–	–	–
Niederlande	4902	2474	4269	7252	8075	6774
Portugal	1156	385	−867	145	−119	−521
Großbritannien	37	−6500	−24399	−32433	−23665	−9034
EG insgesamt:	50959	29574	10954	1492	−10397	−48542
USA	−149677	−141653	−107491	−92055	−70693	−4546
Japan	86633	75431	67454	51782	28430	59462

Die fundamentalen Wirtschaftsdaten Europas sind nicht nur deutlich schlechter als die entsprechenden Werte der deutschen Wirtschaft, Europa insgesamt schneidet auch im Vergleich zu den dann direkt konkurrierenden Währungsblöcken USA und Japan wesentlich schlechter ab als die D-Mark bisher im Vergleich mit Dollar und Yen:

Dies zeigt ein Vergleich der Leistungsbilanzen, die außer der Waren-Handelsbilanz auch den Export und Import von Dienstleistungen sowie die Überweisungen ausländischer Gastarbeiter, die Zahlungen der Regierung an andere Staaten oder an internationale Einrichtungen und sonstige finanzielle Leistungen an das Ausland berücksichtigt. Konnte Deutschland noch 1990 einen Leistungsbilanzüberschuß in Höhe von 37,1 Milliarden ECU aufweisen, kam die gesamte Gemeinschaft wegen der hohen Defizite in Großbritannien, in Frankreich und in Italien auf ein Defizit in Höhe von 10,4 Milliarden ECU.

Ein Jahr später, 1991, rutschte die europäische Leistungsbilanz noch stärker ins Defizit. Wegen der ökonomischen Folgen der deutschen Einheit wies auch die Bundesrepublik ein Defizit in der Leistungsbilanz auf, das mit 16 Milliarden ECU jedoch immer noch leicht geringer ausfiel als der entsprechende italienische Fehlbetrag, der bei gut 17 Milliarden ECU lag. In der Gemeinschaft insgesamt addierte sich das Defizit damit auf die Rekordhöhe von 48,5 Milliarden ECU. Das ist vor allem deshalb dramatisch, weil es den USA gelang, im gleichen Zeitraum ihr Defizit auf nur noch 4,5 Milliarden ECU zu reduzieren. Damit war das europäische Leistungsbilanzdefizit um mehr als das Zehnfache größer als das US-amerikanische.

Die Zahlen sprechen eine deutliche Sprache: Die neue Europäische Währung Ecu steht vor einem schwierigen Start, der die Mitgliedsländer zudem teuer zu stehen kommt. Mußten sie bereits im Vorfeld der Währungsunion das Erreichen der Konvergenzkriterien – insbesondere das der Verschuldung – mit Arbeitslosigkeit und Wachstumsschwäche bezahlen, ist mit dem Eintritt in die Europäische Währungsunion erneut eine ausgeprägte Hochzinsphase zu erwarten. Schließlich müssen die Mitgliedsländer durch die Kandare hoher Zinsen auch weiterhin zu einer sparsamen und stabilitätsgerechten Finanzpolitik gezwungen werden. Nur so sind die internationalen Anleger bereit, diese gewaltigen europäischen Defizite in einer Währung, von der sie noch nicht wissen, wie sie sich entwickeln wird, zu finanzieren.

Die internationalen Kapitalmärkte von der Zuverlässigkeit der neuen europäischen Kunstwährung zu überzeugen, wird der EZB auch noch aus einem anderen Grund schwerfallen. Bis zum Eintritt in die dritte Stufe konnte die D-Mark ihre Funktion als Währungsanker im Europäischen Währungssystem halten. Weil alle Länder, die in die Europäische Währungsunion eintreten wollten, zwei Jahre vor dem Stichtag ihre Währung gegenüber der D-Mark, aber auch gegenüber anderen EWS-Währungen nicht abwerten durften, mußten sie sowohl ihre inländische Finanzpolitik als auch ihre inländische Geldpolitik darauf ausrichten, den Wechselkurs zur stärksten europäischen Währung, der D-Mark, konstant zu halten. Da sich alle Mitgliedsländer im EWS auf diese Art an der D-Mark orientierten, während die Deutsche Bundesbank ihre Geldpolitik allein auf die inländische Stabilität abstellte, übertrug sich die deutsche Stabilitätspolitik nahezu zwangsläufig bis in den letzten Winkel Europas.

Diese Ankerfunktion der D-Mark endet mit dem Eintritt in die dritte Stufe der Europäischen Währungsunion schlagartig. Da alle Wechselkurse zwischen den beteiligten Währungen mit dem Stichtag unwiderrufbar festgeschrieben sind, kann es auch keine Korrekturen an den Wechselkursen mehr geben.

Eine allzu expansive Finanzpolitik, die im EWS unweigerlich dazu geführt hätte, die Währung des Landes unter Abwertungsdruck zu bringen, bleibt in der EWU ohne entsprechende Konsequenz. Vielmehr bringt eine unsolide Finanzpolitik in einem Teilnehmerland der Währungsunion immer gleich die gesamte Einheitswährung in Verruf.

Bei der Ausarbeitung des Maastrichter Vertrages haben die Regierungen dieses Problem bereits vorhergesehen. Eine Reihe von Vorschriften soll dieser Gefahr vorbeugen. So ist es der Europäischen Zentralbank (EZB) untersagt, den Regierungen der teilnehmenden Länder Kredite zu gewähren.[1] Außerdem verfolgt und prüft die EG fortlaufend die Wirtschafts- und Finanzpolitik der Mitgliedsländer

1 EG-Vertrag (i. d. F. vom 7. 2. 1992), Art. 104

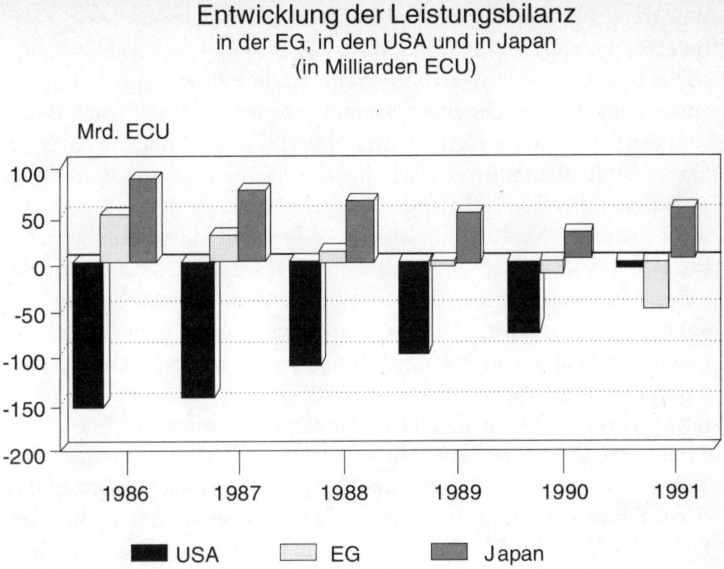

Quelle: eurostat

und kann bei Verstößen gegen die Haushaltsdisziplin (entsprechend den beiden finanzpolitischen Konvergenzkriterien) konkrete Empfehlungen an die entsprechende Regierung richten und diese auch veröffentlichen.

Einen besonderen disziplinierenden Effekt versprechen sich die Autoren des Maastrichter Vertrages jedoch von Artikel 104b, der eine Haftung der Gemeinschaft für »die Verbindlichkeiten der Zentralregierung, der regionalen oder lokalen Gebietskörperschaften oder anderer öffentlich-rechtlicher Körperschaften« ausschließt. Diese »No-bail-out-Klausel« besagt auch, daß innerhalb der Währungsunion kein Mitgliedsstaat der Gemeinschaft für die Verbindlichkeiten eines anderen Landes haftet.

In der Praxis werden sich diese Vorschriften allerdings kaum bewähren. So ist es nahezu völlig unerheblich, ob sich eine Staatsregierung bei der eigenen Zentralbank, der EZB oder bei in- oder ausländischen Banken verschuldet. Vor allem in Ländern wie Frankreich, wo ein erheblicher Teil des Bankensektors sowieso im staatlichen Besitz ist, geht das Verbot der Kreditaufnahme bei der Zentralbank völlig ins Leere. Schließlich müssen auch die im privaten Bankensektor aufgenommenen Kredite verzinst und zurückbezahlt werden.

Auch auf die No-bail-out-Klausel ist kein Verlaß. Schließlich ist es kaum vorstellbar, daß ein Mitglied der Währungsunion tatsächlich seine Zahlungsunfähigkeit erklärt und die Gemeinschaft diesem Vorgang tatenlos zusieht. In einem solchen Fall wäre nicht nur der gesamte Prozeß der europäischen Integration, sondern auch die Reputation der gemeinsamen Währung aufs höchste gefährdet. Die allenfalls theoretische Relevanz dieser Haftungsbeschränkung ergibt sich daraus, daß die Wirtschaftspolitik der Gemeinschaft zu einem großen Teil nur aus Hilfeleistungs- und Umverteilungsmechanismen besteht. Ein Beispiel dafür ist die föderale Finanzverfassung der Bundesrepublik Deutschland. Auch hier sind Bund und Länder in ihrer Haushaltsführung grundsätzlich autonom. Dennoch gibt es den Finanzausgleich der Länder untereinander, Finanzzuweisungen des Bundes an die Länder und eine ganze Reihe von Gemeinschaftsfinanzierungen. All dies ist nötig, um die Einheitlichkeit der bundesdeutschen Finanzpolitik sicherzustellen.

Doch obschon die Länder in ihrer Ausgabenpolitik weitgehend selbständig sind, muß der Bund für außerordentliche Defizite geradestehen. Beispiele sind Bremen und das Saarland. Wegen der Strukturprobleme bei den Werften beziehungsweise bei Kohle und Stahl gerieten diese Länder in besondere Haushalts-Notlagen. Folge: Der Bund mußte in 1992 und 1993 mit mehreren Milliarden D-Mark aushelfen. Ähnliche Zwänge werden sich mit Sicherheit auch in einem einheitlichen europäischen Währungsgebiet einstellen.

Schwachpunkt 3: Die Tarifpolitik

Wesentlich stärker als durch eine undisziplinierte Finanzpolitik ist die Stabilität des Ecu als künftige Einheitswährung durch eine unangemessene Tarifpolitik bedroht. Über diese Gefahr steht in dem Maastrichter Vertrag jedoch kein Wort. Dabei fällt der Lohnpolitik bei dem Versuch, eine Währung stabil zu halten, eine ausschlaggebende Rolle zu. Nach einer Untersuchung der Deutschen Bundesbank über die wesentlichen Gründe der Inflation sind es gerade Lohnkostenschübe, die anschließend zu einer kräftigen Geldmengenexpansion führen.[1]

Für eine stabilitätsgerechte Lohnpolitik gilt im allgemeinen eine »goldene Regel«. Sie lautet: Das Ausmaß der Lohnsteigerung darf nicht größer sein als das des Produktivitätsfortschritts zuzüglich der unvermeidlichen Inflationsrate. Beträgt also beispielsweise der Produktivitätsfortschritt in einem Land zwei Prozent und hält die Notenbank dieses Landes eine Begrenzung der Inflation auf ebenfalls zwei Prozent für möglich, dann dürfen die Löhne um höchstens vier Prozent steigen, ohne das Preisniveau zu gefährden.

Wird dieser Spielraum überschritten, tritt eine Störung des gesamtwirtschaftlichen Gleichgewichts ein. Die höheren Lohnkosten belasten dann entweder die Unternehmensgewinne oder sie werden in Form von höheren Preisen – sprich: Inflation – weitergereicht. Beide Möglichkeiten haben für die gesamte Volkswirtschaft am Ende die gleiche negative Konsequenz. Sinken die Gewinne, werden die Unternehmen ihre Investitionen einschränken müssen. Dies geht nicht nur zu Lasten der Beschäftigung, sondern vermindert mittelfristig auch die internationale Wettbewerbsfähigkeit des betreffenden Landes, weil die Produktionsanlagen nicht mehr auf dem neuesten technischen Stand gehalten werden können.

Geben die Unternehmen dagegen die höheren Lohnkosten sofort in den Preisen der international gehandelten Güter an die Abnehmer weiter, belastet auch dies die Wettbewerbsfähigkeit der betreffenden Volkswirtschaft. Die Folge sind geringere Exporte, die sich dann

1 »Zum Zusammenhang zwischen Geldmengen- und Preisentwicklung«, in: *Monatsberichte der Deutschen Bundesbank*, 44. Jg., Nr. 1 (1992)

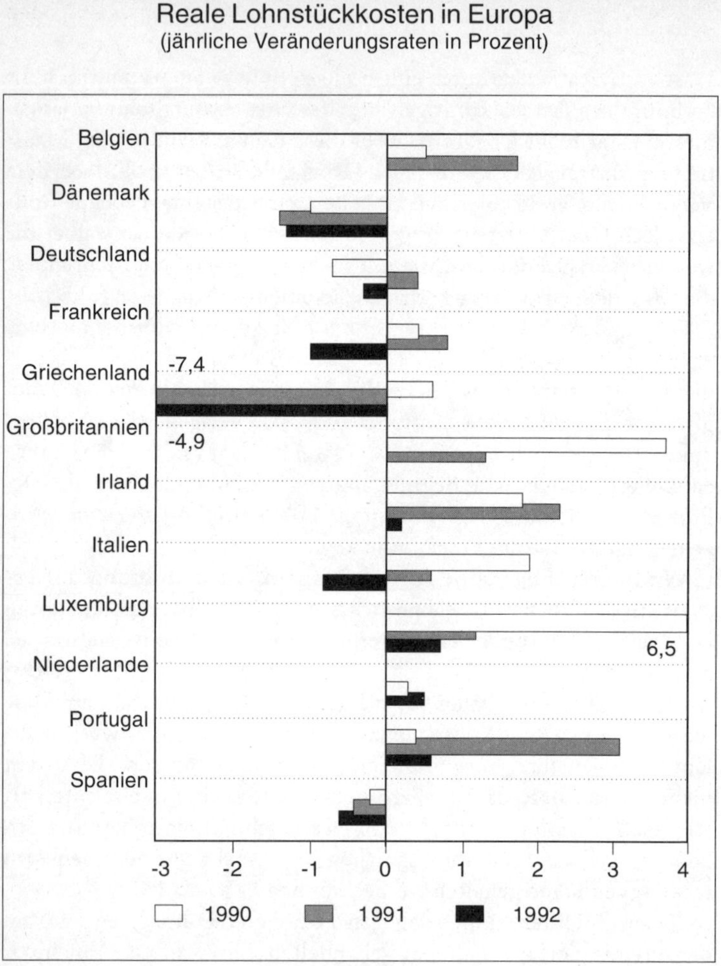

Quelle: EG-Kommission

ebenfalls in Form von sinkender Beschäftigung und schrumpfenden Unternehmensgewinnen auswirken.

In einem System relativ fixierter Wechselkurse – wie es das EWS darstellt – werden solche Verstöße gegen die goldene Regel der Lohnfindung und der damit einhergehende Wettbewerbsverlust über mittlere Frist durch Wechselkurskorrekturen wieder ausgeglichen. Mit einem solchen Schritt können die negativen Folgen einer nicht stabilitätsgerechten Lohnpolitik in gewisser Weise gleichmäßig auf die gesamte Bevölkerung verteilt werden. Denn eine isolierte Abwertung einer Währung hat immer zur Folge, daß sich die gesamten Ersparnisse und Einkommen des betreffenden Landes – gemessen in Fremdwährungen – um den Prozentsatz der Abwertung verringern.

Fällt jedoch das wechselkurspolitische Instrumentarium für einen solchen Ausgleich weg, schlagen sich die aus dem Ruder gelaufenen Lohnkosten in einer höheren Arbeitslosenzahl nieder, ohne daß sich diese Fehlentwicklung in dem betreffenden Land auf Kosten der Allgemeinheit korrigieren läßt. Damit nimmt eine Währungsunion den beteiligten Ländern die Chance, selbst die Konsequenzen aus dem Fehlverhalten ihrer Tarifparteien zu ziehen. Vielmehr werden die auftretenden Verzerrungen in der internationalen Wettbewerbsfähigkeit mit dem Instrument der Beschäftigungskrise ausgeglichen.

Eine Währungsunion zwingt so die Tarifpartner in allen beteiligten Ländern dazu, ihre Lohnpolitik an der des effizientesten Partners zu orientieren. Die Flexibilität, mit der die Anpassung der Nominallöhne an die Produktivitätsentwicklung vorgenommen wird, wird in der Währungsunion zum entscheidenden strategischen Moment für die konkurrierenden Volkswirtschaften.

Ein Vergleich der Lohnstückkosten in den europäischen Ländern zeigt, daß die Verteilungspolitik in den vergangenen Jahren tendenziell mit zur Stabilität in Europa beigetragen hat. Daraus kann jedoch nicht der Schluß gezogen werden, daß dies auch so bleibt. In Zeiten der Rezession und steigender Arbeitslosigkeit sind verhältnismäßig geringe Lohnzuwächse nichts Ungewöhnliches. Entscheidend ist daher, wie sich die Lohnkosten entwickeln, wenn die Volkswirtschaften Europas das Konjunkturtal verlassen. Dann kehren die Gewerkschaften wieder zu höheren Lohnforderungen zurück, und die Unternehmen sind unter dem Druck voller Auftragsbücher und eines schwindenden Arbeitskräfteangebots oft auch bereit, diese zu erfüllen. Dann beginnt der eigentliche Härtetest für eine stabilitätsgerechte Lohnpolitik.

Vor dem Hintergrund der Europäischen Währungsunion gerät die Tarifpolitik aber noch aus einem ganz anderen Grund in eine schwierige Lage. Die Währungsunion beseitigt nämlich den Geldschleier, den die nationalen Währungen mit ihren Wechselkursen über das Gefälle der Löhne zwischen den einzelnen Ländern in Europa legen. Diese zum Teil erheblichen regionalen Einkommensunterschiede werden in einer Währungsunion deutlich sichtbar.

Die höchsten Bruttoverdienste in der Industrie wurden 1990 mit 12 ECU pro Stunde in Dänemark bezahlt. In Portugal erhielt ein Arbeitnehmer für die gleiche Leistung jedoch nur knapp 1,80 ECU. Wie schon die Erfahrungen mit der deutschen Währungsunion zeigten, werden die Gewerkschaften darauf drängen, das hohe Reallohngefälle in der Gemeinschaft möglichst schnell abzubauen. In einem Strategiepapier des Wirtschafts- und Sozialwissenschaftlichen Instituts des Deutschen Gewerkschaftsbundes (WSI) wird diese Entwicklung bereits antizipiert:[1]

Allzu große Einkommensdifferenzen für vergleichbare Tätigkeiten seien, so das WSI, aus sozial- und verbandspolitischen Gründen über längere Zeiträume nicht hinnehmbar. Schon weil sich in einem Binnenmarkt mit Währungsunion das Preisniveau für international handelbare Güter angleichen wird – für nur regional angebotene Güter oder Dienstleistungen können sich dagegen durchaus noch unterschiedliche Preisniveaus halten –, werden die Gewerkschaften in den Regionen mit einem niedrigen Lohnniveau auf einen Ausgleich drängen. Auch die Gewerkschaften in den Hochlohnländern haben ein fundamentales Interesse daran, daß das europäische Lohnniveau möglichst schnell angehoben wird. Schließlich müssen sie befürchten, daß wegen des Lohnkostenvorteils Arbeitsplätze in die europäischen Niedriglohnländer verlagert werden. Je schneller also das

1 WSI, »Thesen zur Europäischen Währungsunion: Die Tarifpolitik ist kein Ersatz für Wechselkurse«, in: *Handelsblatt* vom 3. 8. 1992

Lohnniveau in diesen Ländern steigt, desto sicherer werden die vergleichsweise teuren Arbeitsplätze.

Zu dem Charakter von Tarifverhandlungen gehört daher die Neigung, zum eigenen Nutzen Verträge abzuschließen, die zu Lasten Dritter gehen. Vereinbaren die Tarifparteien zu hohe Lohnabschlüsse und verursachen so Arbeitslosigkeit, können die Arbeitnehmer trotzdem die höheren Verdienste einstreichen, während die finanzielle Last der Arbeitslosigkeit der Sozialversicherung oder dem Staat aufgebürdet wird. Somit besteht durchaus eine ernste Gefahr, daß die Lohnpolitik in einer Währungsunion die Stabilität des Ecu ernsthaft bedroht. Die Europäische Zentralbank müßte diesem Inflationsdruck dann mit einer restriktiven Geldpolitik begegnen. Dies ist ein weiteres Indiz dafür, daß der Sprung in die dritte Stufe der Währungsunion sehr wahrscheinlich von einer Phase relativ hoher Zinsen begleitet wird.

Schwachpunkt 4: Die Transferunion

Können die an der Währungsunion beteiligten Länder ihre relativen Wettbewerbspositionen nicht mehr durch Wechselkursanpassungen aus eigener Kraft korrigieren und so Beschäftigungskrisen abbauen, müssen die sozialen Folgen dieser Krisen durch entsprechende Transferzahlungen aus Brüssel abgemildert werden. Die Instrumente dafür sind bereits zahlreich vorhanden: Sie heißen Strukturfonds, Regionalfonds, Kohäsionsfonds. Daß der Maastrichter Vertrag eben nicht nur die Europäische Währungsunion vorsieht, sondern gleichzeitig auch den Einstieg in die Politische Union mit zahlreichen Anpassungshilfen für die ärmeren Regionen verbindet, ist die eigentliche Problematik dieses Abkommens. Durch diese zahlreichen Umverteilungsinstrumente wird die nationale Sanktion für inflationstreibendes finanz- und lohnpolitisches Fehlverhalten abgeschwächt und auf die Nettobeitragszahler der Europäischen Gemeinschaft verlagert. Aus Sicht der Nettoempfänger von EG-Hilfsgeldern hat ein Anstieg der Arbeitslosenzahlen außerdem den Vorteil, daß er sich in ein zusätzliches Druckmittel im Kampf um weitere Transferzahlungen ummünzen läßt.

Tabelle 9: Nettozahlungen und -erstattungen an die beziehungsweise von der Europäischen Gemeinschaft (in ECU pro Einwohner)

Land	1988	1989	1990
Dänemark	−64	−33	−80
Luxemburg	180	172	159
Deutschland	99	106	89
Frankreich	32	54	32
Belgien	101	114	78
Italien	−2	25	8
Niederlande	−78	−76	−24
Großbritannien	36	59	55
Spanien	−34	11	−43
Irland	−327	−379	−538
Griechenland	−149	−199	−245
Portugal	−49	−46	−57

Quelle: Rechnungshof der Europäischen Gemeinschaft

Dennoch ist die EG-Kommission bestrebt, die wirtschaftlichen Divergenzen zwischen den einzelnen Regionen der Gemeinschaft im wesentlichen mit dem Instrument der Transferzahlungen von den reichen an die armen Länder auszugleichen. Diese Unterschiede sind allerdings beträchtlich.

So hatten 1989 die zehn schwächsten Regionen der Gemeinschaft nur ein Bruttoinlandsprodukt (BIP) je Einwohner in Höhe von 47 Prozent des EG-Durchschnitts. Die Einwohner in den zehn stärksten Regionen kamen dagegen auf ein Einkommen in Höhe von 151 Prozent des Durchschnitts.

Ähnlich ist das Bild auch beim Vergleich der Arbeitslosenzahlen. Die 25 Regionen mit der höchsten Arbeitslosigkeit hatten 1990 eine durchschnittliche Arbeitslosenquote von 17,8 Prozent. In den 25 Regionen mit der niedrigsten Arbeitslosigkeit lag diese Quote bei nur 3,1 Prozent, der EG-Durchschnitt betrug 8,3 Prozent. Auch zwischen dem Industrialisierungsgrad der einzelnen Volkswirtschaften klaffen beträchtliche Lücken. Der Kapitalstock pro Arbeitnehmer liegt in Portugal und Griechenland mit 51900 ECU nur bei der Hälfte des europäischen Durchschnitts von 107500 ECU.

Neben der Agrarpolitik droht so auch die Regional- und Strukturpolitik der Gemeinschaft zu einem Milliardengrab zu werden. Das nach dem Kommissionspräsidenten benannte »Delors-II-Paket« über den Finanzrahmen der Gemeinschaft von 1993 bis 1997 sah denn auch ursprünglich insgesamt 21 Milliarden ECU (rund 42 Milliarden Mark) für strukturpolitische Maßnahmen vor. Damit würde die Strukturpolitik 1997 bereits einen Anteil am EG-Gesamthaushalt in Höhe von 33,5 Prozent erreichen. Um diese Unterschiede auszugleichen, wären nach Schätzungen 50 Milliarden ECU jährlich in Form von Strukturhilfen fällig.[1]

Ein solches Transfervolumen würde jedoch die Transferbereitschaft und -fähigkeit der Nettozahler derart deutlich überfordern, daß letztlich die europäische Einigung insgesamt gefährdet wäre.

1 »50 Mrd. ECU jährlich sind notwendig als Strukturhilfe für die armen Länder«, in: *Handelsblatt* vom 24./25. 4. 1992

10. Kapitel: Der Maastrichter Vertrag braucht Korrekturen

»So sehr politische Union und gemeinsames Geld zusammengehören, so wenig eignet sich die Währungspolitik zum Schrittmacher der politischen Einigung.«

Sachverständigenrat, 1990

Die Chance der Revision

Mit dem Maastrichter Vertrag hat sich die Europäische Gemeinschaft vor eine historische Alternative gestellt: Wohin führt die europäische Integration? Zu einem europäischen Staatenbund oder zu einem Bundesstaat Europa?

Der Maastrichter Vertrag läßt beide Möglichkeiten zu. Doch jeder Schritt weiter führt entweder in die eine oder in die andere Richtung.

Für das Jahr 1996 haben die europäischen Staats- und Regierungschefs ein Gipfeltreffen vorgesehen, auf dem die bis dahin erreichten Schritte auf dem Weg zur Europäischen Währungsunion und zur Politischen Union einer kritischen Prüfung unterzogen werden sollen. Diese Chance muß genutzt werden, sich für die eine oder andere Variante zu entscheiden.

Ist diese Entscheidung gefallen, müssen die Konvergenzkriterien entsprechend neu formuliert werden. Und es muß damit begonnen werden, über die dann eintretenden Konsequenzen nachzudenken.

In einem europäischen Staatenbund können die EG-Länder auf der europäischen Ebene regeln, was auf nationaler Ebene nicht zu regeln ist: den Binnenmarkt für Güter, Dienstleistungen und Kapital, Mindeststandards für Umweltschutz und Sozialpolitik, gemeinsame Spielregeln für die Wettbewerbspolitik und vieles mehr. Nach dem Prinzip der Subsidiarität kann dann weiterhin auf nationaler Ebene entschieden werden, was auf nationaler Ebene geregelt werden kann.

Auch eine Währungsunion wäre in einem solchen Staatenbund zu machen. Dann allerdings kann die Zahl der Teilnehmer nur begrenzt bleiben. Nur diejenigen Länder, die sich bereits durch eine hohe

Übereinstimmung in der Geld-, Finanz-, Lohn- und Sozialpolitik auszeichnen und deren Volkswirtschaften im gegenseitigen Wettbewerb bestehen können, dürfen dem Währungsverbund angehören: Neben Deutschland wären dies Frankreich, die Benelux-Länder sowie Dänemark. Auch die Briten könnten sich, nach einer gewissen Übergangsfrist, den Beitritt in den Währungsclub erneut überlegen.

Auf jeden Fall muß sichergestellt werden, daß Belgien mit von der Partie sein kann. Dies könnte dadurch geschehen, daß das finanzwirtschaftliche Kriterium, das eine Gesamtverschuldung von mehr als 60 Prozent des Bruttoinlandsprodukts verbietet, durch ein verteilungspolitisches Kriterium ersetzt wird. Würde etwa die Einhaltung einer stabilitätsgerechten Lohnpolitik zur Bedingung erhoben, wäre nicht nur der Weg für den Beitritt Belgiens geebnet, sondern auch eine weitere Inflationsgefahr gebannt.

Ohne Probleme könnten sich auch einige der EG-Beitrittskandidaten dem Währungsverbund anschließen. Österreich ganz zuerst, denn mit dem Alpenland funktioniert eine faktische und nie förmlich besiegelte Währungsunion schon seit vielen Jahren. Aber auch Schweden, eventuell Finnland sowie, in einer zweiten Erweiterungsrunde, Norwegen und – so sie denn will – die Schweiz könnten sich dem kleinen, aber feinen Währungsclub anschließen. Insbesondere der österreichische Schilling und der Schweizer Franken bewegen sich seit Jahren im Gleichschritt mit der D-Mark, ohne daß dies durch währungspolitische Abkommen oder sonstige Interventionen gesichert ist.

Eine solche Währungsunion bietet durchaus die Gewähr, daß die künftige europäische Währung Ecu nicht weniger stabil ist als die D-Mark. Die Unternehmen würden von den Vorteilen der einheitlichen Währung profitieren, die Steuerzahler brauchten keine Sorge zu haben, durch Transferleistungen überfordert zu werden. Zugleich böte eine Kernunion den Ländern, die dieser Währungsunion noch fernbleiben müssen, sowohl die Perspektive als auch den Anreiz, auf längere Frist aufzuschließen und dem Währungsverbund ebenfalls beizutreten.

Die EG müßte sich dann darüber Gedanken machen, wie sie die künftigen währungspolitischen Beziehungen zu den anderen europäischen Staaten gestalten will. Dazu bietet sich an, das Instrumentarium des Europäischen Währungssystems entsprechend neu zu beleben. Und es müßte Klarheit darüber geschaffen werden, in welchem finanziellen Rahmen die Mittel des Regional-, Struktur- und Kohäsionsfonds in diese Länder abfließen werden. Zur Sicherheit der Nettozahler müßte dazu eine objektiv nachprüfbare Obergrenze – etwa in Form von bestimmten Prozentsätzen der EG-Einnahmen – gefunden werden.

Sollte sich Europa jedoch dazu entscheiden, ein Bundesstaat – etwa nach dem Vorbild der Vereinigten Staaten von Amerika – zu werden, müßte die Währungsunion natürlich möglichst alle EG-Staaten umfassen. Die Währungsunion wäre der Einstieg in eine Politische Union, die auf mittlere Frist zum Aufbau einer europäischen Zentralmacht führen würde. Dann müssen aber weitaus mehr Kompetenzen und Hoheitsfunktionen von den bisherigen Nationalstaaten an die europäische Ebene abgegeben werden. Außer den gemeinsamen Regeln, die den Umgang miteinander betreffen, müßte sich die europäische Zentralmacht, um den Zusammenhalt zu wahren, auch in Angelegenheiten einmischen, die bislang als national galten, etwa in die Gesundheitssysteme, in die Altersversorgungen, in die Arbeitsmarktpolitiken und in vieles mehr.

Weil die an der Währungsunion teilnehmenden Staaten zu unterschiedliche ökonomische Strukturen und Verhaltensmuster aufweisen, würde der mehr oder weniger unverbindliche finanzpolitische Verhaltenskodex des Maastrichter Vertrages in einem solchen Fall kaum ausreichen, die Stabilität der europäischen Währung langfristig zu sichern. Die so entstehende Politische Union müßte also auch zumindest die Richtlinienkompetenz in der Finanzpolitik an sich ziehen. Mit Subsidiarität hat dies alles nicht mehr viel zu tun.

Zuerst müßten sich aber die Institutionen der Europäischen Gemeinschaft selbst einer grundlegenden Reform unterziehen. Die EG brauchte eine neue Verfassung, die endlich das allseits akzeptierte Demokratiedefizit beseitigt. Das Europäische Parlament müßte dann zu einer wirklichen gesetzgebenden Versammlung ausgebaut werden, die die europäische Politik nach parlamentarischem Brauch maßgebend bestimmt und die Kommission in allen Fragen zur Rechenschaft ziehen kann.

Die Konvergenzkriterien müssen in einem solchen Fall ohnehin auf den Prüfstand. Zumindest der Zeitplan für den Eintritt in die Währungsunion müßte deutlich gestreckt werden, da die tiefe Rezession in der ersten Hälfte der neunziger Jahre es zu vielen Ländern unmöglich machen wird, die im Maastrichter Vertrag aufgestellten Ziele zu erreichen.

In diesem Fall müßten die Politiker auch den Mut haben, ihren Wählern zu sagen, was der Preis für ein solches Europa ist: ein enormer Anstieg der Transferleistungen in die unterentwickelten Randgebiete der Gemeinschaft und eine Währung, die den gewohnten Stabilitätsanforderungen der Deutschen nicht entsprechen kann.

Anhang

1: Präambel des Vertrages von Maastricht über die Europäische Union

Die Unterzeichner dieses Vertrages
- entschlossen, den mit der Gründung der Europäischen Gemeinschaften eingeleiteten Prozeß der europäischen Integration auf eine neue Stufe zu heben,
- eingedenk der historischen Bedeutung der Überwindung der Teilung des europäischen Kontinents und der Notwendigkeit, feste Grundlagen für die Gestalt des zukünftigen Europas zu schaffen,
- in Bestätigung ihres Bekenntnisses zu den Grundsätzen der Freiheit, der Demokratie und der Achtung der Menschenrechte und Grundfreiheiten und der Rechtsstaatlichkeit,
- in dem Wunsch, die Solidarität zwischen ihren Völkern unter Achtung ihrer Geschichte, ihrer Kultur und ihrer Tradition zu stärken,
- in dem Wunsch, Demokratie und Effizienz in der Arbeit der Organe weiter zu stärken, damit diese in die Lage versetzt werden, die ihnen übertragenen Aufgaben in einem einheitlichen institutionellen Rahmen besser wahrzunehmen,
- entschlossen, die Stärkung und die Konvergenz ihrer Volkswirtschaften herbeizuführen und eine Wirtschafts- und Währungsunion zu errichten, die im Einklang mit diesem Vertrag eine einheitliche, stabile Währung einschließt,
- in dem festen Willen, im Rahmen der Verwirklichung des Binnenmarktes sowie der Stärkung des Zusammenlebens und des Umweltschutzes den wirtschaftlichen und sozialen Fortschritt

ihrer Völker zu fördern und Politiken zu verfolgen, die gewährleisten, daß Fortschritte bei der wirtschaftlichen Integration mit Fortschritten auf anderen Gebieten parallelgehen,

- entschlossen, eine gemeinsame Unionsbürgerschaft für die Staatsangehörigen ihrer Länder einzuführen,
- entschlossen, eine gemeinsame Außen- und Sicherheitspolitik zu verfolgen, wozu auf längere Sicht auch die Festlegung einer gemeinsamen Verteidigungspolitik gehört, die zu gegebener Zeit zu einer gemeinsamen Verteidigung führen könnte, und so die Identität und Unabhängigkeit Europas zu stärken, um Frieden, Sicherheit und Fortschritt in Europa und in der Welt zu fördern,
- in Bekräftigung ihres Ziels, die Freizügigkeit unter gleichzeitiger Gewährleistung der Sicherheit ihrer Bürger durch die Einfügung von Bestimmungen über Justiz und Inneres in diesem Vertrag zu fördern,
- entschlossen, den Prozeß der Schaffung einer immer engeren Union der Völker Europas, in der die Entscheidungen entsprechend dem Subsidiaritätsprinzip möglichst bürgernah getroffen werden, weiterzuführen,
- im Hinblick auf weitere Schritte, die getan werden müssen, um die europäische Union voranzutreiben,
- haben beschlossen, eine Europäische Union zu gründen.

Kapitel 2: Die Währungspolitik

Art. 105 [Ziele und Aufgaben des ESZB] (1) Das vorrangige Ziel des ESZB ist es, die Preisstabilität zu gewährleisten. Soweit dies ohne Beeinträchtigung des Zieles der Preisstabilität möglich ist, unterstützt das ESZB die allgemeine Wirtschaftspolitik in der Gemeinschaft, um zur Verwirklichung der in Artikel 2 festgelegten Ziele der Gemeinschaft beizutragen. Das ESZB handelt im Einklang mit dem Grundsatz einer offenen Marktwirtschaft mit freiem Wettbewerb, wodurch ein effizienter Einsatz der Ressourcen gefördert wird, und hält sich dabei an die in Artikel 3 a genannten Grundsätze.

(2) Die grundlegenden Aufgaben des ESZB bestehen darin,
- die Geldpolitik der Gemeinschaft festzulegen und auszuführen,
- Devisengeschäfte im Einklang mit Artikel 109 durchzuführen,
- die offiziellen Währungsreserven der Mitgliedstaaten zu halten und zu verwalten,
- das reibungslose Funktionieren der Zahlungssyteme zu fördern.

(3) Absatz 2 dritter Gedankenstrich berührt nicht die Haltung und Verwaltung von Arbeitsguthaben in Fremdwährungen durch die Regierungen der Mitgliedstaaten.

(4) Die EZB wird gehört
- zu allen Vorschlägen für Rechtsakte der Gemeinschaft im Zuständigkeitsbereich der EZB,
- von den nationalen Behörden zu allen Entwürfen für Rechtsvorschriften im Zuständigkeitsbereich der EZB, und zwar innerhalb der Grenzen und unter den Bedingungen, die der Rat nach dem Verfahren des Artikels 106 Absatz 6 festlegt.

Die EZB kann gegenüber den zuständigen Organen und Einrichtungen der Gemeinschaft und gegenüber den nationalen Behörden Stellungnahmen zu in ihren Zuständigkeitsbereich fallenden Fragen abgeben.

(5) Das ESZB trägt zur reibungslosen Durchführung der von den zuständigen Behörden auf dem Gebiet der Aufsicht über die Kreditinstitute und der Stabilität des Finanzsystems ergriffenen Maßnahmen bei.

(6) Der Rat kann durch einstimmigen Beschluß auf Vorschlag der Kommission nach Anhörung der EZB und nach Zustimmung des Europäischen Parlaments der EZB besondere Aufgaben im Zusammenhang mit der Aufsicht über Kreditinstitute und sonstige Finanzinstitute mit Ausnahme von Versicherungsunternehmen übertragen.

Art. 105a [Ausgabe von Banknoten und Münzen] (1) Die EZB hat das ausschließliche Recht, die Ausgabe von Banknoten innerhalb der Gemeinschaft zu genehmigen. Die EZB und die nationalen Zentralbanken sind zur Ausgabe von Banknoten berechtigt. Die von der EZB und den nationalen Zentralbanken ausgegebenen Banknoten sind die einzigen Banknoten, die in der Gemeinschaft als gesetzliches Zahlungsmittel gelten.

(2) Die Mitgliedstaaten haben das Recht zur Ausgabe von Münzen, wobei der Umfang dieser Ausgabe der Genehmigung durch die EZB bedarf. Der Rat kann nach dem Verfahren des Artikels 189c und nach Anhörung der EZB Maßnahmen erlassen, um die Stükkelung und die technischen Merkmale aller für den Umlauf bestimmten Münzen so weit zu harmonisieren, wie dies für deren reibungslosen Umlauf innerhalb der Gemeinschaft erforderlich ist.

Art. 106 [Zusammensetzung des ESZB; Rechtspersönlichkeit]

(1) Das ESZB besteht aus der EZB und den nationalen Zentralbanken.

(2) Die EZB besitzt Rechtspersönlichkeit.

(3) Das ESZB wird von den Beschlußorganen der EZB, nämlich dem EZB-Rat und dem Direktorium, geleitet.

(4) Die Satzung des ESZB ist in einem diesem Vertrag beigefügten Protokoll festgelegt.

(5) Der Rat kann die Artikel 5.1, 5.2, 5.3, 17, 18, 19.1, 22, 23, 24, 26, 32.2, 32.3, 32.4, 32.6, 33.1a und 36 der Satzung des ESZB entweder mit qualifizierter Mehrheit auf Empfehlung der EZB nach Anhörung der Kommission oder einstimmig auf Vorschlag der Kommission nach Anhörung der EZB ändern. Die Zustimmung des Europäischen Parlaments ist dabei jeweils erforderlich.

(6) Der Rat erläßt mit qualifizierter Mehrheit entweder auf Vorschlag der Kommission und nach Anhörung des Europäischen Parlaments und der EZB oder auf Empfehlung der EZB und nach Anhörung des Europäischen Parlaments und der Kommission die in den Artikeln 4, 5.4, 19.2, 20, 28.1, 29.2, 30.4 und 34.3 der Satzung des ESZB genannten Bestimmungen.

Art. 107 [Weisungsunabhängigkeit der EZB] Bei der Wahrnehmung der ihnen durch diesen Vertrag und die Satzung des ESZB übertragenen Befugnisse, Aufgaben und Pflichten darf weder die EZB noch eine nationale Zentralbank noch ein Mitglied ihrer Beschlußorgane Weisungen von Organen oder Einrichtungen der Gemeinschaft, Regierungen der Mitgliedstaaten oder anderen Stellen einholen oder entgegennehmen. Die Organe und Einrichtungen der Gemeinschaft sowie die Regierungen der Mitgliedstaaten verpflichten sich, diesen Grundsatz zu beachten und nicht zu versuchen, die Mitglieder der Beschlußorgane der EZB oder der nationalen Zentralbanken bei der Wahrnehmung ihrer Aufgaben zu beeinflussen.

Art. 108 [Anpassung innerstaatlicher Rechtsvorschriften] Jeder Mitgliedstaat stellt sicher, daß spätestens zum Zeitpunkt der Errichtung des ESZB seine innerstaatlichen Rechtsvorschriften einschließlich der Satzung seiner Zentralbank mit diesem Vertrag sowie mit der Satzung des ESZB im Einklang stehen.

Art. 108a [Handlungsbefugnisse der EZB; Veröffentlichung und Bekanntgabe; Zwangsmittel] (1) Zur Erfüllung der dem ESZB übertragenen Aufgaben werden von der EZB gemäß diesem Vertrag und unter den in der Satzung des ESZB vorgesehenen Bedingungen
– Verordnungen erlassen, insoweit dies für die Erfüllung der in Artikel 3.1 erster Gedankenstrich, Artikel 19.1, Artikel 22 oder Artikel 25.2 der Satzung des ESZB festgelegten Aufgaben erforderlich ist; sie erläßt Verordnungen ferner in den Fällen, die in den Rechtsakten des Rates nach Artikel 106 Absatz 6 vorgesehen werden,
– Entscheidungen erlassen, die zur Erfüllung der dem ESZB nach diesem Vertrag und der Satzung des ESZB übertragenen Aufgaben erforderlich sind,
– Empfehlungen und Stellungnahmen abgegeben.

(2) Die Verordnung hat allgemeine Geltung. Sie ist in allen ihren Teilen verbindlich und gilt unmittelbar in jedem Mitgliedstaat.

Die Empfehlungen und Stellungnahmen sind nicht verbindlich.

Die Entscheidung ist in allen ihren Teilen für diejenigen verbindlich, an die sie gerichtet ist.

Die Artikel 190, 191 und 192 der Vertrags gelten für die Verordnungen und Entscheidungen der EZB.

Die EZB kann die Veröffentlichung ihrer Entscheidungen, Empfehlungen und Stellungnahmen beschließen.

(3) Innerhalb der Grenzen und unter den Bedingungen, die der Rat nach dem Verfahren des Artikels 106 Absatz 6 festlegt, ist die EZB befugt, Unternehmen bei Nichteinhaltung der Verpflichtungen, die sich aus ihren Verordnungen und Entscheidungen ergeben, mit Geldbußen oder in regelmäßigen Abständen zu zahlenden Zwangsgeldern zu belegen.

Art. 109 [Vereinbarungen mit Dritten; Währungsabkommen]

(1) Abweichend von Artikel 228 kann der Rat einstimmig auf Empfehlung der EZB oder der Kommission und nach Anhörung der EZB in dem Bemühen, zu einem mit dem Ziel der Preisstabilität im Einklang stehenden Konsens zu gelangen, nach Anhörung des Europäischen Parlaments gemäß den in Absatz 3 für die Festlegung von Modalitäten vorgesehenen Verfahren förmliche Vereinbarungen über ein Wechselkurssystem für die ECU gegenüber Drittlandswährungen treffen. Der Rat kann mit qualifizierter Mehrheit auf Empfehlung der EZB oder der Kommission und nach Anhörung der EZB in dem Bemühen, zu einem mit dem Ziel der Preisstabilität im Einklang stehenden Konsens zu gelangen, die ECU-Leitkurse innerhalb des Wechselkurssystems festlegen, ändern oder aufgeben. Der Präsident des Rates unterrichtet das Europäische Parlament von der Festlegung, Änderung oder Aufgabe der ECU-Leitkurse.

(2) Besteht gegenüber einer oder mehreren Drittlandswährungen kein Wechselkurssystem nach Absatz 1, so kann der Rat mit qualifizierter Mehrheit entweder auf Empfehlung der Kommission und nach Anhörung der EZB oder auf Empfehlung der EZB allgemeine Orientierungen für die Wechselkurspolitik gegenüber diesen Währungen aufstellen. Diese allgemeinen Orientierungen dürfen das vorrangige Ziel des ESZB, die Preisstabilität zu gewährleisten, nicht beeinträchtigen.

(3) Wenn von der Gemeinschaft mit einem oder mehreren Staaten oder internationalen Organisationen Vereinbarungen im Zusammenhang mit Währungsfragen oder Devisenregelungen auszuhandeln sind, beschließt der Rat abweichend von Artikel 228 mit qualifizierter Mehrheit auf Empfehlung der Kommission und

nach Anhörung der EZB die Modalitäten für die Aushandlung und den Abschluß solcher Vereinbarungen. Mit diesen Modalitäten wird gewährleistet, daß die Gemeinschaft einen einheitlichen Standpunkt vertritt. Die Kommission wird an den Verhandlungen in vollem Umfang beteiligt.
Die nach diesem Absatz getroffenen Vereinbarungen sind für die Organe der Gemeinschaft, die EZB und die Mitgliedstaaten verbindlich.

(4) Vorbehaltlich des Absatzes 1 befindet der Rat auf Vorschlag der Kommission und nach Anhörung der EZB mit qualifizierter Mehrheit über den Standpunkt der Gemeinschaft auf internationaler Ebene zu Fragen, die von besonderer Bedeutung für die Wirtschafts- und Währungsunion sind, sowie einstimmig über ihre Vertretung unter Einhaltung der in den Artikeln 103 und 105 vorgesehenen Zuständigkeitsverteilung.

(5) Die Mitgliedstaaten haben das Recht, unbeschadet der Gemeinschaftszuständigkeit und der Gemeinschaftsvereinbarungen über die Wirtschafts- und Währungsunion in internationalen Gremien Verhandlungen zu führen und internationale Vereinbarungen zu treffen.

Kapitel 3: Institutionelle Bestimmungen

Art. 109 a [EZB-Rat] (1) Der EZB-Rat besteht aus den Mitgliedern des Direktoriums der EZB und den Präsidenten der nationalen Zentralbanken.

(2) a) Das Direktorium besteht aus dem Präsidenten, dem Vizepräsidenten und vier weiteren Mitgliedern.
b) Der Präsident, der Vizepräsident und die weiteren Mitglieder des Direktoriums werden von den Regierungen der Mitgliedstaaten auf der Ebene der Staats- und Regierungschefs auf Empfehlung des Rates, der hierzu das Europäische Parlament und den EZB-Rat anhört, aus dem Kreis der in Währungs- oder Bankfragen anerkannten und erfahrenen Persönlichkeiten einvernehmlich ausgewählt und ernannt.

Ihre Amtszeit beträgt acht Jahre; Wiederernennung ist nicht zulässig.

Nur Staatsangehörige der Mitgliedstaaten können Mitglieder des Direktoriums werden.

Art. 109b [Beratungen, Teilnahme; Jahresbericht] (1) Der Präsident des Rates und ein Mitglied der Kommission können ohne Stimmrecht an den Sitzungen des EZB-Rates teilnehmen.

Der Präsident des Rates kann dem EZB-Rat einen Antrag zur Beratung vorlegen.

(2) Der Präsident der EZB wird zur Teilnahme an den Tagungen des Rates eingeladen, wenn dieser Fragen im Zusammenhang mit den Zielen und Aufgaben des ESZB erörtert.

(3) Die EZB unterbreitet dem Europäischen Parlament, dem Rat und der Kommission sowie auch dem Europäischen Rat einen Jahresbericht über die Tätigkeit des ESZB und die Währungspolitik im vergangenen und im laufenden Jahr. Der Präsident der EZB legt den Bericht dem Rat und dem Europäischen Parlament vor, das auf dieser Grundlage eine allgemeine Aussprache durchführen kann.

Der Präsident der EZB und die anderen Mitglieder des Direktoriums können auf Ersuchen des Europäischen Parlaments oder auf ihre Initiative hin von den zuständigen Ausschüssen des Europäischen Parlaments gehört werden.

Art. 109c [Beratender Währungsausschuß; Wirtschafts- und Finanzausschuß] (1) Um die Koordinierung der Politiken der Mitgliedstaaten in dem für das Funktionieren des Binnenmarktes erforderlichen Umfang zu fördern, wird ein Beratender Währungsausschuß eingesetzt.

Dieser hat die Aufgabe,

- die Währungs- und Finanzlage der Mitgliedstaaten und der Gemeinschaft sowie den allgemeinen Zahlungsverkehr der Mitgliedstaaten zu beobachten und dem Rat und der Kommission regelmäßig darüber Bericht zu erstatten,
- auf Ersuchen des Rates oder der Kommission oder von sich aus Stellungnahmen an diese Organe abzugeben,

- unbeschadet des Artikels 151 an der Vorbereitung der in Artikel 73f, Artikel 73g, Artikel 103 Absätze 2, 3, 4 und 5, Artikel 103a, Artikel 104a, Artikel 104b, Artikel 104c, Artikel 109e Absatz 2, Artikel 109f Absatz 6, Artikel 109h, Artikel 109i, Artikel 109j Absatz 2 sowie Artikel 109k Absatz 1 genannten Arbeiten des Rates mitzuwirken,
- mindestens einmal jährlich die Lage hinsichtlich des Kapitalverkehrs und der Freiheit des Zahlungsverkehrs, wie sie sich aus der Anwendung dieses Vertrags und der Maßnahmen des Rates ergeben, zu prüfen; die Prüfung erstreckt sich auf alle Maßnahmen im Zusammenhang mit dem Kapital- und Zahlungsverkehr; der Ausschuß erstattet der Kommission und dem Rat Bericht über das Ergebnis dieser Prüfung.

Jeder Mitgliedstaat sowie die Kommission ernennen zwei Mitglieder des Währungsausschusses.

(2) Mit Beginn der dritten Stufe wird ein Wirtschafts- und Finanzausschuß eingesetzt.

Der in Absatz 1 vorgesehene Währungsausschuß wird aufgelöst. Der Wirtschafts- und Finanzausschuß hat die Aufgabe,

- auf Ersuchen des Rates oder der Kommission oder von sich aus Stellungnahmen an diese Organe abzugeben,
- die Wirtschafts- und Finanzlage der Mitgliedstaaten und der Gemeinschaft zu beobachten und dem Rat und der Kommission regelmäßig darüber Bericht zu erstatten, insbesondere über die finanziellen Beziehungen zu dritten Ländern und internationalen Einrichtungen,
- unbeschadet des Artikels 151 an der Vorbereitung der in Artikel 73f, Artikel 73g, Artikel 103 Absätze 2, 3, 4 und 5, Artikel 103a, Artikel 104a, Artikel 104b, Artikel 104c, Artikel 105 Absatz 6, Artikel 105a Absatz 2, Artikel 106 Absätze 5 und 6, Artikel 109, Artikel 109h, Artikel 109i Absätze 2 und 3, Artikel 109k Absatz 2, Artikel 109l Absätze 4 und 5 genannten Arbeiten des Rates mitzuwirken und die sonstigen ihm vom Rat übertragenen Beratungsaufgaben und vorbereitenden Arbeiten auszuführen,
- mindestens einmal jährlich die Lage hinsichtlich des Kapitalverkehrs und der Freiheit des Zahlungsverkehrs, wie sie sich aus der

Anwendung dieses Vertrags und der Maßnahmen des Rates ergeben, zu prüfen; die Prüfung erstreckt sich auf alle Maßnahmen im Zusammenhang mit dem Kapital- und Zahlungsverkehr; der Ausschuß erstattet der Kommission und dem Rat Bericht über das Ergebnis dieser Prüfung.

Jeder Mitgliedstaat sowie die Kommission und die EZB ernennen jeweils höchstens zwei Mitglieder des Ausschusses.

(3) Der Rat legt mit qualifizierter Mehrheit auf Vorschlag der Kommission und nach Anhörung der EZB und des in diesem Artikel genannten Ausschusses im einzelnen fest, wie sich der Wirtschafts- und Finanzausschuß zusammensetzt. Der Präsident des Rates unterrichtet das Europäische Parlament über diesen Beschluß.

(4) Sofern und solange es Mitgliedstaaten gibt, für die eine Ausnahmeregelung nach den Artikeln 109k und 109l gilt, hat der Ausschuß zusätzlich zu den in Absatz 2 beschriebenen Aufgaben die Währungs- und Finanzlage sowie den allgemeinen Zahlungsverkehr der betreffenden Mitgliedstaaten zu beobachten und dem Rat und der Kommission regelmäßig darüber Bericht zu erstatten.

Art. 109d [Ersuchen an die Kommission] Bei Fragen, die in den Geltungsbereich von Artikel 103 Absatz 4, Artikel 104c mit Ausnahme von Absatz 14, Artikel 109, Artikel 109j, Artikel 109k und Artikel 109l Absätze 4 und 5 fallen, kann der Rat oder ein Mitgliedstaat die Kommission ersuchen, je nach Zweckmäßigkeit eine Empfehlung oder einen Vorschlag zu unterbreiten. Die Kommission prüft dieses Ersuchen und unterbreitet dem Rat umgehend ihre Schlußfolgerungen.

Kapitel 4: Übergangsbestimmungen

Art. 109e [Übergang zur zweiten Stufe] (1) Die zweite Stufe für die Verwirklichung der Wirtschafts- und Währungsunion beginnt am 1. Januar 1994.

(2) Vor diesem Zeitpunkt wird

a) jeder Mitgliedstaat

– soweit erforderlich, geeignete Maßnahmen erlassen, um die Beachtung der Verbote sicherzustellen, die in Artikel 73b – unbeschadet des Artikels 73e – sowie Artikel 104 und Artikel 104a Absatz 1 niedergelegt sind,

– erforderlichenfalls im Hinblick auf die unter Buchstabe b vorgesehene Bewertung mehrjährige Programme festlegen, die die für die Verwirklichung der Wirtschafts- und Währungsunion notwendige dauerhafte Konvergenz, insbesondere hinsichtlich der Preisstabilität und gesunder öffentlicher Finanzen, gewährleisten sollen,

b) der Rat auf der Grundlage eines Berichts der Kommission die Fortschritte bei der Konvergenz im Wirtschafts- und Währungsbereich, insbesondere hinsichtlich der Preisstabilität und gesunder öffentlicher Finanzen, sowie bei der Umsetzung der gemeinschaftlichen Rechtsvorschriften über den Binnenmarkt bewerten.

(3) Artikel 104, Artikel 104a Absatz 1, Artikel 104b Absatz 1 und Artikel 104c mit Ausnahme der Absätze 1, 9, 11 und 14 gelten ab Beginn der zweiten Stufe.

Artikel 103a Absatz 2, Artikel 104c Absätze 1, 9 und 11, Artikel 105, Artikel 105a, Artikel 107, Artikel 109, Artikel 109a, Artikel 109b und Artikel 109c Absätze 2 und 4 gelten ab Beginn der dritten Stufe.

(4) In der zweiten Stufe sind die Mitgliedstaaten bemüht, übermäßige öffentliche Defizite zu vermeiden.

(5) In der zweiten Stufe leitet jeder Mitgliedstaat, soweit angezeigt, nach Artikel 108 das Verfahren ein, mit dem die Unabhängigkeit seiner Zentralbank herbeigeführt wird.

Art. 109f [Europäisches Währungsinstitut, Aufgaben, Satzung; Stellungnahmen und Empfehlungen; Veröffentlichung] (1) Zu Beginn der zweiten Stufe wird ein Europäisches Währungsinstitut (im folgenden als »EWI« bezeichnet) errichtet und nimmt seine Tätigkeit auf; es besitzt Rechtspersönlichkeit und wird von einem Rat geleitet und verwaltet; dieser besteht aus einem Präsidenten und den Präsidenten der nationalen Zentralbanken, von denen einer zum Vizepräsidenten bestellt wird.

Der Präsident wird von den Regierungen der Mitgliedstaaten auf der Ebene der Staats- und Regierungschefs auf Empfehlung des Ausschusses der Präsidenten der Zentralbanken der Mitgliedstaaten (im folgenden als »Ausschuß der Präsidenten der Zentralbanken« bezeichnet) bzw. des Rates des EWI und nach Anhörung des Europäischen Parlaments und des Rates einvernehmlich ernannt. Der Präsident wird aus dem Kreis der in Währungs- und Bankfragen anerkannten und erfahrenen Persönlichkeiten ausgewählt. Nur Staatsangehörige der Mitgliedstaaten können Präsident des EWI sein. Der Rat des EWI ernennt den Vizepräsidenten.

Die Satzung des EWI ist in einem diesem Vertrag beigefügten Protokoll festgelegt.

Der Ausschuß der Präsidenten der Zentralbanken wird mit Beginn der zweiten Stufe aufgelöst.

(2) Das EWI hat die Aufgabe,

- die Zusammenarbeit zwischen den nationalen Zentralbanken zu verstärken;
- die Koordinierung der Geldpolitiken der Mitgliedstaaten mit dem Ziel zu verstärken, die Preisstabilität aufrechtzuerhalten;
- das Funktionieren des Europäischen Währungssystems zu überwachen;
- Konsultationen zu Fragen durchzuführen, die in die Zuständigkeit der nationalen Zentralbanken fallen und die Stabilität der Finanzinstitute und -märkte berühren;
- die Aufgaben des Europäischen Fonds für währungspolitische Zusammenarbeit, der aufgelöst wird, zu übernehmen; die Einzelheiten der Auflösung werden in der Satzung des EWI festgelegt;
- die Verwendung der ECU zu erleichtern und deren Entwicklung einschließlich des reibungslosen Funktionierens des ECU-Verrechnungssystems zu überwachen.

(3) Bei der Vorbereitung der dritten Stufe hat das EWI die Aufgabe,

- die Instrumente und Verfahren zu entwickeln, die zur Durchführung einer einheitlichen Geld- und Währungspolitik in der dritten Stufe erforderlich sind;

– bei Bedarf die Harmonisierung der Bestimmungen und Gepflogenheiten auf dem Gebiet der Erhebung, Zusammenstellung und Weitergabe statistischer Daten in seinem Zuständigkeitsbereich zu fördern;
– die Regeln für die Geschäfte der nationalen Zentralbanken im Rahmen des ESZB auszuarbeiten;
– die Effizienz des grenzüberschreitenden Zahlungsverkehrs zu fördern;
– die technischen Vorarbeiten für die ECU-Banknoten zu überwachen.

Das EWI legt bis zum 31. Dezember 1996 in regulatorischer, organisatorischer und logistischer Hinsicht den Rahmen fest, den das ESZB zur Erfüllung seiner Aufgaben in der dritten Stufe benötigt. Dieser wird der EZB zum Zeitpunkt ihrer Errichtung zur Beschlußfassung unterbreitet.

(4) Das EWI kann mit der Mehrheit von zwei Dritteln der Mitglieder seines Rates
– Stellungnahmen oder Empfehlungen zu der allgemeinen Orientierung der Geld- und der Wechselkurspolitik der einzelnen Mitgliedstaaten sowie zu deren diesbezüglichen Maßnahmen abgeben;
– den Regierungen und dem Rat Stellungnahmen oder Empfehlungen zu Maßnahmen unterbreiten, die die interne oder externe Währungssituation in der Gemeinschaft und insbesondere das Funktionieren des Europäischen Währungssystems beeinflussen könnten;
– den Währungsbehörden der Mitgliedstaaten Empfehlungen zur Durchführung ihrer Währungspolitik geben.

(5) Das EWI kann einstimmig beschließen, seine Stellungnahmen und Empfehlungen zu veröffentlichen.

(6) Das EWI wird vom Rat zu allen Vorschlägen für Rechtsakte der Gemeinschaft in seinem Zuständigkeitsbereich angehört.

Innerhalb der Grenzen und unter den Bedingungen, die der Rat mit qualifizierter Mehrheit auf Vorschlag der Kommission und nach Anhörung des Europäischen Parlaments und des EWI festlegt, wird das EWI von den Behörden der Mitgliedstaaten zu allen Entwürfen für Rechtsvorschriften in seinem Zuständigkeitsbereich angehört.

(7) Der Rat kann auf Vorschlag der Kommission und nach Anhörung des Europäischen Parlaments und des EWI diesem durch einstimmigen Beschluß weitere Aufgaben im Rahmen der Vorbereitung der dritten Stufe übertragen.

(8) In den Fällen, in denen dieser Vertrag eine beratende Funktion für die EZB vorsieht, ist vor der Errichtung der EZB unter dieser das EWI zu verstehen.

In den Fällen, in denen dieser Vertrag eine beratende Funktion für das EWI vorsieht, ist vor dem 1. Januar 1994 unter diesem der Ausschuß der Präsidenten der Zentralbanken zu verstehen.

(9) Für die Dauer der zweiten Stufe bezeichnet der Ausdruck »EZB« in den Artikeln 173, 175, 176, 177, 180 und 215 das EWI.

Art. 109g [ECU-Währungskorb] Die Zusammensetzung des ECU-Währungskorbs wird nicht geändert.

Mit Beginn der dritten Stufe wird der Wert der ECU nach Artikel 109l Absatz 4 unwiderruflich festgesetzt.

Art. 109h [Verfahren bei Zahlungsbilanzschwierigkeiten] (1) Ist ein Mitgliedstaat hinsichtlich seiner Zahlungsbilanz von Schwierigkeiten betroffen oder ernstlich bedroht, die sich entweder aus einem Ungleichgewicht seiner Gesamtzahlungsbilanz oder aus der Art der ihm zur Verfügung stehenden Devisen ergeben, und sind diese Schwierigkeiten geeignet, insbesondere das Funktionieren des Gemeinsamen Marktes oder die schrittweise Verwirklichung der gemeinsamen Handelspolitik zu gefährden, so prüft die Kommission unverzüglich die Lage dieses Staates sowie die Maßnahmen, die er getroffen hat oder unter Einsatz aller ihm zur Verfügung stehenden Mittel nach diesem Vertrag treffen kann. Die Kommission gibt die Maßnahmen an, die sie dem betreffenden Staat empfiehlt.

Erweisen sich die von einem Mitgliedstaat ergriffenen und die von der Kommission angeregten Maßnahmen als unzureichend, die aufgetretenen oder drohenden Schwierigkeiten zu beheben, so empfiehlt die Kommission dem Rat nach Anhörung des in Artikel 109c bezeichneten Ausschusses einen gegenseitigen Beistand und die dafür geeigneten Methoden.

Die Kommission unterrichtet den Rat regelmäßig über die Lage und ihre Entwicklung.

(2) Der Rat gewährt den gegenseitigen Beistand mit qualifizierter Mehrheit; er erläßt Richtlinien oder Entscheidungen, welche die Bedingungen und Einzelheiten hierfür festlegen. Der gegenseitige Beistand kann insbesondere erfolgen

a) durch ein abgestimmtes Vorgehen bei anderen internationalen Organisationen, an die sich die Mitgliedstaaten wenden können;

b) durch Maßnahmen, die notwendig sind, um Verlagerungen von Handelsströmen zu vermeiden, falls der in Schwierigkeiten befindliche Staat mengenmäßige Beschränkungen gegenüber dritten Ländern beibehält oder wieder einführt;

c) durch Bereitstellung von Krediten in begrenzter Höhe seitens anderer Mitgliedstaaten; hierzu ist ihr Einverständnis erforderlich.

(3) Stimmt der Rat dem von der Kommission empfohlenen gegenseitigen Beistand nicht zu oder sind der gewährte Beistand und die getroffenen Maßnahmen unzureichend, so ermächtigt die Kommission den in Schwierigkeiten befindlichen Staat, Schutzmaßnahmen zu treffen, deren Bedingungen und Einzelheiten sie festlegt.

Der Rat kann mit qualifizierter Mehrheit diese Ermächtigung aufheben und die Bedingungen und Einzelheiten ändern.

(4) Unbeschadet des Artikels 109k Absatz 6 endet die Geltungsdauer dieses Artikels zum Zeitpunkt des Beginns der dritten Stufe.

Art. 109i [Verfahren bei plötzlicher Zahlungsbilanzkrise] (1) Gerät ein Mitgliedstaat in eine plötzliche Zahlungsbilanzkrise und wird eine Entscheidung im Sinne des Artikels 109h Absatz 2 nicht unverzüglich getroffen, so kann der betreffende Staat vorsorglich die erforderlichen Schutzmaßnahmen ergreifen. Sie dürfen nur ein Mindestmaß an Störungen im Funktionieren des Gemeinsamen Marktes hervorrufen und nicht über das zur Behebung der plötzlich aufgetretenen Schwierigkeiten unbedingt erforderliche Ausmaß hinausgehen.

(2) Die Kommission und die anderen Mitgliedstaaten werden über

die Schutzmaßnahmen spätestens bei deren Inkrafttreten unterrichtet. Die Kommission kann dem Rat den gegenseitigen Beistand nach Artikel 109h empfehlen.

(3) Nach Stellungnahme der Kommission und nach Anhörung des in Artikel 109c bezeichneten Ausschusses kann der Rat mit qualifizierter Mehrheit entscheiden, daß der betreffende Staat diese Schutzmaßnahmen zu ändern, auszusetzen oder aufzuheben hat.

(4) Unbeschadet des Artikels 109k Absatz 6 endet die Geltungsdauer dieses Artikels zum Zeitpunkt des Beginns der dritten Stufe.

Art. 109j [Konvergenzkriterien; Eintritt in die dritte Stufe] (1) Die Kommission und das EWI berichten dem Rat, inwieweit die Mitgliedstaaten bei der Verwirklichung der Wirtschafts- und Währungsunion ihren Verpflichtungen bereits nachgekommen sind. In ihren Berichten wird auch die Frage geprüft, inwieweit die innerstaatlichen Rechtsvorschriften der einzelnen Mitgliedstaaten einschließlich der Satzung der jeweiligen Zentralbank mit Artikel 107 und Artikel 108 dieses Vertrags sowie der Satzung des ESZB vereinbar sind. Ferner wird darin geprüft, ob ein hoher Grad an dauerhafter Konvergenz erreicht ist; Maßstab hierfür ist, ob die einzelnen Mitgliedstaaten folgende Kriterien erfüllen:

- Erreichung eines hohen Grades an Preisstabilität, ersichtlich aus einer Inflationsrate, die der Inflationsrate jener – höchstens drei – Mitgliedstaaten nahe kommt, die auf dem Gebiet der Preisstabilität das beste Ergebnis erzielt haben;
- eine auf Dauer tragbare Finanzlage der öffentlichen Hand, ersichtlich aus einer öffentlichen Haushaltslage ohne übermäßiges Defizit im Sinne des Artikels 104c Absatz 6;
- Einhaltung der normalen Bandbreiten des Wechselkursmechanismus des Europäischen Währungssystems seit mindestens zwei Jahren ohne Abwertung gegenüber der Währung eines anderen Mitgliedstaats;
- Dauerhaftigkeit der von dem Mitgliedstaat erreichten Konvergenz und seiner Teilnahme am Wechselkursmechanismus des Europäischen Währungssystems, die im Niveau der langfristigen Zinssätze zum Ausdruck kommt.

Die vier Kriterien in diesem Absatz sowie die jeweils erforderliche Dauer ihrer Einhaltung sind in einem diesem Vertrag beigefügten Protokoll näher festgelegt. Die Berichte der Kommission und des EWI berücksichtigen auch die Entwicklung der ECU, die Ergebnisse bei der Integration der Märkte, den Stand und die Entwicklung der Leistungsbilanzen, die Entwicklung bei den Lohnstückkosten und andere Preisindizes.

(2) Der Rat beurteilt auf der Grundlage dieser Berichte auf Empfehlung der Kommission mit qualifizierter Mehrheit,
- ob die einzelnen Mitgliedstaaten die notwendigen Voraussetzungen für die Einführung einer einheitlichen Währung erfüllen,
- ob eine Mehrheit der Mitgliedstaaten die notwendigen Voraussetzungen für die Einführung einer einheitlichen Währung erfüllt,

und empfiehlt seine Feststellungen dem Rat, der in der Zusammensetzung der Staats- und Regierungschefs tagt. Das Europäische Parlament wird angehört und leitet seine Stellungnahme dem Rat in der Zusammensetzung der Staats- und Regierungschefs zu.

(3) Unter gebührender Berücksichtigung der Berichte nach Absatz 1 sowie der Stellungnahme des Europäischen Parlaments nach Absatz 2 verfährt der Rat, der in der Zusammensetzung der Staats- und Regierungschefs tagt, spätestens am 31. Dezember 1996 mit qualifizierter Mehrheit wie folgt:
- er entscheidet auf der Grundlage der in Absatz 2 genannten Empfehlungen des Rates, ob eine Mehrheit der Mitgliedstaaten die notwendigen Voraussetzungen für die Einführung einer einheitlichen Währung erfüllt;
- er entscheidet, ob es für die Gemeinschaft zweckmäßig ist, in die dritte Stufe einzutreten;

sofern dies der Fall ist,
- bestimmt er den Zeitpunkt für den Beginn der dritten Stufe.

(4) Ist bis Ende 1997 der Zeitpunkt für den Beginn der dritten Stufe nicht festgelegt worden, so beginnt die dritte Stufe am 1. Januar 1999. Vor dem 1. Juli 1998 bestätigt der Rat, der in der Zusammensetzung der Staats- und Regierungschefs tagt, nach einer Wiederholung des in den Absätzen 1 und 2 – mit Ausnahme von Absatz 2 zweiter Gedankenstrich – vorgesehenen Verfahrens un-

ter Berücksichtigung der Berichte nach Absatz 1 sowie der Stellungnahme des Europäischen Parlaments mit qualifizierter Mehrheit auf der Grundlage der Empfehlungen des Rates nach Absatz 2, welche Mitgliedstaaten die notwendigen Voraussetzungen für die Einführung einer einheitlichen Währung erfüllen.

Art. 109k [Entscheidung über Ausnahmeregelung; Berichtspflicht; Stimmrecht] (1) Falls der Zeitpunkt nach Artikel 109j Absatz 3 bestimmt wurde, entscheidet der Rat auf der Grundlage der in Artikel 109j Absatz 2 genannten Empfehlungen mit qualifizierter Mehrheit auf Empfehlung der Kommission, ob – und gegebenenfalls welchen – Mitgliedstaaten eine Ausnahmeregelung im Sinne des Absatzes 3 gewährt wird. Die betreffenden Mitgliedstaaten werden in diesem Vertrag als »Mitgliedstaaten, für die eine Ausnahmeregelung gilt« bezeichnet.

Falls der Rat nach Artikel 109j Absatz 4 bestätigt hat, welche Mitgliedstaaten die notwendigen Voraussetzungen für die Einführung einer einheitlichen Währung erfüllen, wird den Mitgliedstaaten, die die Voraussetzungen nicht erfüllen, eine Ausnahmeregelung im Sinne des Absatzes 3 gewährt. Die betreffenden Mitgliedstaaten werden in diesem Vertrag ebenfalls als »Mitgliedstaaten, für die eine Ausnahmeregelung gilt« bezeichnet.

(2) Mindestens einmal alle zwei Jahre bzw. auf Antrag eines Mitgliedstaats, für den eine Ausnahmeregelung gilt, berichten die Kommission und die EZB dem Rat nach dem Verfahren des Artikels 109j Absatz 1. Der Rat entscheidet nach Anhörung des Europäischen Parlaments und nach Aussprache im Rat, der in der Zusammensetzung der Staats- und Regierungschefs tagt, auf Vorschlag der Kommission mit qualifizierter Mehrheit, welche der Mitgliedstaaten, für die eine Ausnahmeregelung gilt, die auf den Kriterien des Artikels 109j Absatz 1 beruhenden Voraussetzungen erfüllen, und hebt die Ausnahmeregelungen der betreffenden Mitgliedstaaten auf.

(3) Eine Ausnahmeregelung nach Absatz 1 hat zur Folge, daß die nachstehenden Artikel für den betreffenden Mitgliedstaat nicht gelten: Artikel 104c Absätze 9 und 11, Artikel 105 Absätze 1, 2, 3

und 5, Artikel 105a, Artikel 108a, Artikel 109 sowie Artikel 109a Absatz 2 Buchstabe b. Der Ausschluß des betreffenden Mitgliedstaats und seiner Zentralbank von den Rechten und Verpflichtungen im Rahmen des ESZB wird in Kapitel IX der Satzung des ESZB geregelt.

(4) In Artikel 105 Absätze 1, 2 und 3, Artikel 105a, Artikel 108a, Artikel 109 sowie Artikel 109a Absatz 2 Buchstabe b bezeichnet der Ausdruck »Mitgliedstaaten« die Mitgliedstaaten, für die keine Ausnahmeregelung gilt.

(5) Das Stimmrecht der Mitgliedstaaten, für die eine Ausnahmeregelung gilt, ruht bei Beschlüssen des Rates gemäß den in Absatz 3 genannten Artikeln. In diesem Fall gelten abweichend von Artikel 148 und Artikel 189a Absatz 1 zwei Drittel der gemäß Artikel 148 Absatz 2 gewogenen Stimmen der Vertreter der Mitgliedstaaten, für die keine Ausnahmeregelung gilt, als qualifizierte Mehrheit; ist für die Änderung eines Rechtsakts Einstimmigkeit vorgeschrieben, so ist die Einstimmigkeit dieser Mitgliedstaaten erforderlich.

(6) Artikel 109h und Artikel 109i finden weiterhin auf Mitgliedstaaten Anwendung, für die eine Ausnahmeregelung gilt.

Art. 109l [Beginn der dritten Stufe; Ernennung des Direktoriums der EZB] (1) Unmittelbar nach dem gemäß Artikel 109j Absatz 3 gefaßten Beschluß über den Zeitpunkt für den Beginn der dritten Stufe bzw. unmittelbar nach dem 1. Juli 1998

- verabschiedet der Rat die in Artikel 106 Absatz 6 genannten Bestimmungen;
- ernennen die Regierungen der Mitgliedstaaten, für die keine Ausnahmeregelung gilt, nach dem Verfahren des Artikels 50 der Satzung des ESZB den Präsidenten, den Vizepräsidenten und die weiteren Mitglieder des Direktoriums der EZB. Bestehen für Mitgliedstaaten Ausnahmeregelungen, so kann sich das Direktorium aus weniger Mitgliedern als in Artikel 11.1 der Satzung des ESZB vorgesehen zusammensetzen; auf keinen Fall darf es jedoch aus weniger als 4 Mitgliedern bestehen.

Unmittelbar nach Ernennung des Direktoriums werden das ESZB und die EZB errichtet und von diesen Vorkehrungen für die Aufnahme ihrer vollen Tätigkeit im Sinne dieses Vertrags und der Satzung des ESZB getroffen. Sie nehmen ihre Befugnisse ab dem ersten Tag der dritten Stufe in vollem Umfang wahr.

(2) Unmittelbar nach Errichtung der EZB übernimmt diese erforderlichenfalls die Aufgaben des EWI. Dieses wird nach Errichtung der EZB liquidiert; die entsprechenden Einzelheiten der Liquidation werden in der Satzung des EWI geregelt.

(3) Sofern und solange es Mitgliedstaaten gibt, für die eine Ausnahmeregelung gilt, wird unbeschadet des Artikels 106 Absatz 3 der in Artikel 45 der Satzung des ESZB bezeichnete Erweiterte Rat der EZB als drittes Beschlußorgan der EZB errichtet.

(4) Am ersten Tag der dritten Stufe nimmt der Rat aufgrund eines einstimmigen Beschlusses der Mitgliedstaaten, für die keine Ausnahmeregelung gilt, auf Vorschlag der Kommission und nach Anhörung der EZB die Umrechnungskurse, auf die ihre Währungen unwiderruflich festgelegt werden, sowie die unwiderruflich festen Kurse, zu denen diese Währungen durch die ECU ersetzt werden, an und wird die ECU zu einer eigenständigen Währung. Diese Maßnahme ändert als solche nicht den Außenwert der ECU. Der Rat trifft ferner nach dem gleichen Verfahren alle sonstigen Maßnahmen, die für die rasche Einführung der ECU als einheitlicher Währung dieser Mitgliedstaaten erforderlich sind.

(5) Wird nach dem Verfahren des Artikels 109k Absatz 2 beschlossen, eine Ausnahmeregelung aufzuheben, so legt der Rat aufgrund eines einstimmigen Beschlusses der Mitgliedstaaten, für die keine Ausnahmeregelung gilt, und des betreffenden Mitgliedstaats auf Vorschlag der Kommission und nach Anhörung der EZB den Kurs, zu dem dessen Währung durch die ECU ersetzt wird, fest und ergreift die sonstigen erforderlichen Maßnahmen zur Einführung der ECU als einheitlicher Währung in dem betreffenden Mitgliedstaat.

Art. 109m [Wechselkurspolitik] (1) Bis zum Beginn der dritten Stufe behandelt jeder Mitgliedstaat seine Wechselkurspolitik als eine Angelegenheit von gemeinsamem Interesse. Er berücksichtigt dabei die Erfahrungen, die bei der Zusammenarbeit im Rahmen des Europäischen Währungssystems (EWS) und bei der Entwicklung der ECU gesammelt worden sind, und respektiert die bestehenden Zuständigkeiten.

(2) Mit Beginn der dritten Stufe sind die Bestimmungen des Absatzes 1 auf die Wechselkurspolitik eines Mitgliedstaats, für den eine Ausnahmeregelung gilt, für die Dauer dieser Ausnahmeregelung sinngemäß anzuwenden.

Verzeichnis der Abbildungen

Verzeichnis der Tabellen

WIRTSCHAFT

Herausgegeben
von Prof. Dr. Bert Rürup

Herbert Ehrenberg
Abstieg vom Währungsolymp
Zur Zukunft
der Deutschen Bundesbank

Band 10263

Europas neue Dimension, die großen Chancen der deutsch-deutschen Einigung und der Reformbewegung in den osteuropäischen Staaten erfordern eine neue Notenbankpolitik noch dringlicher, als die schlechte Arbeitsmarktlage der achtziger Jahre es ohnehin tat. Die Bundesbankpolitik der Zukunft muß auf alle Ziele des Stabilitäts- und Wachstumsgesetzes ausgerichtet werden, ohne Vernachlässigung ihrer originären Aufgabe als »Hüterin der Währung«. Die notwendige Koordination einer europäischen Geld- und Währungspolitik wird durch diesen breiten Zielkatalog nicht schwieriger, Beschäftigungspolitik aber kann mit Unterstützung der Zentralnotenbank endlich erfolgreich betrieben werden. Der Bundesbank kommt eine Schlüsselrolle zu bei der Finanzierung der vordringlichen Infrastruktur- und Umweltschutzinvestitionen auf beiden Seiten der Elbe.

Fischer Taschenbuch Verlag

fi 1519/1

WIRTSCHAFT

Herausgegeben
von Prof. Dr. Bert Rürup

Heinrich Franke / Friedrich Buttler
Arbeitswelt 2000
Strukturwandel in Wirtschaft und Beruf

Band 10296

Werden wir im Jahre 2000 in Deutschland Vollbeschäftigung haben, oder müssen wir auch dann noch mit hoher Arbeitslosigkeit rechnen? Wie wird sich die Arbeitslandschaft bis zur Jahrtausendwende und in den Jahren danach entwickeln? Welche Anforderungen werden die Arbeitsplätze der Zukunft stellen? Wer wird sie einnehmen? Die Autoren beschreiben die Arbeitswelt des Jahres 2000 vor dem Hintergrund der Entwicklung des Arbeitsmarktes sowie der wirtschaftlichen und technischen Innovationen. Als Datenbasis für die Abschätzung des Bedarfs an Arbeitskräften dienen Projektionen des Instituts für Arbeitsmarkt- und Berufsforschung sowie weiterer Forschungsinstitute. Die verschiedenen Szenarien über die künftige Nachfrage nach Arbeitskräften zeigen eines ganz deutlich: Vor allem die Tätigkeits- und Qualifikationsstrukturen ändern sich. Der Wandel in Arbeit und Beruf und die sich daraus ergebenden Reaktionen der Arbeitsmarktpartner stehen daher im Mittelpunkt des Buches.

Fischer Taschenbuch Verlag

fi 1520/1

WIRTSCHAFT

Herausgegeben
von Prof. Dr. Bert Rürup

Jochen Struwe
EG 92 – Europa der Unternehmer?
Die sozialpolitischen Perspektiven des Binnenmarktes

Band 10414

In der Bundesrepublik Deutschland geht die Furcht um, der EG-Binnenmarkt könne zum »Europa der Unternehmer« führen. Dahinter steckt die Sorge, über den schwergewichtig wirtschaftsorientierten Maßnahmen, die zur weiteren europäischen wirtschaftlichen Integration führen sollen, könnte der soziale Aspekt des europäischen Miteinanders ignoriert werden.
In dem vorliegenden Buch wird versucht zu zeigen, wo die sozialpolitischen Risiken, aber auch die entsprechenden Chancen liegen. Das Europa der neunziger Jahre muß – nach Überzeugung des Autors – nicht zum Europa der Unternehmer werden. Es spricht viel dafür, daß der Binnenmarkt eines der wenigen Beispiele wird, bei dem am Ende alle gewinnen – vorausgesetzt, Staat, Gewerkschaften und Arbeitgeber stemmen sich nicht gegen notwendige sozialpolitische Veränderungen, sondern verständigen sich rechtzeitig auf soziale und ökonomische Kompromisse. Dann kann insbesondere die Bundesrepublik Deutschland, als wirtschaftlicher Motor eines »europhorischen« Kontinents, »goldenen« neunziger Jahren entgegengehen.

Fischer Taschenbuch Verlag

fi 1522/1

WIRTSCHAFT

Herausgegeben
von Prof. Dr. Bert Rürup

Bert Rürup
Fischer Wirtschaftslexikon
Unter Mitarbeit von
Ralf Pampel und
Werner Sesselmeier

Band 10628

Abschreibung, Bank, Bilanz, Deflation, Einkommen, Finanzausgleich, Inflation, Joint venture, Option, Verschuldung,Zahlungsbilanz etc., alle diese Begriffe und Schlagwörter gehören zum Vokabular der Zeitungen und der Alltagssprache.

Gleichwohl besteht bei sehr vielen Menschen eine Lücke zwischen dem Wissen um die faktische Bedeutung der »Ökonomie« für das gesamte gesellschaftliche Leben und der individuellen Kenntnis von wirtschaftlichen Fakten, Prozessen und Problemen und ihren Wirkungen. Diese Lücke soll mit dem »Fischer Wirtschaftslexikon« geschlossen werden. Es informiert kompetent und prägnant über die wichtigsten Fachausdrücke der

- Betriebswirtschaftslehre
- Volkswirtschaftslehre
- empirischen Wirtschaftsforschung

und spart auch nach Möglichkeit die jeweils zugrundeliegenden Ansätze nicht aus. Ohne Verlust an fachlicher Präzision werden Erklärungen angestrebt, die auch Nichtfachleuten verständlich sein sollen. Die Auswahl setzt den Schwerpunkt auf aktuelle und praxisnahe Begriffe und Zusammenhänge.

Fischer Taschenbuch Verlag

fi 1521/1